무한독서

■ 일러두기

1. 이 책에서 잡지와 신문은《 》, 영화와 노래는〈 〉, 단행본은『 』, 단편 소설과 시, 논문 등은「 」는 표기했다.
2. 외국어는 국립국어원 외래어 표기법을 따르되, 일부 우리말로 굳어진 것은 관용을 따른다.

무한독서

無限讀書 — 생각을 키우고 삶을 바꾸는 책읽기

윤정용

고두미

책머리에

미국의 문화평론가 수전 손택은 일찍이 영화에 대한 특별한 사랑은 "과거의 영광스러운 영화를 가능한 한 많이 보고 또 보는 취향"에 근거한다고 말했다. 맥락은 조금 다르겠지만 책읽기도 마찬가지다. 어떤 책을 단 한 번 읽을 때보다 읽고 또 읽을 때 그 책에 대해 '특별한 사랑'을 갖게 된다. 모든 책들이 그렇지는 않지만, 대부분의 좋은 책들이 그렇다.

이 책을 구성하는 여러 조각들은 대체로 몇 년 동안 '최근에 읽은 책들'이라는 제목으로 쓰고 여러 매체에 내놓았던 글들이다. 그 가운데 몇몇 글들은 기회를 얻지 못하고 그냥 노트북 속에 잠자고 있었다. 책으로 묶으려고 다시 살펴보니 몇몇 글들은 제법 꼴을 갖추었지만, 대부분 글들은 정말 말도 안 될 정도로 형편없었다. 그래서 예전에 읽었던 책을 다시 읽으며 이 못난 글들을 고치고 또 고쳤다. 많이 고쳤지만 그래도 여전히 많이 부족하다.

처음에는 책의 제목을 『다시 읽은, 최근에 읽은 책들』로 정하려고 했다. 그런데 주변에서 적지 않은 반대가 있었고, 개인적으로도 책 제목이 입에 잘 붙지 않았다. 또한 시제도 문제였다. 처음 읽었을 때는 최근이었지만 다시 읽은 지금은 최근이 아니다. 결국 『다시 읽은, 예전에 읽은 책들』이라는 제목을 포기하고 고민 끝에 『무한독서』로 결정했다. '무한독서'에는 책을 읽는 행위를 계속한다는 의미도 있고, 한 권의 책을 끝없이 읽는다는 의미도 있다. 개인적인 생각에, 무한독서의 목적 또는 본령은 '생각을 키우고 삶을 바꾸는' 데 있다. 그래서 이 문구를 책의 부제로 삼았다.

이 책에서 언급되는 책들 가운데 어떤 책은 처음 읽었을 때와 느낌이 크게 다르지 않았고, 또 어떤 책은 처음 읽었을 때와 느낌이 완전히 달랐다. 읽고 쓰는 일이 힘든 작업이었지만 개인적으로 많은 공부가 되었다. 너무나도 부족한 책을 여러 사람들 앞에 내놓게 되어 부끄럽고 죄송하다. 결코 변명이 될 수 없겠지만, 앞으로 더 많이 읽고 더 깊게 생각해서 더 좋은 글을 쓰겠다.

2019년 가을의 문턱에서

윤정용

무한독서

차례

제1부 다시 읽은 한국문학

제2부 다시 읽은 세계문학

제3부 다시 읽은 인문사회과학

제1부

글을 왜 쓰는가

허수경, 『그대는 할 말을 어디에 두고 왔는가』, 난다, 2018.

사전적으로 작가는 "문학 작품, 사진, 그림, 조각 등 예술품을 만드는 사람"이다. 문학 작품을 한정시켜서 말하자면, 시인은 시를 쓰는 사람이고, 소설가는 소설을 쓰는 사람이고, 수필가는 수필을 쓰는 사람이고, 평론가는 평론을 쓰는 사람이다. 좋은 작가가 되기 위해서는 보통 많이 읽고, 많이 쓰고, 많이 생각해야 한다고 말한다. 요즈음에는 거기에 많이 말해야 한다는 조건이 추가되기도 한다. 작가가 뭐 하는 사람인지, 다시 말하면 '무엇을 쓰는 사람인지'(what), '작가가 되기 위해서는 어떻게 해야 하는지'(how)에 대해서는 말도 많고 글도 많다. 그런데 정작 '왜 쓰는지'(why)에 대해서는 제대로 된 설명을 찾기 어렵다. 혹시나 해서 '왜 쓰는지'라는 키 워드로 검색해 보니 조지 오웰의 『나는 왜 쓰는가』(2010)와 한창훈의 『한창훈의 나는 왜 쓰는가』(2015)가 있다. 전자는 오웰의 에세이고, 후자는 작가 자신의 문학적 자서전이다. 그런데 두 권 모두 책 제목과는 달리 '글을 왜 쓰는지'에 대한 근원적인 이유는 자세히 설명하지 않는다.

사실 글을 쓰는 이유는 여러 가지다. 사람마다 모두 다를 수 있다. 예컨대 정치인은 대체로 자신을 알리기 위해서 글을 쓴다. 대표적으로 그들의 자서전을 예로 들 수 있다. 직접 썼을 수도 있고, 구술한 내용을 누군가 받아 적었을 수도 있다. 누가 썼든 간에 자서전의 주인은 글 속의 주인공이다. 그래서 자서전은 '나는 이런 사람이니 나를 알아 달라'고 외치는 메아리와도 같다. 자서전과는 비슷하면서도 조금 다른 수기라는 게 있다. 수기는 실제 삶을 글감으로 썼다는 점에서는 자서전과 같지만, 목적만 놓고 보면 자서전과는 조금 다르다. 즉 자서전이 누군가로부터 인정받고 싶은 '인정욕구'에서 비롯되었다면, 수기는 자신의 상황과 처지를 알리려는 절박함에서 비롯되었다는 점에서 다르다. 그러나 글의 목적에서 '저자 중심에서 쓴 글'이라는 점에서 볼 때 자서전이나 수기는 크게 다르지 않아 보인다.

글을 쓰는 또 다른 목적도 있다. 바즈 루어만 감독의 영화 〈위대한 개츠비〉(2013)에서 주인공 닉(토비 맥과이어 분)은 몸과 마음이 피폐한 상태에서 정신과 의사의 치료를 받는다. 의사는 닉의 몸의 병보다는 마음의 병에 주목해 그에게 마음을 짓누르는 원인을 글로 써보라고 조언한다. 실제로 글쓰기는 병원의 신경정신과 치료와 심리학 치료에서 치료 방법으로 많이 사용된다고 한다. 아무튼 닉은 의사의 조언을 받아들여 그를 짓누르는 원인을 글로 써내려 가는데, 그 글이 바로 '개츠비의 삶과 죽음의 이야기'다. 사실 영화는 화자 닉보다는 당연히 개츠비(레너드 디캐프리오 분)에 초점을 맞추고 있지만, 만약 닉에 초점을 맞추어서 보자면, 영화는 닉의 치유담 또는 그의 성장소설로도 읽힐 수 있다. 즉 닉은 지친 몸과 마음을 달래고 추스르기 위해서 글을 썼고, 글쓰기를 통해 위로를 받고 치유된다. 더 나아가 그는 개츠비의 삶을 이해하고, 진정으로 개츠비가 '위대하다고' 생각한다. 어찌 보면 개츠비는 닉에 의해 '위대한 개츠비'로 탈바꿈 혹은 자리매김하게 된다. 그런데 닉의 치유의 글쓰기도 엄밀하기 말하면 자서전이나 수기와 마찬가지로 '저자 중심에서 쓴 글'이기 때문에 맥락은 조금 다르지만 같은 계열의 글쓰기로 묶인다.

그런데 이와 정반대로 이타적인 글쓰기, 즉 독자 중심의 글쓰기가 있다. 이타적인 글쓰기의 경우, 저자가 글을 쓰는 이유는 자신의 인정 욕구를 채우거나 자신의 억울한 사정을 토로하기 위해서가 아니다. 그렇다고 자신의 고통을 치유하기 위해서도 아니다. 이타적인 글쓰기는 오로지 다른 사람들의 고통을 자신의 고통으로 받아들이기 위한 글쓰기다. 대표적인 예로 작가 허수경을 들 수 있다. 그녀는 자전적인 소설이라 할 수 있는 『아틀란티스야, 잘 가』(2011)의 작가 소개에서, "앞으로의 소망이 있다면 젊은 시인들과 젊은 노점상들과 젊은 노동자들에게 아부하는 사회에서 살아가는 것이다"라고 말하고 있다. 고백하자면 예전에 이 소설을 처음 읽었을 때 이 문장을 놓쳤는데, 다시 읽으니 가슴에 그대로 박힌다. 이 문장에서 누군가는 '젊은'에 방점을 둘 수도 있고, 누군가는 '아부'에 방점을 둘 수도 있지만, 개인적으로는 '노점상들'과 '노동자들'에 눈길이 머물고, 작가의 약자에 대한 연민 또는 연대를 한참 생각하게 된다. 시인이자 소설가이자 고고학자이기도 한 작가의 『그대는 할 말을 어디에 두고 왔는가』(2018)를 읽으면서는 더욱 그랬다. 참고로 이 책은 『길모퉁이의 중국식당』(2003)의 개정판인데, 책을 출간한 후 얼마 안 되어 작가는 안타깝게도 유명을 달리했다. 아무튼 작가 허수경처럼 누군가는 이타적인 삶을 살기 위해서, 혹은 이기적인 마음을 경계하기 위해서 글을 쓴다. 그녀의 이타적인 글쓰기를 천천히 따라가 보자.

소설 『아틀란티스야, 잘 가』는 '미미', 실제 이름은 경실의 일기다. 더 정확하게 말하면 발신자 경실이 수신자 일기장에게 보내는 편지다. 경실은 뚱뚱하고 못생겼고 친구가 별로 없다. 가족조차 그녀를 외면한다. 그녀의 아버지는 시청 건설 부국장으로 재개발 사업과 관련해 사람들로부터 뒷돈을 받아 챙기는 부패 공무원이다. 그녀의 어머니는 경실에게는 관심도 없고, 온종일 계모임 등을 한다는 핑계로 밤늦게까지 집에 들어오지 않는다. 그들은 뚱뚱한 경실을 창피하게 생각하고, 그렇기 때문에 경실은 외롭기만 하다. 그녀는 외로움을 달래기 위해서 찐빵에 집착하고, 미미라는 이름으로 일기장에게 편지를 쓴다.

그러던 어느 날 그녀는 이복언니라 하며 갑자기 쳐들어온 '정우'와 함께 '아틀란티스'라는 잃어버린 낙원에 대해 함께 이야기하고 그 이야기를 글을 쓴다. 『아틀란티스야, 잘가』는 재개발 붐이 불던 1970년대와 1980년대를 시대적 배경으로 하지만 작가는 시대를 차갑게 비판하거나 그렇다고 따뜻하게 그리워하지 않는다. 그냥 그 시기를 지나가는 하나의 시간으로만 여길 뿐이다. 대신 그 시간이 아니라 그 시간 속의 '사람들'에 시선을 두고 있다.

작가 허수경은 『아틀란티스야, 잘 가』의 경실처럼 어렸을 때 실제로 '뚱뚱했'고 외모 콤플렉스에 시달렸다고 말한다. 사실 작가뿐만 아니라 말은 안 해도 누구에게나 콤플렉스가 있다. 콤플렉스의 원인은 돈, 성격, 외모, 지역, 공부, 가족 등 다종다양하다. 시간이 지나면서 콤플렉스는 점점 짙어지기도 하고 점점 엷어지기도 한다. 대개의 콤플렉스는 엷어지기에 사람들은 시간이 지나면서 콤플렉스를 극복한다고 말한다. 그러나 보다 정확히 말하면 사람들은 콤플렉스를 극복하는 게 아니라 콤플렉스에 무뎌지는 것이다. 그런데 작가의 경우 외모 콤플렉스는 항상 그녀와 함께했던 것 같다. 작가의 콤플렉스는 『아틀란티스야, 잘가』의 경실뿐만 아니라 『그대는 할 말을 어디에 두고 왔는가』에서도 그림자처럼 나타난다. 때때로 콤플렉스는 열등감과 자기 비하를 넘어 상대방에 대한 증오와 혐오, 사회와 세상에 대한 환멸 등 왜곡되고 그릇된 형태로 발산한다. 그런데 작가 허수경의 경우에는 정반대로 콤플렉스가 자신에 대한 성찰과 타인에 대한 지극한 관심과 배려로 향한다.

『그대는 할 말을 어디에 두고 왔는가』에서 작가 허수경이 관심을 두는 대상은 사람을 포함해서 주로 '사소한 것들', '쉽게 잊히는 것들', 혹은 '사람들의 관심을 받지 못하는 것들'이다. 예컨대 그녀는 그림 형제의 잔혹 동화에 나오는 아이들 또는 전쟁터를 어슬렁거리는 아프리카의 아이들을 떠올린다. 막걸리 속의 꽃잎에서 감옥에 가거나 노동조합을 만드는 일을 하러 간 동료들에 대한 미안함을 느낀다. '늙은 학생'이 되어버려 "단 한 번도 자기 외에는 남을 책임져보지 않은" 자신을 자책한다. 이처럼 작가의 마음 한구석에는 늘 타인에 대한 미안함과 자기 자신에 대한 부끄러움이 자리하고 있다. 그냥 눈감으면 아무도 모를 텐데 말이다. 대부분의 사람들이 자기 자신만을 위해 살고 있는데도, 작가는 그렇게 살아가는 자기 자신을 부끄러워한다.

작가는 차를 마시면서도 물에 난 상처를 염려하고 걱정한다. 그렇기 때문에 찻물을 받고, 끓이고, 식힐 때 물의 상처를 달래주기 위해 천천히 하라고 말한다. 하지만 정작 그렇게 상처를 달랜 물을 마시는 게 물에 가장 큰 상처를 주기에, 자신을 "시커먼 내 속"이라고 말하며 괴로워한다. 작가의 찻물에 대한 미안함은 궁극적으로 타인에 대한 미안함으로까지 확장된다.

늦은 나이에 낯선 땅 독일에서 고대 근동 고고학이라는 이름도 어려운 학문을 공부하는 '늙은 학생'의 작가는 도서관과 기숙사 근처에서 마주치는 동식물에게서도 따뜻한 시선을 잃지 않는다. 사냥을 나온 배고픈 올빼미를 불쌍하게 생각하면서도 동시에 쥐들이 올빼미들에게 잡히지 않기를 바란다. 기숙사 아래로 찾아와 당근이나 오이를 주면 잘 먹던 토끼가 차에 치였을 때는 누구보다도 마음 아파한다. 욕심으로 토끼에게 달아 준 파란 리본 때문에 토끼가 그렇게 된 게 아닌가, 자책한다. 홍수가 나 물속에서 땅 길을 찾지 못해 죽은 하마를 가엾게 여긴다.

여담으로 말하자면, "사람의 인권도 이 지경인데 언감생심 동물권이라니"라며 동물권을 주장하는 사람들을 부정적으로 바라보는 사람들이 있다. 그런데 동물권을 주장하는 사람들의 말을 들어보면 이렇다. "동물을 좋아하고 좋아하지 않고를 떠나, 동물이 사람보다 더 소중해서가 아니라, 동물조차 사랑하지 않는 사람은 인간을 사랑할 수 없기 때문이다." 즉 동물을 통해 생명의 소중함, 더 나아가 환경의 소중함을 깨달아야 한다는 것이 동물권 운동의 본령이다. 작가가 동물들에 보내는 따뜻한 시선은 동물들에 대해 안타까움을 토로에 그치지 않고 사람들에게까지 확장된다.

작가 허수경은 오랜 기간 독일에 머물면서 고고학을 공부하고 틈틈이 시와 소설, 그리고 산문을 써 왔다. 그녀가 들려주는 이야기는 주로 자신이 독일에서 보고 듣고 독일에서 만난 사람들의 이야기다. 그런데 그 이야기들이 독일이라는 한 특정 국가의 이야기로만 들리지 않는다. 예컨대 이슬람교로 개종한 여선생이 머릿수건 때문에 학부모들로부터 고소를 당했고, 법원은 종교의 중립성을 내세워 그 여선생에게 머릿수건을 벗으라는 판결을 내렸다는 TV 뉴스가 『그대는 할 말을 어디에 두고 왔는가』의 한 꼭지를 차지한다. 그런데 작가는 그 뉴스에 나온 학교 교실 칠판 위에는 십자가가 걸려있다는 설명을 포개 놓는다. 미국이 아니라 독일에서 이런 일이 아무렇지도 않게 벌어지고 있다. 예전의 일이지만 아마 지금도 이와 비슷한 일들이 벌어지고 있을 것이라고 짐작하게 된다. 작가는 중립이란 말이 실제로 존재하는지, 그리고 실제로 가능한지 질문한다. 그녀의 질문은 궁극적으로는 나와 우리 주변을 둘러보게 하고, 더 나아가 중립이 정말 중립적인지 생각해 보게 한다. 차별을 금지하는 이유는 간단하다. "하나의 차별을 허용하면 종래에는 모든 차별을 인정해야만 하기 때문이다."

앞에서 말했듯이 작가는 "뚱뚱하고 우울한 소녀"에다가, "혼자였고 외롭고 누군가에게 끊임없이 놀림을 당하는" 실존을 가졌다고 고백한다. 그리고 그것은 그녀의 "문학의 시작이었다"라고 말한다. 그런데 앞에서 말했듯이, 그녀는 열등감이나 자기 비하와 같은 부정적인 콤플렉스로 향하지 않고, 오히려 자기 자신과 주변 사람들에 대한 따뜻한 시선, 사회와 세상을 바라보는 올바른 태도 등 긍정적인 가치관으로 향했다. 그녀의 가치관과 태도는 더 나아가 사람과 세상을 바라보는 다른 사람들의 태도에까지 긍정적으로 영향을 끼쳤다. 이제 그녀의 귀한 글들을 더 이상 볼 수 없는 게 무엇보다도 가장 안타깝다. 많이 늦었지만 삼가 고인의 명복을 빈다.

그들의 **사랑**이 궁금하다

김금희, 『경애의 마음』, 창비, 2018.

〈시크릿 가든〉(2010)이라는 드라마가 있다. 잘 아는 내용이지만, 그래도 줄거리를 간략하게 살펴보면 이렇다. 액션 배우를 꿈꾸는 주인공 길라임(하지원 분)은 액션스쿨의 감독 임종수(이필립 분)를 사모하지만, 동시에 한류스타 오스카(윤상현 분)에게 푹 빠져 있다. 임종수는 그런 라임의 마음을 알고 있고, 자신도 라임에게 관심이 없지는 않지만, 내색하지 않는다. 오히려 그녀에게 일부러 차갑게 대한다. 오스카의 사촌 동생인 백화점 사장 김주원(현빈 분)은 우연히 만난 라임에게 이미 마음을 빼앗긴 상태다. 그러나 라임은 그런 주원에게 시큰둥하다. 한편 오스카에게는 한때 사랑했지만 사소한 오해 때문에 헤어진 여자친구 윤슬(김사랑 분)이 있다. 그녀는 오스카가 자신을 거짓으로 사랑했다고 생각하고, 그에게 복수하기 위해 주원과 선을 본다. 오스카 앞에는 그를 흠모하는 가수 지망생 썬(이종석 분)이 나타난다.

〈시크릿 가든〉은 등장인물의 관계가 상당히 복잡하게 서로 얽히고설키어 있지만 멜로드라마의 기본 공식대로 결국 해피엔딩으로 끝난다. 오스카와 윤슬은 오해를 풀고 연인이 되고, 비록 축복을 받지는 못했지만 라임과 주원은 행복하게 결혼해 아이를 낳고 잘 산다. 그리고 라임의 친구 임아영(유인나 분)과 주원의 비서인 김비서(김성오 분)도 연인 관계로 발전한다. 주지하듯 〈시크릿 가든〉의 여러 등장인물들의 복잡한 관계가 풀리는 과정은 논리적으로 헐겁다. 하지만 멜로드라마에서 이 점은 전혀 중요하지 않다. 그보다는 그들을 둘러싸고 펼쳐지는 따뜻하고 소소한 '연애 이야기'가 훨씬 더 중요하다. 다시 말하면 멜로드라마는 논리적 개연성보다는 주인공에 대한 관객의 감정이입이 핵심이다. 그런 점에서 〈시크릿 가든〉은 멜로드라마의 본령에 충실하다.

시간과 공간을 가로질러 19세기 말 아일랜드 출신의 영국의 극작가 오스카 와일드의 희극 『진지함의 중요성』(1895)으로 넘어가자. 〈시크릿 가든〉과 마찬가지로 이 작품의 등장인물 관계도 너무나 복잡하다. 유복한 런던의 귀공자 알저논은 가끔씩 런던 사회에서 도망칠 구실을 마련하기 위해 시골에 건강이 안 좋은 번버리라는 친구를 두고 있는 척한다. 그에게는 어니스트라는 친구가 있는데, 그는 우연히 어니스트가 세실리라는 처녀의 후견인이라는 사실을 알게 된다. 알저논은 어니스트를 추궁한 끝에 그의 본명이 잭이고, 런던에 오기 위해 어니스트라는 망나니 동생을 두고 있는 척한다는 사실을 알게 된다.

잭은 알저논의 사촌인 궨들른을 좋아한다. 그는 궨들른과 그녀의 어머니 브랙널 부인이 알저논의 집에 찾아온 날 궨들른에게 청혼한다. 궨들른은 단지 이름이 어니스트라는 이유만으로 그의 청혼을 받아들인다. 하지만 브랙널 부인이 잭의 출신이 변변치 않기 때문에 둘의 결혼을 반대한다. 한편 알저논은 잭의 피후견인인 세실리를 만나기 위해 잭의 동생 어니스트인 척하고 잭의 본가가 있는 허트포드셔로 간다. 세실리 역시 수수께끼 같은 인물인 어니스트에게 관심이 많다. 어니스트인 척하는 알저논은 그녀에게 다시는 망나니 짓을 하지 않겠다고 다짐한다.

이때 잭이 상복 차림으로 허트포드셔로 돌아와 프리즘 부인과 채저블 목사에게 어니스트가 죽었다는 말을 하려는 순간, 세실리와 알저논이 갑자기 등장한다. 잭은 알저논에게 화를 내지만, 영문을 모르는 세실리와 프리즘 부인, 그리고 채저블은 둘을 화해하려고 애쓴다. 알저논은 세실리에게 청혼을 하고, 세실리 또한 어니스트라는 이름을 가진 사람과 결혼하는 게 꿈이었기 때문에 흔쾌히 그의 청혼을 받아들인다.

잭의 약혼녀 궨들른과 알저논의 약혼녀 세실리는 허트포드셔에서 우연히 만난다. 그들은 서로 이야기를 하다가 각자 자신이 진짜 어니스트의 약혼녀라고 말다툼을 벌인다. 이때 잭과 알저논이 등장해 둘 중 누구도 어니스트가 아니라는 사실이 밝혀지며 그들의 약혼은 깨지고 만다. 브랙널 부인은 프리즘 부인을 보고 놀란다. 왜냐하면 자신의 조카를 역에 버리고 도망친 사람이 다름 아닌 프리즘 부인이었기 때문이다. 결국 프리즘 부인이 잃어버린 아이가 잭이고, 그가 알저논의 형이고, 잭의 본명이 어니스트였다는 사실까지 모두 밝혀진다. 〈시크릿 가든〉과 마찬가지로 복잡한 인물의 관계는 해결되고 해피엔딩으로 끝난다.

다시 말하면 『진지함의 중요성』의 등장인물의 관계는 〈시크릿 가든〉의 등장인물의 관계만큼이나 복잡하다. 어쩌면 더 복잡할 수 있다. 그런데 TV 드라마와 희곡이라는 장르의 차이를 떠나, 두 작품 모두 등장인물 관계가 복잡하고 해피엔딩으로 끝난다고 하더라도, 우리는 〈시크릿 가든〉과 『진지함의 중요성』을 전혀 다른 이야기로 읽는다. 왜냐하면 두 작품의 시간적·공간적 배경도 다르고, 무엇보다도 등장인물들을 둘러싼 이야기, 즉 '내용'이 너무나 다르기 때문이다. 하지만 누군가는 작품의 구조 또는 형식, 예컨대 멜로드라마에서 흔히 볼 수 있는 삼각관계, 혹은 사각관계에 초점을 맞추어 두 작품이 큰 차이가 없다고 말한다. 그들은 대체로 멜로드라마를 내용이 '빤한 이야기'로 폄하한다. 하지만 이 세상에 똑같은 사랑 이야기는 절대 없다. 왜냐하면 시대와 장소와 사람이 다르면 내용도 다르기 때문이다. 그렇기 때문에 지금까지 그랬던 것처럼, 앞으로도 똑같은 사랑 이야기는 없다.

여기 또 한 편의 사랑 이야기가 있다. 김금희의 『경애의 마음』(2018)은 〈시크릿 가든〉과 『진지함의 중요성』과 비교하면 밋밋하고 특별할 것 없는 연애 이야기를 다루고 있지만, 주인공 공상수와 박경애의 입장에서 보면 매우 '특별한' 연애 이야기를 다루고 있다. 남자 주인공 상수는 〈시크릿 가든〉의 주원처럼 부잣집 아들도 아니고, 머리도 좋지 않고, 얼굴도 그저 그렇다. 그는 한때 아주 뚱뚱했지만, 지금은 곱슬머리에 그냥 키가 크고 마른 '평범한 보통 남자'다. 그렇다고 능력이 뛰어난 것도 아니고 대인관계가 아주 좋은 것도 아니다. 오히려 업무 능력은 오히려 보통사람보다 처지고 대인관계에서 그는 종종 회사 안팎으로 사람들과 마찰을 일으킨다.

상수는 아버지의 후광으로 회사에 들어온 일명 '낙하산'이다. 그의 아버지는 교수 출신의 전직 국회의원이고, 그의 아버지와 그가 다니는 회사의 회장은 고등학교 동창도 아닌 재수학원 동기다. 회사 사람들은 상수가 회장과 뭔가 특별한 관계일 것이라고 짐작하고, 능력도 부족하고 융통성이라고는 전혀 없는 그를 이러지도 못하고 저러지도 못한다. 결국 그는 "다른 입사동기들처럼 달리 팀장으로 올라가지 못하고 팀장 대리라는 어색한 직함을 단 채 회사생활을 하고 있었다." 그는 나름 "자기만의 방식으로 열심히 했지만 (…) 별로 인기가 없었다." 그리고 회사 안팎으로 문제를 일으킨다.

상수가 일으키는 문제가 업무에만 국한되지 않는다. 그는 동료 직원, 사실은 그가 짝사랑하는 김유정의 맞선 현장을 급습해 생짜를 놓고, 그 자리를 만든 거래처 사장에게 욕설을 퍼부어 회사를 발칵 뒤집어 놓았다. 그의 새어머니와 직장 상사 남부장의 도움으로 가까스로 위기를 모면했지만, 회사로서 그는 언제 터질지 모르는(하지만 언젠가 터지는) 시한폭탄이나 다름이 없다.

그런데 진짜 문제는 팀장 대리인 상수가 팀원을 충원해달라고 요구하면서 벌어진다. 회사에서는 상수의 요구에 대해 이러지도 저러지도 못하다가, 상수 못지않게 회사에서 '트러블 메이커'인 박경애를 팀원으로 붙여준다. 그리고 거기에 파업 때 퇴사한 조선생이 그 팀에 합류한다. 남들은 전혀 기대하지 않지만, 그들은 '큰 건'을 터트릴 것이라는 기대로 베트남으로 향한다. 보통 멜로드라마에서는 이런 오합지졸이 갑작스럽게 찾아온 '행운'과 예기치 않은 능력으로 기적 같은 '큰 건'을 터트리지만, 그들에게는 그럴 행운과 능력도 없다.

사실 상수와 경애는 여러모로 닮았다. 상수는 TV 멜로드라마의 주인공처럼 어머니를 여의었다. 그의 아버지는 어머니가 병으로 죽자 어머니의 간병인이었던 여인과 재혼했다(사실은 어머니가 죽기 전 아버지와 간병인은 그렇고 그런 관계다). 그렇기 때문에 상수는 아버지와 새어머니에게 적대적인 태도를 보인다. 경애 또한 아버지를 모른 채 어머니와 둘이 살아왔다. 따라서 한쪽 부모의 사랑만 받은, 다시 말하면 한쪽 부모의 사랑을 받지 못한 상수와 경애는 성장하면서 늘 외로웠고, 늘 누군가를 그리워했다. 그들에게 삶과 사랑은 '시소'가 아니라 '그네'였다. "서로가 서로의 옆에서 그저 각자의 그네를 밀어내는."

사실 상수과 경애는 고등학교 때 만날 뻔했다. 아니 우연히 마주쳤을 수도 있다. 그들은 각각 'E 또는 은총'이라는 아이로 매개되어 있다. 경애는 E와 인터넷 영화동아리 모임으로 묶여 있고, 상수와 은총은 단편 영화로 묶여 있다. 결국 당시 떠들썩했던 인천 화재 사건으로 E 또는 은총은 목숨을 잃고, 상수와 경애는 한참의 시간이 지났음에도 E 또는 은총만 죽고 자신은 살아남았다는 자책감으로 괴로워하고 있다. 또 상수는 '언니는 죄가 없다'라는 인터넷 사이트에서 8년 동안 젊은 여성들에게 연애 상담을 해 오고 있다. 그리고 경애는 대학 때부터 사귄 산주에게 실연을 당한 후 두문불출하며 '언니는 죄가 없다'에 자신의 고민을 털어놓았고, 언니, 즉 상수의 연애 상담 덕분에 세상 밖으로 다시 나올 수 있었다.

상수와 경애는 조선생과 한 팀이 되어 베트남 현지에서 미싱 판매 영업 의욕적으로 진행한다. 하지만 '융통성'이라는 이름으로 자행되는 현지 지사의 불법과 탈법으로 그들은 제대로 영업 실적을 내지 못한다. 아니 눈앞에서 자신들의 실적을 회사의 다른 팀에게 빼앗긴다. 결국 현지의 불법 행위를 넌지시 언급한 경애는 회사 물류 창고로 좌천되고, 상수는 그런 그녀를 구하기 위해 동분서주한다. 하지만 그의 노력에도 불구하고 상황은 나아지지 않는다.

엎친 데 덮친 격으로 '언니는 죄가 없다' 사이트가 해킹당하면서 상수는 곤란한 지경에 처한다. 그는 사이트 운영진을 만나 자신의 신분을 공개하고 직접 책임에 나서겠다고 하지만 그마저 여의치 않다. 그가 할 수 있는 것은 별로 없다. 아니 보다 정확히 말하면 그가 나서서 해결되는 일이 별로 없다. 그는 경애의 억울함을 풀기 위해서 본사로 찾아가 사장과 담판을 지으려 하지만 그 역시 뜻대로 되지 않는다. 상수는 회사 앞에서 1인 시위를 하는 경애에게 자신의 집 열쇠를 건네며 집에 있는 은총이 만든 영화를 보라고 권한다.

상수의 노력 덕분인지 아니면 이사들에게 속은 사장의 분노 때문인지 경애는 영업팀으로 복직해 상수가 한때 흠모했던 유정과 함께 일한다. 상수는 회사를 그만두고 문화 콘텐츠를 만드는 새로운 회사에 들어간다. 그는 "썩 좋지 않은 영어 실력과 감상이 과도하게 들어가 있는 작문실력 그리고 글보다 현저히 떨어지는 대화능력"에도 불구하고 회사에 들어간다. 그가 회사에 들어간 이유는 그가 "방대하게 읽고 관람해온 연애소설과 영화 때문"이었다.

상수는 새 직장을 얻고 나서 문득 두 사람, 국회의원 선거에 연거푸 낙선해 시름에 빠진 아버지와 경애를 떠올린다. 그는 "아버지가 살아온 세계에 비하면 [자신이] 속해 있는 세계란 터무니없이 복잡하고 감정적이고 불안정한, 측량되지 않고 가시적이지 않은 것들에 열을 올리고 헛수고가 분명한 일에 봉사하는 백일몽에 빠진 인간들이 있는 세계에 불과하지만 무언가 이야기를 하고 싶었다." 그는 아버지에게 전화를 해보지만, 술에 취한 그의 아버지는 그의 말을 제대로 이해하지 못한다.

상수는 아버지와 통화를 한 뒤 은총이 남긴 8밀리 비디오테이프를 꺼내 놓고 앉아 있다가 잠이 든다. 잠에서 깨었을 때 그는 따뜻한 무언가가 자신을 덮고 있는 것을 느낀다. 그리고 "누군가 들어와 자신의 허락도 받지 않고 커피포트로 물을 데우고 있고, 자신의 방을 둘러보고 있다는 것을 느낀다." "책장을 채운 문고판 소설들과 비디오테이프들과, 이미 죽은 사람이 되었지만 여전히 포스터에서는 웃고 있는 배우들과 잘 말린 수국과 레이스를 덧댄 커튼과 언니들의 편지를 인쇄한 종이들과 물기를 잘 짠 행주와 손으로 메모한 자동차세 납부기일 같은 것들을" 말이다. 상수가 사랑했던 사람은 유정이었지만 마지막에 그의 집에 들어와 그에게 담요를 덮어주고 그의 집을 둘러보는 이는 결국 경애다. 사실 상수는 언젠가부터 이 장면을 "하루에도 몇 번씩 상상"했었다.

『경애의 마음』은 이렇게 끝나지만, 사실 상수와 경애의 사랑은 아직 시작도 안 했다. 그렇다면 다시 말해 이 책을 덮으면 이제 둘만의 사랑 이야기가 본격적으로 시작된다. 예컨대 상수가 일어나 경애가 끓인 차를 마실 수도 있고, 아니면 함께 밖에 나가 산책을 할 수도 있고, 아니면 조금 멀리 떨어진 곳으로 가서 데이트할 수도 있다. 그들은 "서로가 서로를 채 인식하지 못했지만 돌아보니 어디엔가 분명히 있었던 어떤 마음에 관한 이야기"를 주고받을 것이다.

『경애의 마음』의 상수와 경애가 비록 로미오와 줄리엣이 그랬던 것처럼 첫눈에 반해 불꽃같은 사랑을 한 것은 아니지만, 오랫동안 서로를 지켜보았기 때문에 서로를 너무나 잘 알고 있다. 그렇기 때문에 그들의 사랑은 서로를 조금씩 알아가는 '가까이 가는 사랑'보다는 서로를 보듬고 아픈 데를 감싸주는 '애틋한 사랑'일 수 있다. 반대로 그들은 서로를 너무나 잘 알기 때문에 '더 아픈 사랑'을 할 수도 있다. 아무튼 그들의 사랑이 어떻게 될지 궁금해진다.

끝나지 않은 **고통**

송기원, 「월행」, 『20세기 한국소설 31』 창비, 2005.

엘즈비에카 에팅거의 『한나 아렌트와 마틴 하이데거』(1995)는 책 제목에서도 알 수 있듯이 한나 아렌트와 마틴 하이데거에 관한 책이다. 그러나 이 책은 특이하게도 아렌트와 하이데거의 철학을 거의 다루지 않는다. 사실 그들의 철학보다는 주로 그들의 개인적인 '연애사'를 다루고 있다. 그래서인지 이 책은 아렌트와 하이데거 전공자들에게 불편함을 불러일으킨다. 실제로 이 책의 번역자인 황은덕이 아렌트나 하이데거 전공자들에게 이 책에 대해 의견을 물었을 때, 전공자들은 한결 같이 아렌트와 하이데거의 철학에 집중해야지 왜 일상적이고 지엽적인 부분에 천착하느냐며 번역자에게 불편함을 토로했다고 한다. 그들의 주장을 거칠게 정리하자면, 철학자의 공적인 부분과 사적인 부분을 분리해서 생각해야 한다는 것이다. 기시감이 든다.

2000년대 초반 미당 서정주의 친일부역 행적에 대해 갑론을박이 펼쳐졌을 때, 서정주를 옹호하는 입장에서도 이와 비슷한 논리를 폈다. 그들은 서정주의 '어쩔 수 없었던' 친일 행적과 '탁월한' 작품 세계를 분리해서 평가해야 한다고 주장했다. '신비평'이라는 거창한 비평이론까지 동원했다. 그러나 작가의 작품 세계와 그의 사적인 부분을 엄격하게 구분하는 게 전적으로 가능한 일인지, 그리고 그게 과연 온당한 작품의 비평인지 궁금하다. 영미 문학에서는 신비평이 힘을 잃은 지 한참 지났는데도 한국문학에서는 여전히 그 영향력을 떨치고 있는 듯하다.

다시 아렌트와 하이데거로 돌아가자. 이 글에서는 주된 관심을 아렌트보다는 하이데거에게 두려 한다. 주지하듯, 하이데거는 제자 한나 아렌트와 불륜관계, 조금 순화하자면 아주 가까운 관계, 조금은 부적절할 관계였던 것으로 알려져 있다. 그들의 관계는 단순히 스승과 제자 사이가 아니었다. 그 관계도 일시적인 것이 아니라 아주 오랜 기간 동안 이어졌다. 둘의 관계가 항상 좋았던 것은 아니었지만, 아렌트는 하이데거가 나치 부역 혐의를 벗는데 결정적인 도움을 주었다. 참고로 아렌트는 하이데거의 지도로 공부를 하다가 나치 문제로 멀어져 결국 칼 야스퍼스의 지도로 공부를 마쳤다.

하이데거의 개인사를 살펴보면 아렌트 외에도 주목할 만한 철학적 대가들이 여럿 등장한다. 그 가운데 학문적 동지라고 할 수 있는 야스퍼스와 하이데거의 스승인 에드문트 후설은 하이데거의 개인사에서 빼놓을 수 없는 인물들이다. 특히 하이데거와 후설의 관계를 살펴보면 참으로 묘하다. 스승 후설은 제자 하이데거가 학문적인 토대를 마련하고 교수 자리를 얻는 데 물심양면으로 큰 도움을 주었다. 그러나 나치즘의 광풍이 휘몰아치자 하이데거는 나치즘에 경도되어 적극적으로 찬양·옹호하고, 나중에는 유대인 스승 후설을 '배신'한다. 하지만 그는 자신은 결코 나치즘에 동조한 적이 없으며 오히려 나치로부터 프라이부르크 대학과 학생을 지켜냈다고 항변한다. 그의 이런 말과 행동을 어떻게 받아들여야 할지 난감할 뿐이다.

하이데거와 에미뉘엘 레비나스를 비교하면 더욱 흥미롭다. 하이데거와 레비나스는 철학적 지반은 비슷하지만, 결정적으로 나치즘과 전쟁에 대한 견해에서 대별된다. 레비나스는 근본적으로 전쟁에 반대했지만, 하이데거는 자신, 더 나아가 독일 민족 당장의 이익이 중요했고, 이를 위해서는 전쟁이 불가피하다고 보았다. 즉 그는 '대의'(大義)를 위해 '소'(小)의 희생은 불가피하다고 보았다. 그러나 무엇이 '대의'고 누가 '소'란 말인가, 그리고 누가 이것을 정한

단 말인가. 어찌 되었든 간에, 정확한 사실 여부와 관계없이, 하이데거와 레비나스의 관계가 틀어진 것만큼은 변함없는 사실이다. 그리고 그 발단은 하이데거에게서 비롯된다.

후설과 하이데거의 관계는 서정주와 송기원의 관계와 묘하게 닮았다. 하이데거가 현상학의 대가 후설의 제자로 출발한 것처럼, 송기원 역시 한국 서정시의 '대가'(大家)라 할 수 있는 미당 서정주의 수제자로 출발했다. 미당의 제자답게 그 역시 죽음과 탐미주의에 깊이 침윤되어 있었다. 잘은 모르겠지만 서정주의 시를 읽다 보면 '우리말이 어쩌면 이토록 아름다울 수 있는지' 새삼 경탄하게 된다. 그의 시가 탐미주의적 절창이라는 데는 그 누구도 부정할 수 없을 것이다. 송기원의 초기 작품은 서정주의 탐미주의적 시 세계를 따른다.

그러나 송기원은 '문학인 101인 시국선언'과 '실천문인협의회'에 가담하면서 역사의식에 눈을 뜨게 되고 그때부터 스승과는 다른 길을 걷는다. 서정주의 친일은 차치하더라도 그 이후의 행적을 보았을 때는 수긍하기가 어렵다. 그러나 서정주 옹호자들은 여전히 그의 '시 세계'만을 보아야 한다고 주장한다.

지나친 일반화일 수도 있지만, 결과적으로 보았을 때, 하이데거와 송기원은 그들의 스승과는 각각 다른 길을 가게 된다. 그들의 행보에 차이가 있다면, 하이데거는 개인적으로는 자신의 세속적인 야망 또는 신념을 위해서, 대외적으로는 독일 민족의 영광을 위해서 스승과 다른 길을 걸었다. 그에 반해 송기원은 역사의식에 눈을 뜨면서 순수문학에서 실천문학으로 문학적 행보를 옮겼다는 점에서 구별된다. 그 후 송기원은 시국사건과 필화사건에 연루되어 투옥되는 등 민주화 운동에 적극적으로 참여하면서 올곧게 실천적 문인의 길을 걷게 된다.

송기원의 문학은 분단 시대를 경험한 여느 작가와 비슷하게 개인사적인 비극에서 출발한다. 어떤 비극적 상황에 부닥쳤을 때 그 반응은 두 가지 양상으로 나타난다. 이를 개인 차원의 비극으로 가두거나, 아니면 사회사적인 것으로 인식하고 현실로 확대하거나. 송기원은 처음에는 개인적인 비극에 천착하지만 나중에는 사회적·현실적 문제로 자장을 확장해 나간다. 또한 여기에 머물지 않고 우리 사회가 마주한 여러 가지 문제, 즉 농촌·노인·분단 문제 등에 천착하게 된다.

「월행」(1979)은 송기원의 작품 세계에서 변곡점을 형성한다. 이전의 작품에서 주인공들은 자신들이 마주한 비극적 상황 앞에서 심각한 정체성의 위기를 겪으며 괴로워한다. 그들의 상처와 고통은 그들 자신에게 국한된다. 그들은 그 고통을 누군가와 함께하지 않으려 한다. 아니 함께할 수 없기 때문에 스스로 감내하려 한다. 결국 그들의 상처는 위악적이고 엽기적인 행동으로 표출된다. 그러나 「월행」의 주인공은 이전의 주인공과는 다른 양상을 보인다. 6·25 전쟁 시기에 자신의 아내와 동생의 죽음을 직접 목도한 주인공은 한편으로는 원한과 증오를 품고, 다른 한편으로는 그 고통에서 벗어나려 위악을 부리며 밑바닥 삶을 전전하지만 고통은 더욱더 커지고 결국에는 원한과 증오 역시 부질없음을 깨닫고 과거와 화해를 시도한다.

「월행」에서 주인공 갑득은 비극적인 사건이 있은 후 20년 정도의 세월이 흐른 뒤 어린 아들 민수와 함께 "달빛이 비치는 시골길을 따라" 고향으로 돌아온다. 개인적인 원한과 복수심과 증오가 완전히 없어지지는 않았지만, 시간의 흐름에 따라 그 세기는 많이 무뎌졌다. 상처 또한 어느 정도 아물었다고 생각하기에, 그는 살아갈 날이 얼마 남지 않은 상황에서 아버지와 그리고 고향과 해후한다.

통상적으로 주인공의 '귀향'은 그 자신의 고통이 치유되었음을 또는 등장인물 간의 갈등이 어느 정도 해소됨을 암시한다. 「월행」에서도 갑득은 아버지와 그리고 고향과 화해할 마음의 준비가 되었다고 생각하고 귀향하지만, 막상 아버지를 만난 뒤에는 그의 고통과 상처가 아직 여물지 않았음을 확인한다. 갑득의 아버지 역시 마찬가지다. 때로는 과거의 이야기를 하면서 둘은 서로 감정이 격해지기도 한다.

갑득의 아버지는 처음에는 아들을 받아들이려 하지 않지만 결국 아들과 함께 온 아이에게 밥을 먹이고, 그 아이 즉 자신의 손주를 방에 눕혀 재운 뒤 갑득과 함께 산에 오른다. 갑득은 아버지가 어디로 데려가는지 짐작한다. 갑득의 아버지는 아들에게 산골짜기에 흩어져 있는 봉분에 절을 하게 한다. 갑득은 아버지가 시키는 대로 봉분에 차례로 절을 한다. 마지막 봉분에 절을 하려 하자 갑득의 아버지는 만류한다. 갑득의 '가묘'였던 것이다. 갑득의 아버지는 갑득을 죽었다고 생각했다. 아니 죽지 않았다는 것을 알면서도 '죽은 사람'으로 간주했다. 왜냐하면 "살아 있는 사람은 살아야 하"기 때문이다.

갑득이 살날이 이제 얼마 남지 않았으니 고향에서 살겠다고 하자 아버지는 단호하게 "타처에 가서 죽"으라고 그를 내친다. 대신 아들은 자신이 대신 키워준다고 말한다. 죽어가는 아들을 밀쳐내고 손자만 거두는 「월행」의 마지막 장면은 시사하는 바가 크다. 아무리 고통스러웠다고 하더라도 이제 살날이 얼마 남지 않은 아들과 화해하고 그를 받아들이는 게 인지상정이겠지만, 반대로 생각해보면 그동안 도망친 아들로 인해 가족들이 치른 대가가 말할 수 없을 정도로 너무나 컸다는 것을 짐작하게 된다.

갑득의 아버지는 아들을 거두는 대신 아들에게 속죄의 기회를 주고 떠나보낸다. 이것은 그 나름의 과거 또는 아들과 화해하는 방식이다. 사실 그는 아들을 내친 게 아니라 아들을 떠나보내고 대신 손자를 거두면서 과거 또는 아들과 화해를 시도하는 것이다. 궁극적으로는 비록 아들 때문에 비극이 시작되었지만, 아들 역시 비극의 피해자이기에, 그 비극의 고통이 자신의 손자에게까지 이어지는 것만은 막겠다는 단호한 결기로 읽힌다. 갑득 역시 더 이상 고향에 있겠다고 하지 않고 아버지의 말을 따른다. 마을을 벗어나고 갑득의 모습이 보이지 않을 때쯤 갑득의 아버지는 "선 자리에서 나무토막처럼 푹 쓰러"

진다. 그러면서 "달이 졌다."

「월행」의 마지막 구절 "달이 졌다"는 다층적인 의미를 갖는다. 아들과 아버지의 갈등이 해소된 것으로 읽을 수도 있고, 아니면 고통이 상처가 치유되기보다는 그냥 봉합된 것으로 읽을 수도 있다. 그렇지만 이 장면은 긴 시간이 흘렀음에도 불구하고 과거의 상흔이 남긴 상처가 너무나 크고 고통이 아직 끝나지 않았다는 긴 울림을 준다. 「월행」은 갑득과 그의 아버지의 개인적인 이야기로만 읽히지 않는다. 그들과 비슷한 또 다른 누군가의 이야기일 수도 있다. 갑득과 그의 아버지의 고통이 끝나지 않은 것처럼 그들의 고통도 아직 끝나지 않았다.

로기완은 살아 있다

조해진, 『로기완을 만났다』, 창비, 2011.

영어 단어 중 의미가 비슷하면서도 조금 다른 단어가 있는데, 바로 'sympathy'와 'empathy'다. 우리말로 sympathy는 '동정' 또는 '연민'으로, empathy는 '공감' 또는 '감정 이입'으로 번역된다. 동정이나 연민은 타인의 사고나 불행에 대해 인지하고 타인의 입장을 머리로 이해하는 감정이다. 즉 안타깝기는 하지만 그렇다고 감정이 이입되어 가슴이 아플 정도로 깊이 관여해서 도와주고 싶은 감정은 아니다. 반면 공감은 감정이 이입되어 타인의 정서 상태를 가슴으로 느끼고 그 슬픔을 깊이 같이 느끼는 감정이다. 그래서 공감은 보통 본인이 같은 경험을 했거나 아니면 아주 가까운 사람이 겪은 고통에 대해 감정이입이 되기 때문에 직접 관여해서 도와주고 싶은 상태의 감정이다. 요컨대 연민은 타자가 관망하며 느끼는 감정이고, 공감은 자아가 이입되는 감정이다. 따라서 동정이나 연민보다는 공감이 더 높은 단계의 윤리적 감정이고, 타인의 슬픔과 고통에 대해서 마땅히 가져야 할 태도는 공감이다.

우리는 윤리라는 단어를 일상적인 맥락에서 혹은 학문적인 맥락에서 자주 쓴다. 그런데 "윤리란 과연 무엇인가?"라는 철학적인 질문에는 대답하기 쉽지 않다. 에마뉘엘 레비나스는 윤리를 "나의 자발성을 타인의 현존으로 문제 삼는 일"로 정의한다. 윤리에서는 나의 자발성, 즉 주체가 아닌 타인이 핵심이자 본령이다. 그래서 레비나스는 자신의 철학적 과제를 '존재에서 존재자로' 규정했다. 참고로 레비나스는 반유대주의에서 비롯한 폭력과 인종주의가 널리 퍼진 서유럽에서 학대받는 유대인으로서 산 경험, 그리고 그 경험을 넘어서서 '타자' 및 그 타자에 대한 책임을 보여주는 현상학의 맥락에서의 자아와 타자 문제를 자신의 철학적 사유의 중심 주제로 발전시켰다. 레비나스는 자기중심적인 주체 철학을 넘어서 타자를 주체 안으로 끌어들였고, 타자의 본질을 규명하고, 그 범위를 규정했다. 즉 그에 따르면, 타자는 유한한 자아와 달리 무한하고, 사회적 소수자, 더 나아가 나 이외의 모든 사람을 포함한다.

'타인' 또는 '타인의 얼굴'은 레비나스의 나와 자기성, 타자와 고통을 통한 주체와 윤리학, 신과 종교에 대한 철학적 사유를 친절하게 안내한다. "타인의 얼굴은 나의 자발적인 존재 확립과 무한한 자기 보존의 욕구에 도덕적 한계를 설정한다. 타인은 거주와 노동을 통해 이 세계에서 나와 내 가족의 안전을 추구하는 나의 이기심을 꾸짖고 윤리적 존재로서 타인을 영접하고 환대하는 윤리적 주체로서 나 자신을 세우도록 요구한다"는 어느 설명이 예거하듯이 타인 또는 타인의 얼굴은 레니비스의 철학의 핵심이다.

다시 말하지만 레비나스 철학에서 제1의 과제는 '존재'가 아니라 '윤리'다. 즉 그의 철학은 유한한 자기 자신이 아니라 무한한 타인을 지향한다. 즉 우리 삶은 '타자'에 근거한 것이지 '타자'가 우리의 삶에 종속된 것이 아니다. 따라서 그는 "타자가 우리에게 '호소'하면 여기에 [마땅히] 응답해야 한다"라고 말한다. 타자가 약자의 얼굴로 호소해 온다면 우리는 거기에 응답해야 할 무한한 책임의 주체가 되어야 한다. 이때 주체는 타인을 지배하는 주체가 타인의 호소에 응답하는 주체다.

그렇다면 레비나스가 말하는 '타자'가 누구고, 타자의 속성은 무엇인지 질문을 던지지 않을 수 없다. 일단 레비나스가 말하는 타자는 무한으로서의 타자다. 즉 그에 따르면 타자는 우리와 같은 선상에 있는 존재가 아니라 우리보다 높은 곳에 존재한다. 타자는 주체를 넘어서는 '외월적' 또는 '초월적' 존재다. 또한 타자는 '비-지배'적 존재다. 일반적으로 지배자는 동일적인 것이고 '타자'는 내가 잘 모르는 다른 면모, 새로운 것을 가지고 나에게 다가온다. 지속적으로 안정된 상황을 목적으로 하는 테두리 안으로 예상치 못한 것이 넘어온다. 이때 테두리 안으로 넘어오는 것을 막을 수 없다. 다시 말하면 타자를 지배할 수 없다. 그렇다고 해서 타자가 지배하는 존재라는 것은 아니다. 즉 타자를 극복하려 하지만, 타자는 이미 내 틀을 벗어나 있기 때문에 실제로 극복할 수 없다. 그뿐만 아니라 타자는 '무차별하지 않은' 존재다. 즉 타자는 나와 다르지만 무관심하게 방치하지 않고 무관심하지 않은 관계가 설정된다. 다르지만 관계를 맺지 않을 수 없다. 다른 말로 하면 주체와 타자는 관계를 벗어나려 하지만 벗어날 수 없는 관계에 놓여 있다. 타자와는 '상호성'을 넘어서 '비대칭성'을 이룬다. 즉 주체와 타자의 관계는 동등한 가치의 상품 교환을 매개로 하는 상호성으로 측정되어서도 안 되고 측정될 수도 없다.

레비나스는 타인의 얼굴은 시각적으로 보는 게 아니라 나타나는 것을 포착하는 것이라고 말한다. 그렇기 때문에 다가오는 '타인의 얼굴'을 포착하기 위해서는 '시각'보다도 '청각'이 중요하다고 말한다. 타인의 얼굴은 단순한 현상이 아니라 우리에게 호소하고 메시지를 주고 느낌을 전달한다. 타인의 얼굴에 나타난 표정과 메시지를 읽기 위해서는 더 다가가서 그 위에 내 얼굴을 비추어야 한다. 즉 우리는 타인에게 공감해야 한다.

레비나스는 "타자는 내 테두리 밖에 있는 존재이기에 '낯선 자'이지만, 내 옆에 붙어 있고 항상 나에게 다가오기 때문에 '이웃'이다"라고 말한다. 낯선 사람들과 소통하지 않지만 이웃과는 소통한다. 아니 소통해야 한다. 소통은 다른 말로 하면 '호소에 대한 응답'(response to appeal)이다. 그 응답의 구체적 행위가 바로 '환대'(hospitality)다. 레비나스가 말하는 환대는 앞에서도 말했듯이, 상호성에 입각한 환대, 즉 칸트가 말하는 '조건적 환대'가 아니라 '무조건적 환대'다. 조건적 환대는 "네가 환대받고 싶으면 네가 먼저 환대하라"라는 말이다. 즉 입장을 바꿔서 생각해 보자는 것이다. 레비나스는 조건적 환대를 거부하고 부정한 게 아니라 조건적 환대만으로는 삶에 비전이 없다고 생각했다. 조건적 환대에 무조건적 환대가 결합되었을 때 진정한 환대가 작동된다고 보았다.

그런데 환대가 제대로 작동되지 않을 때, 다시 말하면 누군가에게 환대를 베풀었는데, 그에 대한 적절한 보상이 이루어지지 않거나, 아니면 오히려 환대를 베푼 쪽이 마음에 큰 상처를 받았을 때 어떤 결과가 초래되는가? 한국계 중국인, 즉 조선족 출신의 장뤼[장률] 감독의 일련의 영화는 환대를 베풀었을 때, 배반당하는 비극적인 상황을 보여준다. 조해진의 『로기완을 만났다』(2011)는 장뤼의 영화보다 비극적인 상황을 설정하지는 않지만, 우리로 하여금 환대와 그에 따른 윤리에 대해 성찰하도록 한다.

먼저 『로기완을 만났다』의 줄거리를 간략하게 살펴보자. 주인공 K는 한 방송국의 휴먼다큐 프로그램 메인 작가다. 그녀는 프로그램을 통해 알게 된 한 소녀 윤주에게 각별한 관심을 두고 있다. K는 윤주에게 더 큰 도움을 주기 위해 수술을 미루자고 제안한다. 하지만 수술을 기다리는 동안 윤주의 병이 급속히 진행되어 결국 얼굴의 일부를 제거해야 하는 상황에 처하자 K는 괴로워한다. K는 동료이자 연인이기도 한 PD 재이의 위로와 그의 청혼도 뿌리치고 무작정 브뤼셀로 향한다. K는 자신의 환대가 오히려 윤주에게 불행을 가져왔다는 사실에 괴로워한다. 그녀의 브뤼셀행의 목적은 로기완이라는 탈북자를 만나기 위해서다. 하지만 그녀는 자신이 윤주에게 행한 환대 행위의 본질에 대해 숙고한다. 그것이 과연 레비나스가 말하는 것처럼 '조건 없는' 환대였는지, 아니면 자신의 도덕적 윤리적인 만족감을 채우거나 또는 위안을 얻으려는 이기심이었는지, 자신에게 질문을 던진다.

K에게 로기완은 고통스러운 현실에서 벗어날 도피처이자 그녀의 잘못을 바로잡을 기회다. 그녀는 로기완의 탈북 수기를 읽으며 3년 전 그의 행적을

따라가며 그의 감정과 상황에 자신을 이입시키려 한다. 그 과정에서 로기완에게 도움을 주었던 의사 박을 만나게 되며 로기완에 대해 좀 더 알게 된다.

K는 로기완이 박의 도움으로 난민 지위를 얻었고, 사랑하는 연인을 위해 난민 지위를 버리고 불법 이민자가 되어 영국으로 떠났다는 사실을 알게 된다. 그녀는 로기완의 결정에 대해 여러 생각을 하게 된다. 그리고 그의 결정에 자신이 윤주에게 한 행동을 겹쳐서 생각해본다. 마침내 그녀는 로기완을 만나기 위해 영국으로 떠나기로 마음먹는다. 떠나기 전 그녀는 박으로부터 그의 비밀을 듣는다. 그는 의사로서 간암 말기의 아내를 그녀의 부탁대로 안락사시켰다. 그는 K를 보고 아내를 떠올리며 계속 괴로워했다. K가 로기완의 행적을 쫓고 로기완에 대해 박과 대화를 나누며 자신을 조금씩 용서하고 윤주와 연인인 재이에게도 마음을 열게 된 것처럼, 박 역시 K에게 자신의 비밀을 고백하고 자신을 용서하게 된다. K와 박은 로기완이라는 타자를 통해 고통을 치유하고 놓으려 했던 인생의 끈을 다시 붙잡는다. 조금 더 철학으로 표현하면 '생각하는 나'에서 '윤리적인 나'로 변화한다.

레비나스는 서양철학은 '존재자의 근원이 무엇인가'에 초점을 맞춘 형이상학적 존재론과 존재론의 본질을 규명하는 인식론의 역사였으며, 그 중심에는 인간의 주체적 자아가 있었다고 생각했다. 그가 생각하기에 서양철학의 본질적 화두는 '나는 누구인가'이다. 하지만 그는 이러한 자아 중심적인 존재론과 인식론보다도 '윤리학'을 중요하게 생각했다. 그에게는 '생각하는 나'보다 '윤리적인 나'가 우선한다.

'윤리적인 나'는 타자와 대면하여 자아 중심적인 '나'의 자발성에 의문을 제기하는 '나'다. 윤리에서 중요한 것은 '인간이 어떻게 행동하는 게 올바른지', '무엇을 해야 하는지'에 대한 도덕적 지침이 아니다. 그보다 중요한 것은 타인의 존재를 무시하는 자아 중심적인 자발성에 의문을 제기하는 것이다. 자아 중심성에 의문을 제기하고 그보다 근원적인 것을 찾아 나서는 데서 윤리는 시작된다. 즉 자아와 타자는 "창문 없는 모나드"로서 상호침투가 불가능하고, 자아는 단지 타자를 자각함으로써 수용할 수 있을 뿐이다. 다시 말하면 자아는 타인과의 관계를 통해서만 비로소 자아일 수 있다. 그리고 내가 타자를 수용할 때 타자는 더 이상 나의 존재를 위협하는 침입자가 아니라, 내면의 닫힌 세계에서 밖으로 '초월'을 가능하게 해주는 유일한 접촉점이 된다. 우리가 타인들과 함께 살기를 주장하기 이전에 먼저 타인의 절대 타자성이 긍정되어야 한다. 그럴 때 비소로 타인은 극복의 대상이 아니라 함께 살아야 할 존재로 다가온다.

내 얼굴을 가지고 타인의 얼굴을 대할 때 나는 비로소 '책임 있는'(responsible) 주체가 된다. 거듭 말하지만 주체성은 '타인을 받아들임'에서 형성된다. 인간의 삶은 세계를 가지면서도 얼굴을 통해 드러나는 타인의 고통에 대한 연대 책임을 통해 이루어진다. 그리고 바로 여기에 '사랑'의 본질이 있다.

레비나스가 말하는 윤리는 다음과 같이 도식화된다. "타인은 살아 있다. 타인을 죽이지 말라. 타인의 호소에 응답하라." 그렇다면 『로기완을 만났다』에서도 "로기완은 살아 있다. 로기완을 죽이지 말라. 로기완의 호소에 응답하라"는 윤리적 도식이 적용된다. 여기에 한 문장을 더 보태고 싶다. "그래야 내가 살 수 있다." 이 도식은 비단 로기완에게만 해당되지 않는다. 모든 타인에게도 적용된다. 그렇다면 마땅히 타인의 고통을 '동정'하지 말고 '공감'해야 한다.

멀리서 보면 **희망**, 가까이서 보면 **절망**

김연수, 『밤은 노래한다』, 문학과지성사, 2008.

제목이 비슷한 세 권의 책이 있다. 출간된 순서로 보면 『밤은 노래한다』(2008), 『밤이 지나간다』(2013), 『밤이 선생이다』(2016) 순이다. 앞의 두 권은 각각 김연수와 편혜영의 소설이고 마지막 권은 얼마 전에 작고한 문학평론가 고(故) 황현산의 산문집이다. 이 글은 김연수의 『밤은 노래한다』를 읽으며 느낀 생각이다. 제목만 보면 『밤은 노래한다』는 상당히 낭만적인 소설일 것이라고 짐작하게 된다. 소설의 각 장이 루쉰, 니체, 단테, 하이네, 보들레르의 낭만적인 시로 시작하기에 더더욱 그렇다. 하지만 이 작품은 1932년부터 1941년까지 간도 지역에서 벌어진 여러 가지 일들, 특히 '민생단 사건'을 중심으로 한 역사 소설이다. 너무나도 슬픈 역사를 이야기한다. 따라서 이 작품은 소설보다는 실제 역사 기록으로 읽힌다.

조선희의 소설 『세 여자』(2017), 영화 〈암살〉(2014), 〈밀정〉(2015) 등 일제강점기를 다룬 소설이나 영화 덕분에 일제강점기가 우리에게 제법 익숙하지만, 불과 10년 전만 하더라도 일제강점기는 지금처럼 익숙하지 않았다. 조금 심하게 말하면 일제강점기는 우리나라 역사에서 의도적으로 '망각된 시기', '진공 상태가 된 역사'였다. 하물며 이 작품의 물리적 공간이 조선도 아닌 간도 지방이었다면 그 역사는 우리에게 더욱 낯설다. 소설가 김연수는 이 낯선 시간과 공간을 『밤은 노래한다』를 통해 현재화하고 있다.

『밤은 노래한다』를 처음 읽었을 때 한편으로는 무척 낯설었고, 다른 한편으로는 소설 내용이 너무나 안타까워 읽은 뒤 한동안 가슴이 먹먹했다. 이 글을 쓰기 위해 다시 책을 들춰보는 지금 느껴지는 감정도 그때와 크게 다르지 않다. 특히 이념 또는 사상 때문에 오해하고, 그 오해가 결국 돌이킬 수 없는 비극에 이르게 되는 소설의 서사는 가슴을 아리게 한다.

『밤은 노래한다』를 시공간으로 관통하는 중요한 역사적 사건인 '민생단 사건'은 1930년대 간도 지역에서 수많은 조선인 항일운동가들이 민생단과 관련된 일본 첩자라는 혐의를 쓰고 중국공산당에 의해 체포, 살해된 사건이다. 작가 김연수는 "조선 혁명을 위해 싸우려면 먼저 중국혁명부터 이루어내야 한다"라는, 시작부터 모순된 조건 아래에서 혁명을 달성하기 위해 달려들었던 젊은이들, 그러다 끝내 혁명의 숭고한 뜻을 품은 동지들끼리 서로를 의심하고 총부리를 겨누어야 했던 그 처참한 사건을 소설로 풀어냈다.

『밤은 노래한다』의 줄거리는 간단하면서도 복잡하다. 줄거리는 책 뒤에 실린 해제를 참고한다. 『밤은 노래한다』는 박도만, 최도식, 안세훈, 박길룡 등 혁명을 꿈꾸는 네 명의 중학생들과 그들의 친구인 이정희라는 신여성, 그리고 만철의 측량기사로 이정희를 사랑했던 김해연의 엇갈린 운명의 이야기로 요약된다. 더욱 간략하게 말하면 '사랑과 혁명의 시(詩)'다.

대련에서 용정으로 파견된 김해연은 간도 임시파견대의 중대장 나카지마 타츠키 중위와 친해지고 박길룡을 통해 이정희를 알게 된다. 그 후 나카지마, 이정희와 종종 술자리를 갖는다. 혁명조직의 일원이었던 이정희는 이 모임을 통해 토벌대의 정보를 수집하고 조직에 보내려 하지만 결국 발각되고 김해연에게 피하라는 메시지를 남긴 채 스스로 목숨을 끊는다.

김해연은 일본 경찰에 연행되어 조사를 받다가 전향 공산주의자 최도식을 알게 된다. 김해연은 조사를 받고 풀려나지만, 이정희의 죽음으로 인한 충격으로 아편에 손대고 결국 자살 시도까지 한다. 자살 시도가 실패해 살아났지만, 그는 후유증으로 한동안 말을 하지 못한다. 그는 용정의 사진관에서 일하게 되는데, 사실 그곳은 혁명과 관련이 있는 곳이다. 그는 그곳에서 심부름하는 여옥과 사랑에 빠진다. 그리고 김해연은 은사의 권유로 새 출발을 위해 여옥과 경성으로 떠나기로 한다. 하지만 경성으로 가기로 한 얼마 전, 김해연과 여옥, 그리고 사진관 식구들은 여옥의 언니 결혼식에 참석하러 유정촌에 가다가 토벌대의 습격을 받아, 모든 사람들은 죽고, 여옥은 다리를 잃고, 김해연만 온전히 살아남는다.

결국 그들의 경성행은 무산되고 여옥은 결국 혁명조직의 재봉대에서 일하고, 김해연 역시 혁명의 격랑에 휩쓸린다. 즉 예상치 않게 김해연은 중국공산당에 입당하고 대련으로 파견된다. 그는 여옥에게 인사를 하러 유격대장 박도만과 함께 약수동으로 향하다가 중간에 토벌대에 대한 정보를 입수하고 방향을 바꿔 어랑촌 소비에트에 이 사실을 알리러 갔다가 민생단 혐의자로 체포된다. 조선인 공산주의자들이 모여있던 어랑촌에서는 만주에서 조선인 공산주의자들이 조선 혁명을 위해 싸우려면 먼저 중국 혁명부터 해야 한다는 현실적 입장의 국제주의자 박도만과 중국공산당에 입당한 조선인 공산주의자들이 "모두 자신의 선택을 후회하면서 죽어가고" 있는 현실을 견딜 수 없었던 민족주의 성향의 박길룡이 민생단 문제로 격돌한다. 결국 박길룡은 이념과 혁명을 위해 친구 박도만을 사살한다.

살아남은 김해연은 전향 공산주의자, 사실은 조선혁명당의 진짜 정보원인 최도식을 죽이려 하지만 실패하고, 대신 간도 임시파견대의 중대장 나카지마를 인질로 어랑촌에 남은 고립된 주민들을 탈출시킨다. 오직 조선인만으로 조선혁명군을 조직하겠다는 박길룡은 토벌대의 포위를 빠져나오지만 그 역시 사살된다.

몇 년의 세월이 흐른 후 김해연은 다시 용정으로 돌아가 총영사관 경찰을 그만두고 만주중앙은행 용정사무처에서 일하고 있는 최도식을 찾아간다. 김해연은 최도식에게 자신이 들은 이야기 — 김해연은 박길룡으로부터 최도식이 이정희를 살해했다는 이야기를 듣는다 — 의 진위를 묻는다. 최도식은 자신은 이정희를 죽이지 않았으며, 오히려 박길룡이 '혁명의 배신자'라고 반박하며, 그의 말을 믿으면 안 된다고 항변한다. 대신 김해연에게 혼돈의 진원지가 된 정희의 마지막 모습과 편지가 전해진 사연을 들려준다.

간도는 조선인들에게 '희망의 땅'으로 생각되었지만 사실은 절망 또는 비극의 땅이었다. 다시 말하면 그들은 가난과 일본의 압제를 피해 그곳으로 떠났지만, 그들을 기다리고 있는 것은 더 가혹한 '가난'과 '의심'이었다. 그리고 중국 당국은 더 나은 삶을 위해 간도로 떠나 온 조선인들을 일제 침략의 '앞잡이'로 생각했다. 의심은 꼬리에 꼬리를 물고 이어져 혹은 눈사람처럼 커져 결국 끔찍한 비극을 낳았다. 비극은 거기에 그치지 않고 더 나은 삶, 더 나은 세상을 꿈꾼 혁명의 동지마저도 서로를 의심하고 죽이기까지 하는 더 큰 비극으로 향했다. 가난과 중국 당국의 의심은 어쩔 수 없다 하더라도 내부의 동지까지 죽이는 혁명의 동지들의 모습을 어떻게 봐야 할까, 혼란스럽다. 그들의 자발적인 의지였는지, 아니면 어쩔 수 없는 혁명의 격랑이었는지 잘 모르겠다. 어쨌든 희망의 땅이라고 생각되었던 간도는 비극과 절망의 땅이 되었다. 『밤은 노래한다』의 해제처럼 "동지가 동지를 죽이던 간도의 밤은 참 길었다." 소설 속 인물들이 아닌 밤이 그때의 이야기를 우리에게 들려준다. 아니 '밤이 노래한다'. 그런데 갑자기 궁금해진다. "작가는 소설의 제목을 왜 '밤이 노래한다'가 아니라 '밤은 노래한다'로 지었을까."

‘불안’과 ‘불행’의 **이중주**

조해진, 『천사들의 도시』, 민음사, 2008.

더글러스 서크라는 미국의 전설적인 영화감독이 있다. 그는 멜로영화에 큰 발자취를 남겼고 후대의 많은 영화감독들에게도 상당한 영향을 끼쳤다. 그 가운데 라이너 베르너 파스빈더는 서크의 대표작 〈천국이 허락한 모든 것〉을 모티브로 〈불안은 영혼을 잠식한다〉(1973)를 제작했다. 등장인물의 구도 또는 영화의 서사로 보았을 때 〈불안은 영혼을 잠식한다〉는 〈천국이 허락한 모든 것〉처럼 나이 든 여성과 젊은 남성 사이의 관계라는 같은 서사 형식을 갖고 있다. 하지만 〈불안은 영혼을 잠식한다〉에서 나이든 여성은 부유한 부르주아 계급의 과부가 아니라 나이 든 노동계급 청소부 에미 크루와스키(브리짓 미라블 분)다. 남자는 비순응자 정원사가 아니라 그의 고상한 아랍식 이름이 주변 사람들에 의해 ‘알리’(엘 헤디 벤 살렘 분)라고 불리는 흑인 모로코 노동자다.

동네 모로코식 바에 술을 마시러 간 에미는 다른 이민 노동자 집단과 함께 살아야 한다고 역설하는 알리에게 호감을 느끼고, 알리 또한 그녀에게 호감을 느껴 둘은 자연스럽게 연인이 된다. 처음에 알리는 에미에게 잘생기고 힘 좋은 젊은 남자친구로서 의심할 여지없이 자랑스러운 존재였지만, 그녀와 일하는 동료, 이웃, 거래하는 상점과 그녀가 하찮은 청소 일을 하도록 재정적으로 도와주던 친척들까지도 점점 그와 그녀를 편견의 시선으로 바라본다. 반대를 무릅쓰고 결혼을 했지만 둘은 완벽하게 고립된다. 둘의 사랑에는 불안한 기운이 감돈다. 결국 알리는 천공성 위궤양 진단을 받는다. 알리의 불행은 존 버거의 『제7의 인간』(1975)에서 묘파되듯, 열악한 노동 환경에 처한 이주노동자의 위험을 상기시킨다. 또한 이주노동자들에게 완벽하게 회복하기 위한 회복기가 주어지지 않기 때문에 그 병이 재발할 것임을 암시한다. 에미는 알리의 절망적인 불행에 대해 울음을 터뜨린다. 〈천국이 허락한 모든 것〉에서 론은 알리와 마찬가지로 불구의 몸이 되었지만, 그와 캐리는 앞으로 함께할 것이라는 희망이 암시된다. 그러나 〈불안은 영혼을 잠식한다〉에서는 제목 그대로 희망은 존재하지 않고 '불안'과 '불행'이 그들 앞에 놓여 있다.

조해진의 소설집 『천사들의 도시』(2008)를 읽으면서 문득 영화 〈불안은 영혼을 잠식한다〉가 떠올랐다. 『천사들의 도시』의 주인공들은 문학평론가 신형철의 설명처럼 "육체적으로 죽어가고 있거나 이미 사회적으로 죽어 버린 사람들"이다. 다시 말하면 그들은 모두 '불안한 영혼'을 지녔다. 그리고 그들의 삶은 대체로 불행하다. 그들은 대체로 낯선 도시에서 집과 고향 없이 방 한 칸을 얻어 살아가며 세계를 떠도는 존재들, 유학생, 이주노동자, 편의점 아르바이트생 용역업체 직원, 실직자, 가난한 예술가, 입양아 등이다. 그들의 존재는 이 소설집뿐만 아니라 그 후 조해진의 작품에서도 이어진다.

표제작 「천사들의 도시」는 서른두 살의 한국어 강사 '나'와 그녀에게서 한국어를 배우는 열아홉 살의 한국계 미국인 '너'의 이야기다. '나'는 수강들과의 파티에 참석해 위악적으로 대마초를 피운다. 파티가 끝난 뒤 혹은 파티 도중 열정이 아닌 불안과 권태로 '나'와 '너'는 서로에게 끌린다. 수업이 폐강된 이후에는 본격적으로 더욱 가까워진다. 하지만 둘 다 예정된 끝을 알고 있기 때문인지 서로 더 이상 가까이 가지 않는다. '나'와 '너'는 불안한 영혼 또는 불안감 때문에 온전한 사랑을 하지 못한다. 순환 논리처럼 불안한 영혼이 사회적인 소외를 초래하는지, 아니면 사회적 소외가 불안한 영혼을 초래하는지 확실치 않지만 외롭고 불안한 '나'와 '너'는 더 이상 가까이 가지 못한다. 심지어

'나'는 '천사들의 도시'로 돌아간 '너'에게서 엽서를 받지만 답장을 하지 못한다. 아니 답장하지 않는다.

「그리고, 일주일」은 제목에서 유추할 수 있듯이 시간상 일주일 동안의 이야기다. 주인공 서미숙은 4년 전 독일 출장 중 충동적인 성관계를 맺고 에이즈에 걸린다. 그녀는 에이즈에 걸린 사실을 회사 동료 그 누구에게도 말하지 못한다. 하지만 그녀는 에이즈에 걸린 게 충동적인 성관계에서 온 것처럼, 자신이 에이즈에 걸린 사실을 일면식도 없는 카드 회사 영업 사원에게 충동적으로 털어놓는다. 그녀의 불행은 이게 끝이 아니다. 그녀는 아버지를 잃고, 혼자 사랑하던 L에게서 결별 통보를 받는다. 그녀는 육체적으로도 정신적으로도 의지할 데가 없다. 불행이 겹쳐지면 겹쳐질수록 그녀의 불안감은 더욱 커진다.

「인터뷰」에서 인터뷰이 나탈리아는 모스크바 대학에서 투르게네프 학위논문을 받은 후 타슈켄트의 유명 사립 고등학교에서 러시아 문학을 가르쳤지만, 현재는 한국에서 주방가구점에서 혼자 사는 한국계 우즈베키스탄인, 즉 '고려인'이다. 구소련 붕괴 후 나탈리아는 우즈베크어를 못 한다는 이유로 결국 해고되었고, 삶의 의욕을 상실한 상태에서 마지막 남은 희망으로 한국 남자와 결혼하기 위해 한국에 왔지만, 그녀는 또다시 남편에게서 버림받는다. 그녀는 우즈베키스탄에서 우즈베크어를 사용하고 그들의 음식을 먹는다고 우즈베키스탄인이 될 수 없는 것처럼 한국 남자와 결혼한다고 해서 한국인이 될 수 없음을 깨닫는다. 그녀는 연해주에서 삶의 터전을 박탈당한 고려인과 국가와 남편에게서 버림받은 자신을 동일화한다. 그녀는 영혼의 불안이 육체적 안락함으로 치유되지 않는다는 것을 깨닫는다.

「지워진 그림자」의 주인공은 전세 보증금을 마련하기 위해 공금을 횡령한다. 공개 수배를 피하고자 차 안에 유서를 남기고 잠적하는데, 공교롭게 발견된 시체가 그의 것으로 간주되어 그는 죽은 사람이 되었다. 그 후 그는 "서울

시내 빌딩 옥상마다 두 다리를 쭉 펴고 누울 수 있는 편편한 바닥과 언제든지 물을 마실 수 있는 물탱크가 있다는 사실을 깨닫"고 도시 건물의 옥상을 전전하며 불안한 노숙자의 삶을 살아간다. 하지만 그것도 그에게는 쉽지 않다. 씻기 위해 건물 화장실에 들어갔다가 직원에 의해 발각된다. 그는 도주하다가 문득 자신의 죄가 뭐였는지 자문한다. 그리고는 땅바닥의 그림자를 살펴보다가 그림자마저 점점 작아지다가 담벼락 속으로 사라지는 것을 보며 자신의 정체성뿐만 아니라 육체마저 소멸하지 않을까, 하는 '불안함'을 느낀다.

「등뒤에」는 죽은 동생들의 원혼에 시달리는 여성의 이야기다. "밥을 먹다가도, 차를 마시며 책을 읽다가도 그녀는 자신의 살아있음을 격렬하게 질투하는 그들의 시선을 느"낀다. 그녀는 일곱 살 때 어머니가 우울증으로 두 딸을 베란다 밖으로 던지는 모습을 목격한 후로 죽은 동생들의 원혼에 시달린다. 학교 교사인 그녀는 또한 학교에서 '왕따'인 학생 M을 도왔다는 이유로 학생들로부터 경원의 대상이 된다. M은 그녀에게 과도하게 집착하고, 그러면 그럴수록 그녀는 M을 부담스러워한다. 그런 와중에 그녀는 임신한 상태이고, 그녀의 연인 S는 군대에서 자신이 저지른 가혹행위 때문에 자살한 병사에 대한 죄의식으로 악몽에 시달린다. 그녀는 한순간이나마 자신을 비롯한 주변의 정신적, 육체적 고통에서 벗어나고픈 욕망을 품지만 결국 무위로 그친다. 결국 그녀의 불안감은 더욱 커져간다.

「기념사진」은 시력을 잃어가는 여배우와 억울하게 옥살이를 한 남자의 낯선 사랑 이야기다. 여인은 일명 아르피라 불리는 망막색소변성증을 앓고 있다. 그녀는 시야가 점점 좁아져 가는데도 불구하고 연극 공연을 하다가, 공연 도중 큰 사고를 쳐 결국 연극을 더 이상 하지 못하는 상황이다. 남자는 억울한 옥살이를 한 뒤 출소해 야구 모자에 검은색 선글라스를 쓰고 다니며 사진 찍는 일로 생계를 이어 가고 있다. 남자는 자신을 외면하는 가족들로부터 '박탈당한' 상태고, 그녀 역시 가족들로부터 '박탈당한' 상태다. 그렇기 때문에 남자는 여자를 돕는다. "남자가 아는 것은 지금 여자에겐 누군가 필요하다는 사실, 그것뿐이었다. 예전에 자신에게 절실하게 누군가가 필요했던 것처럼 지금 여자에게도 자신의 말을 들어줄 누군가가 있어야 한다는 것, 그것만 알 뿐이다." 그는 여자에게 옷도 사다주고 자신의 선글라스를 벗어준다. 그녀가 웃자 그 역시 얼떨결에 웃는다. 그들은 아주 잠깐의 행복을 느끼지만 행복이 언제 불행으로 바뀌지 않을까, 불안감을 느낀다.

「여자에게 길을 묻다」는 한 남자와 그를 둘러싼 두 여자의 이야기다. 더 정확하게 말하면 한 여자 '나'와 대추나무집에 찾아온 거인증에 걸린 또 다른 여자, 즉 두 여자가 고속버스를 타고 속초로 여행을 떠났다가 돌아오는 이야기다. 그리고 틈틈이 '나'가 '그'에 대해 추억한다. '나'가 '그'를 처음 만났던 때는 8년 전 원주에서였다. 예비사원으로 둘은 만났지만 오리엔테이션 후 회식에서 '그'는 회사 상사와의 싸움으로 해고된다. '나'는 우연히 ('그'는 의도적으로) 그를 다시 만나고 8년 동안 '대추나무집'에서 동거한다. 대추나무집에 거인증을 앓는 그녀가 침입한다. '나'는 그녀를 밀어내지만 번번이 실패한다. '나'는 그녀와 속초로 여행을 가는 중이다. '나'는 '그'와의 추억뿐만 아니라 아버지에게 폭행당했던 과거를 추억한다. 사실 '나'는 자살을 시도하기 위해 속초 여행을 떠났다. 자살을 시도하지만 그 역시 실패하고 만다. 결국 '나'는 그녀와 다시 서울로 돌아오고 그녀를 그녀의 외할머니에게 인도한다. 그녀가 떠난 뒤 '나'는 대추나무를 톱으로 자른다. '나'는 죽었다고 생각했던 대추나무가 죽지 않고 다만 죽은 척을 하고 있었다는 사실에 놀란다. 살아있는 대추나무를 통해 '나'는 삶의 새로운 희망과 힘을 얻는다.

『천사들의 도시』의 주인공들은 모두 불안하거나, 아니면 불행하거나, 그것도 아니면 불안하면서 동시에 불행하다. 「기념사진」의 사진사와 연극배우, 「여자에게 길을 묻다」의 '나'에게서는 약간의 희망을 읽을 수도 있지만, 삶이 더 나아질 것이라고 기대할 수 없기 때문에, 그들이 꿈꾸는 희망 역시 불안하기는 마찬가지다. 요컨대 『천사들의 도시』의 인물들이 느끼는 불안과 불행의 근원은 주로 경제적인 어려움과 사회적으로 박탈되었거나 박탈될 수도 있다는 위기감에서 비롯하고, 그 경제적 어려움과 위기감은 영혼을 더욱 불안하게 하고, 불행을 더 무겁게 만든다.

조해진의 소설 속 주인공들이 경제적으로 여유 있고, 사회적으로 성공했다고 해서 불안과 불행에서 벗어난 것은 아니다. 그녀의 또 다른 소설 『한없이 멋진 꿈에』(2009)의 주인공 경수는 준수한 외모에 경제적으로 능력 있는 인테리어 디자이너 대표다. 겉으로 보았을 때 그는 남부러울 게 없다. 그리고 그에게는 두 명의 애인이 있다. 한 명은 현재의 연인인 아름다운 패션모델 '준'이고, 다른 한 명은 한때 사랑했던 과거의 연인 '유경'이다. 하지만 유경은 그의 삶에서 절대로 지워지지 않을 '크고 깊은' 흔적을 남겼다. 그렇기 때문에 경수는 준과 사랑을 나누면서도 종종 유경과 사랑을 나누었다는, 혹은 셋이 사랑을 나누었다는 환각을 느낀다. 경수는 자꾸만 떠오르는 유경의 마지막 눈빛 때문에 괴로워한다. 그녀가 떠난 뒤 남아 있는 흔적에 의해 '그의 영혼은 불안으로 잠식된다.' 그리고 불안으로 잠식된 그의 영혼에는 어김없이 악몽이 찾아든다.

악몽으로 고통스러워하는 순간 유경의 작은아버지에게서 전화가 온다. 경수는 그로부터 유경의 가족사를 들은 뒤 더욱 혼란스러워하며 죄책감으로 괴로워한다. 유경에 대한 죄책감이 커지면서 준과의 관계는 조금씩 멀어지고, 그 멀어진 틈에 회사의 비서인 수현이 들어온다. 하지만 수현과의 관계도 곧 끝난다. 경수는 예상과 달리 회사 일은 예상과 달리 잘 풀리지만, 준과 유경뿐만 아니라 주변 사람들과의 관계는 한마디로 '지리멸렬'한 상태이다.

유경의 작은아버지는 전화로 경수를 유경의 자동차 사고 근처로 부른다. 경수는 사고 위치를 정확하게 기억하지 못하고 헤매지만, 유경의 마지막은 기억하고 있다. 그녀 혼자서 자동차 사고를 당한 게 아니라, 사실은 그가 그녀와 함께 탔고, 차가 강물 속으로 빨려 들어갈 때 그는 유경을 그대로 둔 채 자신만 빠져나왔다. 유경의 작은아버지는 모든 것을 알고 있는 듯하지만, 그에게 책임을 묻지 않고, 다만 "그녀를 평생 기억해 달라"고 부탁한다. 경수는 한편으로는 괴로워하면서도, 다른 한편으로는 이제 악몽과 불안에서 벗어날 수 있을 것이라고 안도한다. 그리고 준에게 전화를 걸고 그를 만나러 간다. 그러나 준은 예전의 준이 아니라, '새 애인' 준이다. 경수는 그렇게 '행복한' 꿈을 꾼다.

사람들은 현실의 복잡한 문제를 피하고자 꿈을 꾸기도 하고, 꿈속의 무시무시한 사태를 피하고자 꿈에서 깨기도 한다. 전자의 경우 꿈은 현실을 지탱할 수 없는 사람들을 위한 것이고, 후자의 경우 "현실은 꿈을 지탱할 수 없는 사람들을 위한 것"이다. 사람들은 꿈이라는 도피처를 만들 듯이 현실이라는 도피처를 만든다. 『한없이 멋진 꿈에』에서 경수는 마지막에 유경을 잊기 위해 준이라는 새로운 꿈을 꾸었다. 하지만 그 꿈은 '영원할 수 없고, 한없이 멋진 꿈이 될 수도 없다.' 왜냐하면 문학평론가 김남혁의 설명처럼, "꿈이라는 도피처와 현실이라는 도피처 모두에서 볼 수 없었던 타자는 바로 그 악몽 속에서 출현하기 때문이고, 타자를 죽게 했던 나의 기만적인 '반칙'과 '일탈'은 그 악몽을 기억할 때 중단되기 때문이다."

세상 모든 **이야기**는 사랑 이야기다

권여선, 『레가토』, 창비, 2012.

사람은 누구나 한 번쯤 영화나 드라마 속 주인공처럼 '가슴 저린 사랑'이나 힘든 고난을 뚫고 마침내 원하던 목표를 달성하는 '드라마틱한 삶'을 꿈꾼다. 하지만 현실에서는 이와 정반대로 밋밋하지만 아무 탈 없는 평탄한 사랑이나 평범하지만 안온한 삶을 기대한다. 삶의 빠르기를 음악에서 말하는 빠르기 정도로 표현한다면, 가슴 저리는 사랑이나 드라마틱한 삶이 비바체(vivace)나 프레스토(presto)라면, 평범한 삶은 너무 빠르지도 너무 느리지도 않은 단어 그대로 '적절하고 무난한' 모데라토(moderato)다. 연주 방식으로 말하자면 전자가 단조로운 선율에 변화를 주거나 특정 부분을 강조하는 스타카토(staccato)라면, 후자는 음과 음 사이를 끊지 말고 연주하는 '레가토'(legato)다. 다시 말하면 우리는 한편으로는 드라마틱한 삶을 꿈꾸면서도, 다른 한편으로는 무난하고 잔잔한 예측 가능한 일상을 기대한다.

하지만 우리 삶의 일상은 우리를 결코 그대로 편안하게 내버려 두지 않는다. 빠르기도 일정하지 않을뿐더러 방향도 전혀 예측할 수 없을 정도로 변화무쌍하다. 불혹은 원래 유혹에 흔들리지 않는 나이라고 했는데 삶을 살면 살수록 점점 더 흔들린다. 즉 어렸을 때는 나이가 어느 정도 들면 삶이 안정적이고 예측 가능하리라 생각했다. 하지만 시간이 지나면 지날수록 일상은 단단해지기는커녕 아주 작은 유혹에도 너무나 쉽게 흔들린다. 그리고 한 치 앞도 내다볼 수 없기에 삶은 언제나 늘 불안하다.

그래서 불안한 마음을 달랠 길이 없어 언젠가부터 책을 읽기 시작했다. 조금 부끄러운 이야기인데, 본격적으로 책 읽기를 시작한 게 2012년 정도였던 것 같다. 그전까지 책은 필요할 때만 읽었고, 규칙적이고 습관적으로 읽기 시작한 것은 그때부터였다. 책을 읽고 컴퓨터에 '최근에 읽은 책들'이라는 폴더에 읽은 책의 목록을 남기기 시작한 것도 그때부터였다. 그런데 책을 읽으면 한편으로는 지치고 불안한 마음이 안정되지만, 또 다른 한편으로는 더욱 조급해지고 불안해졌다. 또 그러면 그럴수록 마치 밀린 숙제를 벼락치기로 하는 것처럼 지금까지 읽지 못한, 혹은 읽지 않은 것을 한꺼번에 만회라도 하려는 듯 틈만 나면 책을 읽고 또 읽었다. 빌려서도 읽고 사서도 읽었다. 시쳇말로 닥치는 대로 읽었다. 하지만 아무리 읽어도 그 허기는 절대로 채워지지 않았다. 왜 그런지 곰곰이 생각해보았더니 사실 이유는 간단했다. 채우는 만큼 비워야 하는데 채우기만 했지 지금까지 비우지 않았다. 아니 정확히 말하면 비우는 방법도 몰랐고 비워야 할 필요성도 깨닫지 못했다. 무엇이든 채우기만 하고 비우지 않으면 어느 순간부터는 더 이상 채워지지 않는다. 독서로 말하자면 읽는 만큼 써야 한다. 그런데 지금까지 읽기에 비해 쓰기는 턱없이 부족했다. 그래서 조금 늦은 것 같지만 지금부터라도 예전에 읽었던 책을 다시 읽고 어지럽게 흩어져 있던 생각을 한데 모으려 한다. 권여선의 『레가토』(2012)가 시작이었다.

기억을 더듬어 보면, 사실 『레가토』를 읽기 전까지 레가토라는 음악 용어는 들어본 적도 없거니와, 이 작품과 권여선이라는 작가에 대해서 아는 게 거의 없었다. 무엇보다도 이 책을 읽기 전 책 뒤표지에 "사려 깊고 솜씨 좋은 기억술의 전문가"라는 설명에 시선이 갔다. 그리고 궁금해서 찾아본 "생생한 인물 형상화와 감탄을 자아내는 단단하고 선명한 문장, 인생의 아이러니에 대한 신랄하면서도 담담한 포착 등 단편들에서 보여준 그만의 매력이 발전되어 집대성된 작품"이라고 되어 있는 이 작품의 리뷰가 호기심을 더욱 자극했다. '이상문학상'을 받았다는 것은 처음 알았다.

작가 권여선은 『레가토』에서 잊었다고 생각했지만 결코 잊을 수 없는 과거를 '불러온다'(recall). 이 작품은 1970년대 후반부터 시작해 2010년 전후까지 대략 30여 년의 시간을 아우르고 있다. 구성 면에서 이 작품은 현재와 과거가 챕터 별로 교차하면서 등장인물의 현재의 삶과 과거의 삶을 번갈아 보여준다. 그래서 어떻게 보면 이 작품은 '시대소설'이라고 불릴 수 있다. 그들은 한때 모두 같은 마음으로 유신 정국과 독재 정부를 반대했지만, 현재 그들의 삶의 지형과 좌표가 모두 다르다. 즉 누군가는 인권변호사를 거쳐 국회의원이 되었고, 누군가는 기자를 거쳐 출판기획사 대표가 되었고, 누군가는 대학교수가 되었고, 누군가는 사업이 망해 앞서 말한 국회의원의 보좌관이 되었고, 누군가는 광고 제작 프로덕션 대표가 되었다. 다른 누군가는 파리로 유학을 떠났거나 학교 선생 또는 학원 강사가 되었다. 그들 중 누군가는 서로 결혼하기도 했고, 이혼하기도 했다. 가끔 서로 만나는 사람도 있고, 아예 인연을 끊은 사람도 있다. 그리고 또 다른 누군가는 아예 흔적도 없이 사라져 버렸다.

『레가토』는 여러 누군가가 흔적 없이 사라진 또 다른 누군가를 그리워하는 가운데, 또 다른 누군가가 또 다른 누군가의 행적을 누군가에게 수소문하면서 시작된다. 등장인물의 이름이 이 소설에서 결정적으로 중요한 것은 아니지만, 그래도 이름을 열거하자면 이렇다. 앞에서 말한 누군가는 차례대로 전통연구회의 회장 박인하, 신입생으로 들어온 신진태, 조준환, 이재현, 그리고 박인하가 경찰에 잡혀간 뒤 임시회장을 맡은 윤상일이다. 다른 누군가는 매력적인 입술을 가진 황은수와 그녀의 후배 권경애, 그리고 황은수의 전 남편 이용호다. 또 다른 누군가는 신진태, 조준환, 이재현의 대학생활의 중심이자 전부라 할 수 있는 오정연이다. 그리고 또 또 다른 누군가는 오정연의 행적을 수소문하는 오정연의 동생, 실제로는 그녀의 딸인 유하연이다. 그들 사이의 얽히고설킨 관계가 이 소설의 중심 서사다. 그들은 본의 아니게 유신 정권 말기 10·26 사건과 광주항쟁 사건에 휩쓸린다. 바꿔 말하면 그들은 거친 역사적 물줄기를 온몸으로 헤쳐 나간다. 그들 중 누군가는 그 역사적 물줄기를 비교적 잘 헤쳐 나갔고, 누군가는 힘겹게 헤쳐 나갔고, 또 누군가는 여전히 거기서 벗어나지 못하고 있다. 하지만 그들 모두에게 '오정연'이라는 공통적인 상흔이 남아 있다. 소설은 이제 아물었다고 생각되었던 이 상흔이 유하연에 의해 다시 도드라지면서 시작된다.

다시 말하지만 『레가토』는 민주화를 열망하고 가열 차게 싸웠던 당시 젊은 세대의 열정과 번민과 고뇌와 방황을 담은 시대소설이다. 하지만 작품의 시대적인 상황을 걷어내고 이야기 자체만 보자면, 『레가토』는 또한 '지리멸렬하는 청춘남녀들의 복잡다단한 연애 이야기'이기도 하다. 사실 이 작품의 시간적 배경인 1970년대 후반 1980년대 초반을 10년 혹은 20년 뒤로 바꾸어도 소설의 기본 서사는 크게 달라지지 않는다. 주인공의 이름을 바꾸거나, 아니면 영문 이니셜로 표기해도 별 차이가 없다. 예컨대 이렇게 말이다.

중년의 남성 A는 한 파티에서 젊은 여성 B를 보고 순간적으로 끌린다. 그런데 A가 B에 끌리는 것은 보통의 남성이 여성에게 끌리는 것과는 다르다. 첫눈에 반하는 것이 아니라 뭐라 설명할 수 없는 '자연적인 끌림'이다. A는 B를 통해 기억 속에서 완전히 지워졌다고 생각했던 C를 떠올린다. 시간은 과거로 돌아간다. 정의감에 불타던 A는 우연히 자신의 자취방에서 C와 하룻밤을 보낸다. 그는 C를 성추행하다가 "자신이 저지른 행위에 대한 수치심보다 그것이 만천하에 드러나 자신의 명예가 실추되는 상황에 대한 두려움" 때문에 C를 "잔인하고 비열하고 난폭하"게 겁탈한다. 하룻밤 동안 그것도 한번이 아니라 여러 번을 말이다. 가해자 A와 피해자 C는 사과와 용서를 제대로 하지도 받지도 못하고 서로를 피한다. 사실 그들은 그 일을 서로 잊으려 한다. 하지만 그들은 서로가 사랑하고 있음을 조금씩 깨닫는다.

그들 사이에는 그들의 사랑의 결실이자 표식인 B가 C의 몸속에 있다. 하지만 운명의 장난으로 그들이 서로 마음을 확인하려는 순간 그들은 헤어지고 만다. 게다가 A의 은혜를 입은 D는 A가 사랑했던 C를 무참히 파괴해 A와 C를 완전히 갈라놓는다. 그리고 B는 아주 우연히 지하철에서 회개하는 D를 발견한다. 하지만 B는 자신의 운명이 무엇 때문에 이렇게 되었는지, D는 자신 때문에 무슨 일이 벌어졌는지 전혀 알지 못한다. 결국 우여곡절 끝에 A는 B의 존재를 알게 되고, 운명의 장난과는 정반대로 여러 주변 사람들의 도움과 행운으로 A와 C가 다시 만나게 될 것을 암시하면서 소설은 끝난다.

『레가토』는 한때 유행했던 후일담 소설의 자기반성 또는 회한으로 끝나지 않는다. 그렇다고 그때를 단순히 아름답게 추억하지도 않는다. 시대보다는 사람에 방점을 찍는다. 특히 사람들 사이의 사랑에 방점을 찍는다. 그렇기 때문에 이 소설은 A와 C의 사랑 이야기로 읽힌다. 따라서 보통의 멜로드라마처럼 A를 사랑하는 또 다른 C가 있고, C를 흠모하는 수많은 E, F, G들이 있다. 그리고 그들 사이에 오해와 질투, 그리고 시기 때문에 그들의 사랑은 엇갈리고, 심지어 운명마저 뒤틀린다. 곁가지로 B와 그녀의 연인 H의 사랑 이야기도 잠깐 언급되고, B와 그녀를 흠모하는 I의 사랑 이야기도 암시된다.

하지만 『레가토』의 이 복잡다단한 사랑 이야기가 18세기 영국과 프랑스에서 유행했던 '풍속희극'의 그것처럼 불편하게 읽히지 않는다. 왜냐하면 작가는 그들의 사랑을 조롱하거나 희화화하지 않기 때문이다. 작가는 오히려 그들의 사랑을 안타까워하고, 늦게라도 이루어지게 된 그들의 사랑을 축복하고, 그 사랑이 잘 되기를 염원한다. 옛날이나 지금이나 사람들은 사랑 때문에 아파하고 고통스러워한다. 하지만 그 아픔과 고통을 치유하는 것도 역시 사랑이다. 즉 사람과 사람 사이에는 언제나 사랑이 있다. 그렇다면 모든 세상 이야기는 궁극적으로는 사랑 이야기다. 『레가토』 역시 마찬가지로 사랑 이야기다. 그런데 읽고 난 뒤 왜 이렇게 가슴이 먹먹할까.

아름답다, 하지만 **슬프다**

최문희, 『난설헌』, 다산책방, 2011.

얼마 전에 한 문예 아카데미에서 '숭고함'(sublimity)을 주제로 토론을 한 적이 있다. 사실 '숭고'는 한자의 구성뿐만 아니라 단어의 발음에서부터 낯설다. 실제로 일상 언어 맥락에서도 잘 쓰지 않는다. 예컨대 어떤 예술 작품을 보았을 때 '숭고하다'라는 표현을 잘 쓰지 않는다. 대신 '아름답다' 또는 '예쁘다'라는 단어를 더 자주 쓴다. 그런데 숭고, 아름다움, 예쁨은 개념의 구분이 정확하지 않은 채 익숙함이 사용을 가른다는 쪽으로 결론이 났다. 그런데 토론이 끝난 뒤 세 개의 개념이 어떻게 다른지 궁금했다. 먼저 숭고는 "무형의, 인간 이성으로 이해할 수 없는 초월적이고 거대한 감정"이다. 보통 말로 설명할 수 없는 어떤 대상을 마주했을 때 느끼는 감정과 그에 상응하는 '부정적 만족감'(negative pleasure)으로 설명된다. 반면 아름다움과 예쁨은 숭고와 달리 '긍정적 만족감'(positive pleasure)으로 요약된다.

그런데 사전을 찾아보니 아름다움과 예쁨도 개념상 차이가 있다. '아름다움'은 "외면이 고와서 보기 좋고, 소리가 듣기에 좋아서" 즐거움을 준다. 예컨대 사람의 행동이나 말, 장소의 성질이나 속성이 훌륭할 때 사용한다. 반면 '예쁨'은 "외면이 작고 귀여워서 보기에 좋아서" 눈길을 끈다. 보통은 어른이 아이들의 언행을 말할 때 쓴다. 그리고 아우르는 감각에서도 아름다움과 예쁨은 차이가 있다. 아름다움은 시각과 청각을 모두 품을 수 있지만, 예쁘다는 시각에 치우쳐 있다. 지금까지 맥락에 따라 제대로 구분하지 않고 아무렇게나 쓴 일을 생각하니 얼굴이 화끈거린다. 다른 면에서 보자면 역시 '배움에는 끝이 없다.'

『난설헌』(2011)이라는 소설이 있다. 제목에서 알 수 있듯이, 이 작품은 조선 최고의 여류시인으로 꼽히는 난설헌 허초희의 일대기를 소재로 한 소설이다. 사실 소설 내용보다도 "아름다운 여인을 주인공으로 소설을 쓰고 싶었다"라는 작가의 말이 더 인상적이었다. 작가는 소설의 주인공으로 아름다운 여인을 찾다가 시인 난설헌을 발견했고, 그녀의 삶을 소설로 직조했다고 말한다. 작가는 "정갈하게 다듬어진 외모와 빛의 알갱이처럼 영롱한 영혼의 소유자, 세속에 때 묻지 않은 순수, 원망이나 미움, 화를 자신의 내부로 끌어당겨, 시라는 문자를 통해 여과시켰던 난설헌이야말로 아름다움의 표상이었다"라고 말한다.

주지하듯, 난설헌은 조선 시대를 통틀어 가장 뛰어난 시인 가운데 한 명이다(여류 시인이라는 말을 쓰지 말자). 그런데 작가는 "난설헌의 시인으로서의 생과 여자로서의 생, 두 가지 행로 가운데 '여자 난설헌'에 초점을 맞추기로 했다"라고 밝힌다. 그리고 그 이유로 "그의 시는 학자들에 의해서 널리 알려졌기에 그의 천재성에 더 이상 부연할 의미를 찾지 못했다"라고 말한다. 즉 시인으로서 난설헌은 잘 알려졌기 때문에, 여인으로서의 난설헌에게 초점을 맞추겠다는 의도인 것 같은데, 오히려 그 점이 읽는 내내 아쉬운 생각이 들었다. 시적 재능이 너무나 풍부하지만 그런 재능을 펼칠 수 없었던 시인 난설헌의 번민을 여인 난설헌의 슬픔과 교직해 좀 더 밀고 나갔더라면 더 좋았을 텐데, 라는 아쉬움이 남았다.

사실 『난설헌』을 읽는 내내 난설헌의 모습에 또 다른 한 사람이 겹쳐졌다. 바로 그 유명한 영국의 소설가이자 비평가인 버지니아 울프이다. 개인적인 생각에 난설헌과 버지니아 울프는 여러 면에서 서로 비슷하기도 하고 다르기도

하다. 먼저 공통점에 대해 이야기해보자. 두 사람 모두 어렸을 때 그 시대의 다른 여인들과 달리 풍부한 지적 세례를 받았다. 특히 그들은 아버지로부터 특별한 사랑과 폭넓은 교육을 받았다. 난설헌의 경우 한때 동인의 영수였던 허엽이 아버지고, 허성, 허봉이 오빠들이고, 그리고 그 유명한 『홍길동전』의 저자 허균이 남동생이다. 그녀는 당대 최고의 명문가 외동딸이었다. 당시 조선 사회에서 여자가 교육을 받는다는 것은 쉽지 않았지만, 그녀는 아버지 허엽의 열린 사고 덕분에 오빠들과 남동생과 차별받지 않고 똑같이 풍부한 지적 세례를 받았다. 심지어 남동생과 함께 손곡 이달로부터 시작(詩作)에 관한 가르침을 받는다. 그녀는 선천적인 '재능'(nature)과 후천적인 '환경' 또는 '양육'(nurture)으로 천재 시인으로 길러졌다.

시선을 버지니아 울프로 옮겨보자. 그녀의 아버지는 저명한 철학자이자 『영국 인명사전』의 편저자이기도 한 레슬리 스티븐 경이다. 그녀는 어렸을 때부터 빅토리아 시대 최고의 지성들이 모인 환경 속에서 훌륭한 지적 세례를 받았다. 하지만 어머니가 사망한 후 그녀는 정신질환 증세를 보이기 시작했고, 아버지마저 사망하면서 그녀의 병세는 더욱 악화되었다. 부모님이 돌아가신 후 그녀는 런던의 블룸즈버리로 이사한다. 그곳에서 그녀는 남동생 에이드리언, 케임브리지 출신의 학자, 문인, 비평가들과 함께 '블룸즈버리 그룹'을 형성하고, 〈타임〉 지에 문예비평을 쓰는 등 블룸즈버리 그룹의 일원으로 활발하게 지적 활동을 펼쳐나간다.

얼핏 보면 난설헌의 삶의 궤적과 버지니아의 삶의 궤적은 큰 차이가 없다. 그러나 두 사람의 운명의 가장 큰 차이는 결혼에서 비롯된다. 난설헌은 안동 김씨 김성립과 결혼하고 버지니아는 정치평론가 레너드 울프와 결혼한다. 난설헌의 비극은 결혼과 함께 시작된다. 능력은 안 되는데 자존심만 강한 남편의 무능과 무관심, 모든 면에서 재능이 뛰어난 며느리를 못마땅하게 여기는 시어머니의 핍박, 그리고 어린 아들과 딸을 잃은 상실감과 그에 따른 고통은 여인으로서 그녀의 삶을 앞당기고 만다. 그녀가 한 여인으로서 삶을 제대로 살지 못했는데 시인으로서 시적 재능을 제대로 펼쳐보지도 못한 채 삶을 마감한 일은 너무나 당연하다.

반면 버지니아는 난설헌과는 정반대로 훌륭한 남편을 만나 지적으로 더욱 성장한다. 결혼 후 그녀는 타고난 지적 능력과 남편의 외조 덕분에 소설가로서 두각을 나타내기 시작한다. 그녀는 『출항』(1915), 『밤과 낮』(1919), 『제이콥의 방』(1922), 『댈러웨이 부인』(1925), 『등대로』(1929) 등 많은 작품에서 '의식의 흐름'의 기법으로 인간 심리의 가장 깊은 곳까지를 추구하며 시간과 '진실'에 대한 새로운 관념을 제시하며 호평을 받는다. 하지만 그녀의 예민한 신경은 더욱 심각해져 결국 투신자살에 이르고 만다.

난설헌과 달리 버지니아도 나름 소설가로서 그리고 평론가로서 재능을 펼쳤지만, 당시 영국 사회는 그녀의 재능을 받아들이지 못했다. 16세기 조선 사회가 그랬던 것처럼 20세기 초 영국 사회 역시 그녀를 비롯한 여성의 사회 진출에 대해 부정적이었다. 즉 그들이 가진 재능을 품을 만큼 사회가 넉넉하지 않았다. 거칠게 정리하면, 난설헌과 버지니아는 처음과 끝은 비슷했고 중간은 조금 달랐다는 점만 빼면, 결국 모두 불행하게 삶을 마감했다. 만일 난설헌과 버지니아의 아버지가 당시 아버지들처럼 자신의 딸들에게 교육을 시키지 않았고, 그들에게 재능이 없었더라면, 아마도 그들이 보통 사람들처럼 행복하지 않았을까, 라는 말도 안 되는 상상을 해본다. 누군가는 그들이 받은 교육과 재능이 그들의 비극의 단초라고 말할 수 있다. 하지만 그보다는 그들을 품지 못한 혹은 그들의 재능을 인정하지 않은 당대 사회가 문제의 근원이다.

그나마 다행스러운 일은 난설헌 사후 동생 허균이 난설헌의 시를 모아 '난설헌 문집'으로 엮어 오늘날 우리가 그녀의 존재를 알게 되었고 그녀의 시를 읽게 되었다는 점이다. 최근에는 나태주 시인이 허난설헌의 시를 요즘 시어로 옮겼다고 한다. 가장 최근에는 그녀의 시 「채련곡」이 드라마 〈미스터 션사인〉(2018)에 쓰이면서 많은 사람들이 그녀와 그녀의 시를 기억한다. 강릉에 가면 허균·허난설헌기념공원도 있고, 난설헌의 이름을 딴 도로도 있다. 예술의 생명력은 사람의 목숨의 길이보다 길다는 말이 괜한 말은 아닌 듯하다.

난설헌의 비극만큼 안타까운 사실은 난설헌 가문의 비극이다. 아버지 허엽은 병을 얻어 집으로 오는 도중 객사하고, 그녀의 오빠 허봉은 병으로 객사하고, 그녀 역시 스물일곱 살에 요절하고 동생 허균 역시 혁명을 도모했다는 죄목으로 처형당했다. 난설헌 가문의 비극이 케네디 가문의 그것보다 더하면 더하지 덜하지는 않을 것 같다.

책 뒷날개에 있는 난설헌의 그 유명한 금언으로 두서없는 독서일기를 갈무리하려 한다.

> "나에게는 세 가지 한(恨)이 있다. 여자로 태어난 것, 조선에서 태어난 것, 그리고 남편의 아내가 된 것……"

책 뒤에 부록으로 실려 있는 연보에 난설헌의 남편 김성립이 임진왜란 때 의병을 일으켜 왜군과 싸우다 전사했다고 기록되어 있는 것을 보니 그가 우리가 알고 있는 것처럼 아주 형편없는 사람은 아닌 듯하다. 뜬금없이 이 이야기를 하는 까닭은 난설헌의 한(恨) 중 '남편의 아내가 되었다는 것'은 자신의 남편만을 지칭했다기보다는 조선 여인의 보편적인 운명을 이야기한 것이 아닌가, 하는 생각이 들었기 때문이다. 그렇다고 그를 결코 두둔하는 것은 아니다. 자신보다 잘난 아내를 조금 더 따뜻하게 대해주었더라면 어땠을까, 하는 아쉬움이 남는다.

아직 **시작**도 안 했다

김숨, 『흐르는 편지』, 현대문학, 2018.

우리 역사에서 가장 비극적이면서도 아주 오랜 기간 동안 잊혀졌던, 보다 정확하게 말하면 모두 알면서도 모르는 척했던 역사적인 '사건' 또는 '순간'이 있다면 바로 제2차 세계대전 중 일제의 '일본군 위안부' 혹은 '정신대' 강제 동원일 것이다. 강제징용의 경우 우리가 만족할 수준은 아니지만, 그래도 일본 정부는 마지못해 어느 정도까지는 인정할 수밖에 없다. 현재 일본 정부는 강제노역 사실 자체를 부정하지는 않는다. 대신 법적으로 시효가 소멸되었기 때문에 징용 피해자에게 배상할 필요가 없다고 주장한다. 혹은 예전 한일협정 때 이미 한국 정부와 그 문제를 일괄 타결했기 때문에 개별적으로 강제 징용자들에게 배상할 수 없다고 주장한다. 즉 일본 정부는 강제징용 문제는 징용 피해자와 일본의 해당 기업 간의 문제이지 일본 정부 차원의 문제가 아니라고 말한다. 대한민국 국민이라면 그 누구도 일본 정부의 이러한 주장을 결코 이해할 수 없고 받아들일 수도 없다. 그런데 최근 과거 우리 정부가 국내의 대형 로펌과 공모해 강제징용 피해자가 일본 정부에 손해배상 청구하는 것을 방해하려 했다는 증거가 공개되어 많은 이들을 충격에 빠뜨렸다. 답답함을 넘어 분노가 치민다. 마땅히 분노해야 한다. 일제 강제징용 문제를 보고 있노라면 어찌 되었든 간에 아무리 '뻔뻔한' 일본 정부라 하더라도 역사적으로 그런 사실이 있었다는 것 자체를 부정하기는 어려워 보인다. 만약 증거가 조금이라도 약하다면 당연히 그런 사실이 없었다고 우겼겠지만 말이다.

하지만 일본군 위안부 문제의 경우 일본 정부는 강제징용과 전혀 다른 태도를 보인다. 이미 모두 다 알고 있고, 관련된 '증거가 차고 넘치는 상황임에도 불구하고', 일본 정부는 여전히 모르쇠로 일관한다. 현재는 아예 위안부 사실 자체를 부정한다. 한때는 "유감이다", "통석의 염을 금할 수 없다" 등 소극적이나마 위안부 문제에 대해 사과 비슷하게 했다. 하지만 이제는 예전에 언제 그랬냐는 듯 이미 했던 사과 비슷한 것도 거둬들이고, 아예 그런 사실이 없었다고 부정한다. 그리고 설령 그런 일이 있었다고 하더라도 그것은 조선 여인이 돈을 벌기 위해 자발적으로 선택한 것이지, 결코 일본 정부가 국가 차원에서 지시하거나 주도한 것이 아니라고 역사를 부정한다. 적반하장이라는 말이 이보다 잘 어울릴 수 없다.

일본의 주장은 전혀 이해할 수도 받아들일 수도 없지만, 더 용서할 수 없는 것은 일본군 위안부 피해자들에 대한 그들의 태도다. 그들은 우리 정부가 일본군 위안부 문제를 적극적으로 알리고 일본의 사과를 요구하는 행위 자체를 방해하거나 외교 문제로 비화한다. 예컨대 그들은 일본 대사관 앞을 비롯해 곳곳에 설치된 소녀상을 철거하라고 요구한다. 심지어 불과 몇 년 전에는 일본 정부의 공식적인 사과 없이 위안부 문제를 돈으로 대충 해결하려 했다. 그러면서 위안부 문제에 관한 합의는 "최종적이고 불가역적"이라고 선언했다. 하마터면 일본이 원하는 대로 위안부 문제가 처리될 뻔했다. 다행스럽게도 그렇게 되지 않았다. 지금 생각해 보면 정말 다행이다.

주지하듯, 일본 정부는 일본군 위안부 문제를 그냥 끝내려 한다. 더 정확히 말하자면 그들은 위안부 문제를 해결하기를 원하는 것이 아니라 문제 자체를 없애려 한다. 그들은 기록으로 남기지 않고 그냥 덮기를 원한다. 그들의 논리에 따르면, 문제 자체가 없었기 때문에 문제 해결에 관련된 어떤 기록도 있어서는 안 된다는 것이다. 그렇기 때문에 그들은 문제를 해결하기 위해 어떤 조치도 취하지 않는다. 당연히 시작조차 하지 않는다. 하지만 어떤 문제를 해결하기 위해서는 반드시 시작이 있어야 한다. 시작이 있어야 끝이 있을 수 있다. 반대로 말하면 시작이 없으면 끝도 있을 수 없다. 일본군 위안부 문제는 이미 끝난 사건이 아니라, '아직 시작도 하지 않은 사건'이다. 함께 시작해서 함께 끝을 맞이하는 게 가장 좋지만, 그게 안 된다면 우리라도 시작해야 한다. 그리고 시작할 때를 위해 우리 스스로 준비를 해 나가야 한다. 그래야 언젠가 그 일을 시작할 때 바로 시작할 수 있다.

위험을 무릅쓰고 일반화하자면, 일본군 위안부로 끌려간 수많은 이들의 삶은 대개 이렇다. 그들은 말 그대로 '꽃 같은 나이'에 일제 또는 일제의 부역꾼에 속아 또는 강제로 종군 위안부로 만주, 동남아 등 전선으로 끌려갔다. 그곳에서 그들은 차마 말로 표현할 수 없을 정도의 육체적, 정신적인 고통을 겪었다. 누군가는 스스로 목숨을 끊었고, 누군가는 병에 걸려 죽었다. 일제의 패망으로 해방을 맞이했지만, 그들은 고향으로 돌아가지도 못하고 낯선 타국에서 혹은 타향에서 쓸쓸히 죽어갔다. 그리고 그들은 사람들의 기억 속에서 서서히 잊혀졌다.

전술했듯이, 일본군 위안부는 분명히 역사적으로 존재했던 사건이었음에도 불구하고, 일제에 의해서 혹은 우리 자신에 의해 망각되었다. 그런 일본군 위안부 문제가 사람들에게 알려지게 된 계기는 드라마 〈여명의 눈동자〉(1991~1992)다. 김성종의 동명 소설을 원작으로 한 이 드라마는 일제강점기에서 시작하여 해방 이후의 혼란기를 거쳐 한국 전쟁에 이르는 격동의 시대를 다루고 있다.

줄거리를 간략하게 요약하면 이렇다. 주인공 윤여옥(채시라 분)은 경성에서 학교에 다니던 중 모친상을 당한다. 그녀는 집에 몰래 왔다 간 독립운동가 아버지의 행적을 대라고 일본 경찰에게 취조당하고, 결국 일본군 위안부로 강제 동원되어 만주로 끌려간다. 그녀는 정차 중 호송부대의 장교에게 강제로 겁탈당하고, 만주를 거쳐 낙양에 도착해서는 절망 속에서 위안부 생활을 하다가, 조선인 학도병 최대치(최재성 분)를 만나 그와 사랑에 빠진다. 여옥은 대치의 아이를 갖고 행복에 젖지만, 대치의 부대가 임팔 작전에 투입되는 바람에 그와 헤어지고 만다. 여옥은 아이를 낳으려는 신념으로 굳건히 견디면서 여러 지역을 전전하다 사이판으로 가게 되고, 그곳에서 우연히 위안부 검진을 나온 조선인 학도병 장하림(박상원 분)을 만나 그의 도움으로 위안부 생활을 피하며 조금 편하게 지내게 된다. 미군의 사이판 상륙이 임박하자, 일제는 만행의 증거를 지우기 위해 조선인 위안부들을 집단학살하게 되는데 그 와중에 그녀는 홀로 살아남는다. 요약하자면 여옥은 일본군 위안부로 강제로 끌려가서 몸과 마음이 무너지며 참담한 생활을 하다가, 사랑하는 사람을 만나 그의 아이를 갖고, 또 남몰래 그녀를 사랑하는 사람의 도움으로 조금 '편안한'(?) 생활을 하며 지옥에서 살아남는다. 그 후 그녀는 자신이 사랑하는 사람과 자신을 사랑하는 사람을 다시 만난다. 〈여명의 눈동자〉는 한 마디로 일본군 위안부로 끌려간 '여옥과 그녀가 사랑한 남자, 그리고 그녀를 사랑한 남자, 이 세 인물 간의 엇갈린 운명과 비극적인 이야기'로 요약된다.

앞에서 드라마 〈여명의 눈동자〉를 통해 일본군 위안부 문제가 사람들에게 알려졌다고 말했는데, 사실 국내에 위안부 피해자들의 존재가 구체적으로 실체화된 것은 1991년 김학순 할머니의 기자회견이었다. 그 후 사람들이 위안부 문제에 관심을 갖기 시작했고, 아주 많지는 않지만 그래도 몇몇 일본군 위안부를 다룬 소설과 영화들이 발표되었다. 개인적인 생각에 일본군 위안부를 소재로 한 영화들은 크게 〈귀향〉(2016)과 〈아이 캔 스피크〉(2017), 두 계열로 나뉜다. 〈귀향〉은 "일제의 만행을 고발하고, 고통 속에서 절명했던 수많은 소녀들의 영혼을 위로하고 비록 영혼이나마 고향의 품으로 돌아가기를 염원하는" 영화다. 반면 〈아이 캔 스피크〉(2017)는 일본군 위안부로 끌려갔다가 '살아남은 위안부'의 이야기다. 다시 말하면 〈귀향〉이 일제의 만행을 고발하고 목숨을 잃거나 끊은 피해자의 영혼을 위로하는 영화라면, 〈아이 캔 스피크〉는 종군위안부 문제에 대한 일본 정부의 공식적인 사과와 그에 상응하는 배상을 요구하는 영화다.

일본군 위안부를 소재로 하고 있지만 〈눈길〉(2017)과 〈허스토리〉(2018)는 〈귀향〉이나 〈아이 캔 스피크〉와는 비슷하면서도 결이 조금 다르다. 참고로 〈눈길〉은 먼저 드라마로 제작되었다가 나중에 영화로 제작되었다. 영화는 영애와 종분, 두 소녀가 그 지옥 같은 곳에 어떻게 가게 되었는지, 그리고 그 지옥을 어떻게 견디었는지에 방점을 둔다. 결국 둘은 위로하고 위로하면서 그 지옥을 견뎌낸다. 〈귀향〉처럼 아주 끔찍한 장면은 나오지 않지만, 오히려 그 때문에 더욱더 가슴이 먹먹해진다. 〈허스토리〉는 살아남은 위안부와 그들을 도와 그들과 함께 일본 정부에 맞서 싸우는 사람들의 이야기다. 즉 〈귀향〉과 〈허스토리〉의 영화적 방점은 '연대'에 찍힌다.

누군가는 일본군 위안부 이야기는 이제 "충분하지 않느냐?"고 반문한다. 심지어는 일본군 위안부를 다룬 영화들이 "다 비슷비슷하고 식상하다"고 말한다. 하지만 절대 그렇지 않다. 위안부 피해자들이 겪은 고통을 다 비슷비슷하다고 일반화시킬 수도 없거니와, 식상할 정도로 그들의 이야기가 지금까지 많지도 않았고, 우리 또한 그들의 이야기를 충분히 듣지도 않았다. 엄밀히 말하면 아직 일본군 위안부 이야기는 시작도 안 했다. 당사자들이 "충분하다"고 말하지 않았는데, 어떻게 그 이야기를 쉽게 끝낼 수 있겠는가. 늦었지만 이제라도 그 이야기를 시작해야 한다.

김숨의 『흐르는 편지』(2018)는 그 시작을 보다 앞당긴다. 작가는 이미 전작 『한 명』(2016)에서 300여 개에 달하는 위안부 피해자 할머니들의 실제 증언을 재구성해 마치 다큐멘터리에 가까울 정도로 치밀한 서사를 보여주었다. 다시 말하면 이 소설은 리얼리티를 극대화함으로써 역사의 잔혹성을 고스란히 담고 있다. '비공식적인' 전쟁 위안부인 소설 속 주인공 '그녀'는 아픈 기억으로 영원히 젊어진 채 고향으로 되돌아오지만, 더 이상 그녀를 기다리는 삶은 존재하지 않는다. 그녀는 자신의 정체성을 상실한 채 하루하루를 숨죽인 채 살아간다. 그러던 중 그녀는 TV에서 마지막 남은 공식적인 전쟁 위안부 피해자가 인공호흡기에 의지해 사경을 헤맨다는 소식을 듣고 '그녀'를 만나러 간다. 요컨대 『한 명』은 현재 살아남은 전쟁위안부가 과거의 끔찍한 기억, 즉 '지옥'을 반추하는 이야기다.

반면 『흐르는 편지』는 '인간 지옥'에 머물러 있는 소녀와 그녀와 같은 또 다른 소녀들의 이야기다. 소설은 크게 '지옥'에 놓인 소녀들의 처참한 상황에 대한 묘사와 한 소녀가 어머니에게 보내는 편지로 구성되어 있다. 위안부들의 처참한 상황은 이루 말할 수 없을 정도다. 마치 〈여명의 눈동자〉의 여옥이나 〈귀향〉에서 소녀들이 겪는 상황을 CCTV가 보여주는 것처럼 사실적이고 차갑다. 그곳에 그들을 향한 연민이나 동정, 그들 간의 연대는 결코 찾아볼 수 없다. 단지 인간의 원초적인 폭력성과 야수성만 들끓는다.

그렇기 때문에 그녀는 편지를 쓴다. 편지의 발신인인 소녀는 흐르는 강물에 손으로 편지를 쓴다. 그녀는 글을 쓸 줄도 읽을 줄도 모른다. 편지의 수신인인 그녀의 어머니 역시 글을 쓸 줄도 읽을 줄도 모른다. 심지어 주소조차 알지 못한다. 그러니 그 편지는 처음부터 '수신 불능'이다. 그녀도 알고 있다. 그런데도 그녀는 계속해서 편지를 쓴다. 그녀의 편지는 "어머니, 나는 아이를 가졌어요"에서 시작해 "무슨 죄를 지어서 이 먼 데까지 끌려와 조센삐가 되었을까요"로 끝맺는다. 아이를 갖게 된 게 그녀의 의지가 아닌 것처럼 위안부로 끌려온 것 역시 그녀의 의지가 아니다. 그녀는 아이의 아버지가 누군지 모르는 아이를 낳으려 한다. 그녀는 〈여명의 눈동자〉의 여옥처럼 아이의 아버지가 사랑하는 사람이기 때문에 그 아이를 낳으려 하는 게 아니다. 그녀는 이미 삶에 절망했다. 아이를 통해 삶의 희망을 다시 붙잡으려 하는 것도 아니다. 그녀에게 희망이란 이미 사라졌다. 아니 처음부터 희망이란 없었다. 그녀는 단지 그냥 "아이를 낳으려 하는 것뿐이다."

『흐르는 편지』의 시간적 배경은 제2차 세계대전이 거의 끝나가는 시점이다. 만일 그녀가 일본이 패망한 후 〈여명의 눈동자〉의 여옥처럼 일본의 집단학살 과정에서 살아남았다면 과연 어떤 삶을 살았을까? 아마도 그녀는 『한 명』의 그녀처럼 비공식적인 전쟁 위안부로 살았을 수도 있고, 아니면 〈아이 캔 스피크〉의 옥분할머니처럼 살았을 수도 있다. 하지만 그녀가 어떤 삶을 살았든지 간에 그녀가 겪은 '지옥의 연대기'는 절대로 잊혀지지도 지워지지도 않을 것이다. 그런 그녀에게 "이제 충분하다"고 감히 누가 말할 수 있는가? 그녀에게는 "아직 충분하지 않다. 아직 시작도 하지 않았다. 이제 시작이다."

아직도 끝나지 않은 **시간**

박시백, 『35년』, 비아북, 2018.

얼마 전 큰 화제가 된 드라마 〈미스터 션샤인〉(2018)으로 이야기를 시작하자. 이 드라마는 "신미양요(1871년) 때 군함에 승선해 미국에 떨어진 한 소년이 미국 군인 신분으로, 자신을 버린 조국인 조선으로 와 주둔하며 벌어지는 일을 그린 드라마"다. 노비의 아들이었던 유진(이병헌 분)은 부모의 죽음을 목격하고 신미양요 때 미국 군함에 승선한다. 그는 미국 군인이 되어 '미서전쟁', 즉 미국과 스페인 사이의 전쟁에서 공을 세우고 자신을 버린 혹은 자신이 등진 조선에 장교로 돌아온다. 그는 조선에 돌아와서는 조선의 정신적 지주인 고사홍의 손녀 애신(김태리 분)을 만나 사랑하게 된다. 애신은 비밀리에 의병 활동을 하고 있고, 유진은 그녀의 의병 활동을 물심양면으로 돕는다.

〈미스터 션샤인〉은 애신과 유진의 '러브스토리'인 동시에, 주로 1900년부터 1905년 사이에 벌어졌던 수많은 의병의 활동을 그린 '역사드라마'다. 이 드라마는 역사를 소재로 하고 있고 기본적으로 실제 역사에 바탕을 두고 있지만, 드라마 속 모든 사건과 등장인물이 실제 역사적 사건과 실제 인물은 아니다. 그렇다고 모두 허구라고 말할 수도 없다. 이 드라마에서 뭐가 실제이고 뭐가 허구인지 중요하지 않다. 그보다는 드라마를 감싸고 있는 역사적 맥락, 즉 스러져 가는 조선을 한쪽은 일으켜 세우려 하고, 다른 한쪽은 자신의 이익을 위해 조선을 넘어뜨리려 한다는 역사적 맥락이 훨씬 더 중요하다.

〈미스터 션사인〉에서 애신과 의병들은(나중에는 유진까지 가세해) 나라를 배신하고 오직 일신의 영달을 좇은 수많은 변절자들을 '정의의 이름으로' 처단한다. 유진과 애신은 부모를 죽게 만든 원흉인 친일파 외부대신 이세훈과 신미양요 때 통변이었다가 나중에 외부대신에 오르는 이완익을 각각 처단한다. 그런데 그런 '악질' 친일파가 제거되면 또 다른 친일파들이 그들의 자리를 대신한다. 자리를 대신한 친일파들은 자신의 자리를 자키기 위해 예전의 친일파들보다 더욱 교활하고 더욱 잔악무도하다.

사실 드라마 〈미스터 션사인〉을 아주 꼼꼼히 챙겨 보지는 않았다. 드라마의 결말이 유진과 애신의 사랑이 완성되는 '해피엔딩'이거나 둘 중 한 사람 혹은 둘 다 죽는 '새드 엔딩'으로 끝날지 알 수 없지만, '조선의 멸망'이라는 역사적인 결말을 이미 알고 있기 때문이다. 역사적으로 조선의 대신 중 일부는 강제로 일부는 자발적으로 1905년 일본과 '을사늑약'을 맺고, 결국 1910년에는 '한일병탄' 조약에 서명해 조선은 멸망한다. 누군가는 을사늑약과 한일병탄으로 부와 명예를 누렸고, 누군가는 목숨을 끊었고, 누군가는 그에 맞서 끝까지 싸웠다. 우리는 전자를 '친일파'로 부르고, 후자를 '의병' 또는 '독립운동가'라고 부른다. 〈미스터 션사인〉은 다른 건 차치하고, 친일파와 의병의 대립구도를 아주 단순하면서도 명확하게 보여준다. 개인적으로는 이 드라마에서 역사적 고증이나 드라마의 완성도보다도 이 점이 더 인상적이고 기억에 오래 남는다.

다시 말하지만 역사를 통해서 우리는 친일파와 의병 중 당시 누가 이겼는지 이미 알고 있다. 〈미스터 션사인〉에서 애신의 아버지 상환은 친일파를 처단하는 의병 활동을 하다가 동지에게 배신당해 총에 맞아 죽는다. 애신을 낳은 지 하루밖에 안 된 애신의 어머니 희진은 몸을 피하라는 동지들에게 오히려 애신을 맡기며 친일파 이완익을 처단하려 한다. 하지만 그녀의 암살 시도는 결국 실패로 끝나고 만다. 이완익은 희진에게 "내 하나 죽인다고 조선의 운명이 바뀔 것 같니 … 니년 뒤 니년 앞 조선의 운명에 기대 먹고사는 자가 이리 많지 않니?"라고 말하며 그녀와 그녀의 동지들을 조롱한다. 하지만 희진은 "당신은 우리 하나 조직 없앤다고 당신의 운명이 바뀔 것 같나 (…) 오래 걸려도 그들이 갈 거야"라고 일갈한다. 실제로 애신은 이완익을 처단하기 직전 말한다. "더 빨리 왔어야 했는데 내가 조금 늦었소. 늦었지만 왔소. 당신을 죽이러." 이완익은 "내 하나 죽인다고 다 넘어간 조선이 구해지니?"라고 말하며 자신을 정당화한다. 애신은 "적어도 하루는 늦출 수 있지. 그 하루에 하루를 보태는 것이다"라는 말과 함께 이완익을 처단한다. 〈미스터 션사인〉에서 희진과 애신이 이완익에게 하는 이 말은 의병 이후의 독립운동가들의 활동과 정신을 함축한다. 그들은 자신들의 개인적인 영달을 위해서가 아니라 자주와 독립이라는 '대의'를 위해 의병운동과 독립운동을 했기 때문에, 한일병탄 이후 해방이 될 때까지 그 오랜 세월 동안 그 뜻을 굽히지 않을 수 있었다. 그사이 적지 않은 이들은 자기 뜻을 굽히고 일신의 영달을 위해 또는 상황에 절망해 변절의 길로 들어섰다.

드라마 〈미스터 션사인〉이 정확히 몇 년도에 끝나는지 알 수 없지만, 대략 1907년 정미의병에서 1910년 한일병탄 사이로 추정된다. 역사적으로 대한제국 황제 고종은 1907년 일본의 강제 침탈을 국제 사회에 호소하기 위해 헤이그에 밀사를 파견하지만 결국 실패로 끝나고 강제퇴위 당한다. 대한제국 군대 또한 강제로 해산된다. 고종의 강제 퇴위와 군대 해산을 계기로 의병들은 다시 봉기하는데, 이들이 바로 '정미의병'이다. 정미의병은 해산된 군인들의 가세로 예전의 의병과는 달리 조직적이고 체계적인 의병 활동을 전개했다. 예전과 비교하면 정미의병은 의병의 구성도 다양해졌고, 전국적으로 전면적인 항일전을 벌였다. 그들은 서울 진공 작전을 계획할 정도로 체계적이었지만, 일제의 야만적인 대공세로 예기가 꺾이며 1910년을 지나면서부터는 전면 항일전으로서의 의미를 상실하고 말았다. 하지만 점차 북상, 남북만주, 연해주지역으로 활동무대를 옮겨 항전을 지속적으로 펼쳐나갔다. 그들은 1920년대의 독립전쟁론에 근거하여 항일전을 전개한 독립군으로 계승, 발전되었다. 아무튼 아무리 길게 잡아도 드라마 〈미스터 션사인〉의 시간적 배경의 끝은 1910년을 넘지 않는다.

당연히 의도한 것은 아니겠지만 역사 만화가 박시백은 드라마 〈미스터 션사인〉이 끝나는 바로 그 시점에서 조선의 역사를 이어 쓰고 있다. 『박시백의 조선왕조실록』(2005)으로 한국 역사, 특히 조선의 역사에 대중의 폭발적인 관심을 불러일으킨 박시백이 1910년 한일병탄으로부터 1945년 해방까지 일제강점기까지 우리의 역사를 다룬 『35년』(비아북, 2018~2019)을 출간한다. 일제강점기 35년 동안 조선인은 근세에서 근대로의 이행을 통해 본의 아니게 근대인으로 변모했다. 당시 조선인은 일제의 폭압적인 통치 아래서 내적 갈등을 한 피식민이었고, 그 과정에서 근대적인 신분제도와 토지 제도를 처음으로 경험했다. 한편으로 조선인은 일제 식민 통치에 동화하거나 적극적으로 동조했고, 다른 한편으로는 독립을 향한 끊임없는 투쟁을 지속했다.

사실 35년이라는 긴 일제강점기는 아주 순식간에 끝나버렸다. 준비가 되지 않은 상태에서 맞이한 해방, 끝 모를 이념의 갈등, 그 후 한국전쟁으로 치달은 대한민국의 역사는 제대로 정리되지 않은 채 더욱 뒤틀려갔다. 감정의 골은 이념의 대립으로 굳어졌고, 이는 곧 오늘날 대한민국의 민낯이 되었다. 일제강점기 '35년'은 현재 한국 사회를 살아가고 있는 우리의 모습에 가장 가까운 '원형'이다. 박시백의 『35년』은 이 원형의 시간, 청산되지 않은 과거사를 생생히 복원한다. 그가 복원하는 역사는 "단순히 박제된 정보를 전시하고 나열하는 역사가 아니라, 우리의 사회적 현실과 호흡하는 소통으로서의 역사"다. 다시 말하면 '과거와 소통하고, 현재를 비추고, 미래를 내다보는 역사'다.

3·1혁명과 대한민국임시정부 수립 100주년인 2019년까지 총 7권으로 출간 예정인 『35년』은 제3권까지 출간되었다. 시기적으로는 1910년부터 1925

년까지 다루고 있다. 가혹한 탄압으로 조선을 집어삼킨 조선총독부와 경찰, 일신의 부귀와 영달을 위해 나라와 동족을 팔아넘긴 친일파, 민중의 들끓는 저항이 폭발했던 3·1 혁명의 순간들과 그 이후의 대중운동, 대한민국임시정부의 수립과 분열, 식민지 경성에서 벗어나 간도, 연해주, 상하이, 하와이를 넘나들며 해외에서 독립의 가능성을 모색했던 이들, 무장투쟁과 의열투쟁으로 독립을 향한 의지를 보여준 봉오동전투, 청산리전투, 의열단의 의거, 사회주의 운동을 통해 다른 세계를 꿈꾸었던 이르쿠츠크파와 상하이파 고려공산당 등 수많은 인물과 단체가 씨실과 날실처럼 교차하며 역사적으로 생생하게 그려진다.

사실 『35년』이 담고 있는 내용은 기존의 역사 교과서와 크게 다르지 않다. 즉 1910년 한일병탄 이후, 조선총독부는 조선을 식민지의 그늘로 몰아넣는다. 일제는 대륙 진출의 꿈을 이루기 위해 무단통치와 동화주의로 조선을 통제하고, 동양척식주식회사를 통해 경제 영역까지 장악하며 식민지 경영의 기반을 완전히 구축한다. 당시 조선에서는 왕실을 비롯해 작위를 받으며 친일에 앞장선 이완용뿐만 아니라 중추원 의관을 맡은 관리들, 그리고 지역 지주들은 대다수 부역자의 길을 택한다. 그중 몇몇은 차마 눈을 뜨고 볼 수 없을 정도로 친일 경쟁을 벌인다. 다른 한편으로 일본의 토지조사사업으로 소작농이 늘어나고 삶이 팍팍해진 조선인들은 간도나 하와이 등 해외로 떠난다. 강제병합이 가시화되자 1900년대 초기 연해주로 망명한 이들과 독립운동단체 신민회는 기획 망명을 통해 항전을 준비한다. 뜻있는 청년들은 독립운동의 무대로 상하이를 선택하고, 대종교는 북간도를 중심으로 항일 지사를 불러 모아 독립운동의 근거지로 삼는다.

하지만 1910년 '안악사건' 일명 '안명근 사건' 이후 일본은 신민회를 해체하고자 데라우치 총독 암살미수 사건, 일명 '105인 사건'을 조작하며 계몽운동가들을 탄압하기 시작한다. 의병 세력이 약화되면서 계몽운동가들은 운동의 방식을 비밀결사로 변경하고 대한광복회 등을 조직한다. 연해주의 독립운동이 러시아와 일본의 관계 변화로 와해되자 독립군 진영은 북간도로 거점을 옮긴다. 미국 하와이에서는 대한인국민회 출범 이후, 박용만과 이승만이 자리를 잡고 각자 다른 노선을 선택하면서 둘 사이의 갈등이 고조된다.

1915년 이후 국내외 독립운동 진영은 크게 위축되고, 러시아에 볼셰비키 정권이 들어서면서 이동휘 등은 1918년 한인사회당을 조직한다. 미국 대통령 윌슨의 민족자결주의는 러시아혁명의 확산을 저지하기 위한 슬로건으로 전락하지만, 도쿄에서는 유학생을 중심으로 2·8 독립선언과 집회가 일어난다. 천도교 등 종교 세력을 중심으로 민족대표가 구성되고, 국내외를 오가는 준비 과정을 통해 마침내 1919년 3월 1일 파고다공원에 모인 민중들은 조선 독립만세를 외친다. 일본의 폭압적인 진압에도 불구하고 만세운동은 전국 구석구석으로 확산되며 더욱 목소리를 높여간다. 즉 3·1 만세운동은 일본의 무차별적 진압에도 굴하지 않고 민족적 혁명으로 진화한다. 이 과정에서 제암리 학살이 벌어지고 천안에서는 유관순, 이리장터에서는 문용기가 만세를 외치다 쓰러지며 더욱 폭력적 투쟁으로 발전한다. 4월이 지나자 혁명은 잦아들었지만 만세운동을 통해 조선 민중은 각성했고 비로소 '근대인'으로 변모한다.

북간도와 연해주, 그리고 미국에서도 3·1혁명에 영향을 받은 독립운동 단체가 조직된다. 하지만 일본의 방해로 제국주의 세계의 반응은 냉담했고, 친일파들은 3·1혁명에 충격을 받으면서도 독립운동에 대한 비난과 공격에 앞장선다. 3·1혁명의 전개는 해외의 독립운동가들에게 임시정부에 대한 생각을 확산시켰다. 상하이에서는 변화된 정세에 민감하게 반응한 각지의 인물들이 모여, 1919년 4월 11일 대한민국임시정부가 출범한다. 이후 임시정부는 헌법을 제정하고 조직을 통합하면서, 독립을 위한 기틀을 마련한다.

다른 한편으로 유림은 고종의 5남 의친왕 이강을 고문으로 한 조선민족대

동단을 결성하고, 여운형은 도쿄의 제국호텔에서 독립의 당위성을 주장하는 연설을 해 일본의 간담을 서늘케 한다. 한편 상하이파와 이르쿠츠크파 사회주의자들은 노선상의 차이와 해묵은 감정을 드러내며 갈등하게 된다.

일본에서는 데라우치에 이어 하라가 총리가 되어 권력을 잡는다. 이어 조선 총독으로 사이토 마코토가 부임하면서 무단통치의 시대는 막을 내리고 문화통치가 시작된다. 총독부의 신문 발행 허가로 《동아일보》와 《조선일보》가 창간되고, 잡지와 문학의 시대가 열린다. 이와 함께 총독부는 친일파 육성을 위해 온건 독립파에게 접근하고, 끈질긴 회유로 이광수와 최린, 최남선도 친일의 길을 걷게 된다. 특히 일제는 이들을 통해 참정론, 자치론, 문화 운동론을 내세워 민족운동 진영을 분열시키고, 친일 조직의 결성을 후원하며, 밀정을 두는 등 독립운동을 무너뜨리기 위해 총력을 기울인다.

3·1혁명 이후 러시아와 만주의 독립운동 진영은 무장투쟁을 위한 조직화에 전력한다. 홍범도와 김좌진 등이 이끄는 독립군은 봉오동전투와 청산리전투로 일본군에게 막대한 피해를 안겼고, 일본은 이에 경신참변으로 보복한다. 일본군의 추격을 피해 러시아령으로 이동한 한인 무장부대는 지휘권을 놓고 이르쿠츠크파와 상하이파가 충돌하면서 비극적 결과를 낳는다. 의열 투쟁은 3·1혁명 이후 주요한 투쟁 양식으로 자리 잡았고, 김원봉은 본격적인 의열투쟁을 위해 1919년 의열단을 결성한다. 거듭된 실패와 처절한 성공 속에서 의거는 계속됐고, 신채호의 『조선혁명선언』(1923)은 의열단의 정신이 된다. 하지만 의열 투쟁에 대한 안팎의 비판과 의열단의 다양한 구성은 노선에 대한 내부 논쟁을 불러왔고, 결국 분화 및 노선 변경이 일어난다.

출발부터 어느 정도 노선의 갈등이 있었던 임시정부 또한 본격적인 내분을 겪는다. 특히 이승만에 대한 내부의 불만이 높아지면서, 워싱턴회의가 성과 없이 끝난 1923년 1월 임시정부의 근본적 개혁을 위한 국민대표회의가 개최된다. 하지만 긴 논의에도 개조파, 창조파, 임정고수파의 이견은 좁혀지지 않고, 창조파는 새 정부 조직 시도가 실패하면서 파국을 맞는다. 이후 임시의정원에서는 이승만 임시대통령에 대한 탄핵안이 상정된다.

코민테른 결정서에도 불구하고 상하이파와 이르쿠츠크파는 결합을 이뤄내지 못한다. 한편 국내에서는 청년 사회주의자들을 중심으로 화요파, 서울파, 북풍파 등의 그룹이 만들어지며 사회주의 운동이 전성기를 맞는다. 부산부두 노동자 파업, 암태도 소작쟁의 등의 대중투쟁이 전개되고 청년 · 여성 · 형평 운동 등 각계의 대중운동이 성장한다.

일단 박시백의 『35년』은 여기까지를 다룬다. 앞으로 출간될 제4권부터 제7권은 1926년부터 1945년 해방까지를 다룰 것이라 한다. 그런데 개인적으로 『35년』을 읽으면서, 특히 제3권을 읽으면서 얼마 전에 읽었던 조선희의 『세 여자』(2017)가 계속 머릿속에 떠올랐다. 『세 여자』는 세상을 바꾸고자 했던 세 여인, 즉 주세죽, 허정숙, 고명자와 그들의 동지이자 파트너였던 박헌영, 임원근, 김단야의 "20세기 초 경성, 상해, 모스크바, 평양을 무대로 그들이 꿈꾸었던 지옥 너머 봄날의 기록"이다. 사실 박헌영, 임원근, 김단야는 "각각의 무게감은 다를지언정 일제강점기 독립운동과 한국 공산주의 운동사에서 빼놓을 수 없는 이름들"이다. 그리고 그들 곁에는 주세죽, 허정숙, 고명자가 늘 있었다. 아니 반대로 세 여자 곁에 늘 세 남자가 있었다고 말할 수도 있다. 다시 말하지만 『세 여자』는 제목이 말해주듯이 주세죽, 허정숙, 고명자와 그들을 둘러싼 주변 남자들의 삶을 흥미진진하면서도 사실적으로 묘파한다. 이 소설에서 주인공 세 여자를 비롯해 "이름 석 자로 언급되는" 모든 이들은 실존 인물이다. 작가는 "등장인물들에 관한 역사기록을 기본으로 했고 그 사이사이를 상상력으로 메웠다"고 밝히고 있다.

그런데 『세 여자』에서 개인적으로 더 관심이 갔던 부분은 세 여인과 그들 주변 인물의 신산한 삶보다도, 1920년대에서 1950년대에 걸친 한국 공산주의 운동사 부분이다. 소설은 허정숙을 중심으로 1920년 상해에서 한국 공산주의운동이 시작돼서 1955년 주체사상의 등장과 1958년 연안파 숙청으로 한국에서 공산주의가 소멸하기까지의 과정을 상세하게 다루고 있다. "한 사람의 인생처럼 역사에도 실수가 있고 착오가 있고 우연이 있고 행운도 있다. 목적과 정반대의 결과가 빚어지고 우연한 실수가 운명을 바꾸기도 함을 소설은 보여주고 있다."는 출판사의 리뷰는 너무나 아프지만 공감할 수밖에 없다. 성격적 차이가 오해를 불러일으켰고, 오해는 자존심과 결합해 이념의 차이를 가져왔고, 이념은 불신을 낳았고, 불신은 돌이킬 수 없는 비극을 만들었다. 그리고 그 비극은 다시는 돌아올 수 없는 '역사'라는 강 또는 바다가 되었다. 『35년』의 제3권의 조선의 공산주의자들의 오해와 비극은 이 점을 너무나 명징하게 보여준다. 개인적으로는 안타까움을 넘어 슬픔이 느껴진다.

우리는 '역사를 왜 배우는가'라는 질문을 수없이 들었고, 때로는 자기 자신에게 때로는 다른 사람에게 이 질문을 던진다. 교과서에서는 '과거로부터 교훈을 얻고 과거의 잘못을 반복하지 않기 위해서'라고 답한다. 누군가는 '살아갈 지혜를 얻기 위해서'라고도 답한다. 그런데 『35년』의 작가는 여기에 후대에 경고하기 위해 역사를 배우는 것이라고 추가한다. 그의 설명에 따르면, "항일투쟁의 길은 고난과 죽음의 길이었던 반면 친일 부역의 길은 안락과 평화의 길이었다. 후자처럼 사는 게 역사에서 얻는 게 지혜가 되어버리고 만다면 역사를 배우는 건 너무나 참담한 일이 된다." 즉 그는 후자처럼 살아서는 안 된다고 역설한다. 더 나아가 후자처럼 산다면 혹은 살았다면 그에 상응하는 대가를 치러야 한다고 강력하게 주장한다. 그래서일까 『35년』각 권 부록의 등장인물 인명사전에는 독립운동가와 친일반민족행위자의 생애에 대한 촘촘한 설명이 나온다.

세상 모든 일이 그렇듯이 역사에도 당연히 '빛과 어둠'이 공존한다. 역사에서 빛은 더욱 밝히고 어둠은 빛으로 덮거나 지우는 게 아니라 어두운 대로 남겨야 한다. 왜냐하면 역사에서 가장 밝게 빛나던 인물들뿐만 아니라 시대의 어둠 앞에서 자신의 안락과 영화만을 좇았던 이들의 면면을 들여다보는 일도 필요하기 때문이다. 우리가 거울을 바라보며 자신의 옷매무시를 가다듬듯, 일제강점기의 인물들과 시공간을 통해 지금의 한국 사회를 바라볼 수 있다. 아니 그렇게 해야 한다. 슬프고 아픈 역사를 배우고 기록하는 이유는 다시는 그런 '참담한' 일을 반복하지 않기 위해서다. 그런 점에서 역사를 배워야 하는 교과서적 이유는 여전히 유효하다.

우리가 지금 살아가는 현재는 미래의 역사다. 미래의 역사에 부끄럽지 않기 위해서는 과거의 부끄러움을 교훈 삼아 현재를 부끄럽게 만들지 않아야 한다. 만일 부끄럽다고 하더라도 상세하게 기록해야 한다. 국가의 역사만 그렇겠는가. 개인의 삶도 마찬가지다. 국가는 부끄러운 역사를 만들지 말아야 하고, 개인은 부끄럽게 살지 말아야 한다.

여기에 한 가지 더 보태자. 과거의 빛뿐만 아니라 어둠도 잊지 말고 기억하자. 〈미스터 션샤인〉에서 조선을 지키기 위해 목숨을 아끼지 않은 애신과 유진을, 그리고 이름 모르는 수많은 의병들을 우리는 마땅히 기억해야 한다. 그뿐만 아니라 흔들리는 조선을 더욱 흔들면서 일신의 영달을 꾀한 이완익과 이세훈을 비롯한 친일파도 반드시 기억해야 한다. 그래야 같은 역사가 반복되지 않는다. 『35년』의 작가 박시백의 생각도 이와 크게 다르지 않을 듯하다.

자본주의의 우울한 초상

김사과, 『N.E.W.』, 문학과지성사, 2018.

진화생물학자인 재레드 다이아몬드는 역작 『총, 균, 쇠』(1997)에서 '인류 역사와 문명이 무엇을 통해 어떻게 발전했는가'라는 인문학적 논제를 과학적인 방법으로 역사를 통해 추론하듯 풀어간다. 그는 역사 속에서 야만과 문명을 분리하지 않고, 야만이 바로 문명의 심장부인 도시에서 발견된다고 이야기하며 구분이 아닌 교차점에서 역사를 바라본다. 무엇보다도 그의 시선에는 제국주의의 편견이나 그릇된 시선, 특히 동양에 대한 왜곡된 시선이 들어있지 않다. 한마디로 『총, 균, 쇠』는 광범위하게 나타난 역사의 경향을 만들어낸 환경적 요소들을 밝힘으로써 인종주의적 이론의 허구를 벗겨낸 현대 고전이다.

처음부터 『총, 균, 쇠』를 염두에 두었는지 모르겠지만, 김사과의 소설 『N.E.W』의 제목은 『총, 균, 쇠』를 떠올리게 한다. 참고로 N은 Neurology, E는 Electricity, W는 War를 각각 의미한다. 작품의 제목 NEW는 이 세 단어의 앞글자로 이루어진 두문자어(acronym)다. 『총, 균, 쇠』에서는 총, 세균, 철이 세계 역사를 어떻게 바꾸어 놓았는지 추적하면서 서구의 인종주의를 비판하는 데 방점을 두고 있다면, 『N.E.W』는 신경학, 전기, 전쟁이 현대 사회를 어떻게 만들었는지 웅변하고, 그것을 거스르면 안 된다고 역설한다. 물론 NEW는 두문자어가 아닌 그냥 하나의 단어로는 당연히 '새롭다'는 뜻을 갖는다. 제목 때문인지 소설 『N.E.W』의 이야기는 무척 새롭다. 그런데 그 새로운 이야기가 낯설고 조금은 불편하다.

소설 『N.E.W』의 구성은 비교적 간단하다. 소설은 '이야기의 시작', '1부', '2부', '3부', '악몽의 끝'으로 구성되어 있다. 이야기의 시작이 프롤로그라면 악몽의 끝은 에필로그에 해당한다. 소설의 시작은 이렇다. "사랑하는 사람은 보드라운 살갗을 만질 때 가장 기분이 좋다고 정지용은 주장했다. 그것은 사랑하는 사람의 몸을 찢어 놓는 데 아주 잠깐의 시간이면 충분하다는 느낌을 주기 때문이다." 여러 번 읽어 보았지만 정확히 무슨 말인지 그 의미가 쉽게 와 닿지 않는다.

『N.E.W』는 정지용의 출생으로 시작한다. 그가 태어났을 때 할머니는 얼마 전 오랜 암 투병 끝에 세상을 떠났고, 할아버지는 뇌졸중으로 쓰러져 식물인간 상태고, 아버지 정대철은 행적이 수상했다. 그는 "바야흐로 포스트모던한 세계 속에 성공적으로 첫발을 디딘 것이다." 얼마 후 어머니 은미라는 심장마비로 사망하고 정대철은 경영권을 완전히 장악한 후 회사를 재벌기업으로 성장시키고, 정지용은 무기력하고 무능력한 재벌 후계자로 사람들의 입에 오르내린다.

본격적인 사건은 그렇게 무기력하고 무능력한 정지용이 최영주와 결혼하고 이하나를 우연히 만나면서부터다. 최영주는 정지용과 이하나 사이를 의심해 사람을 시켜 그들을 미행하고, 정지용은 이하나와의 관계를 숨기지도 않고 그렇다고 대놓고 드러내지도 않는다. 이하나는 그런 정지용에게 점점 집착한다. 거칠게 말하면 소설 『N.E.W』는 재벌가 후계자 정지용, 스펙으로 따지자면 정지용보다 훨씬 뛰어난 최영주, 정지용에게 집착하면서 동시에 최영주를 부러워하면서 시기하는 이하나, 이 세 사람의 흔하디흔한 '사랑 이야기'다. 그리고 이 세 명의 삼각관계 속에 성공자와 이우진이 간헐적으로 등장한다.

그런데 『N.E.W』는 다른 연애 이야기와 사뭇 다르다. 왜냐하면 등장인물을 추동하는 동력은 사랑, 연민, 증오, 질투 등 사랑에서 비롯된 감정이 아니라 바로 '욕망' 또는 '탐욕'이기 때문이다. 정지용은 생물학적으로 아버지이자 오손 그룹의 회장인 정대철을 욕망한다. 엄밀히 말하면 그는 정대철이 아니라 정대철로부터 물려받을 회사를 욕망한다. 그는 언젠가 회사를 물려받겠지만 그때까지 기다릴 수 없다. 그래서 당장 회사를 물려받기 위해 혹은 자신을 무시하는 아버지에게 나름의 복수를 하기 위해 일을 꾸민다.

최영주 또한 정지용만큼이나 욕망에 의해 추동되는 인물이다. 일단 그녀는 정지용보다 '스펙'이 좋다. 아버지는 Y대 의대 교수이고, 어머니는 인문학부 교수다. 외할아버지는 비록 인사청문회 때 망신을 당하기는 했지만 Y대 총장이다. 그녀는 어머니 홍 교수의 정보력과 인맥으로 정지용과 정략결혼을 하지만, 결혼 뒤에는 정지용을 넘어 오손 그룹을 차지하겠다는 욕망을 꿈꾼다.

이하나의 직업은 유투버다. 그녀는 운 좋게 정지용과 최영주가 사는 메종드레브에 입주한다. 물론 같은 곳에 산다고 삶이 같지는 않다. 흔히 말하듯 '사는 곳은 같아도 풍경이 다르다'. 그녀의 공간은 5평짜리 원룸인데 반해, 정지용과 최영주가 사는 공간은 200평짜리 저택이다. 사실 메종드레브는 정대철의 미래 프로젝트의 일환이다. 그는 "가난한 자들은 부유한 자들과 완전히 섞여서도 안 되지만 완전히 격리되어서도 안 된다"는 철학을 갖고 있고, 메종드레브는 그의 철학의 산물이다. 즉 그는 "가난한 자들의 욕망을 추동하면서 동시에 [그들을] 관리해야 한다"고 믿고 있다.

"고졸에 아무 스펙도 없는" 이하나는 밑바닥 인생을 전전하다가 유투브 방송으로 소위 대박을 터트렸다. 하지만 그녀는 거기에 만족하지 않고 더 큰 욕망을 꿈꾸고 있다. 조력자인 성공자의 제안에 따라 그녀는 "삼다수 대신에 에비앙을 마시"고 "오이 향 비누 대신에 이솝의 라벤더 향 핸드워시를 사용하"고 "최고급 국산 면으로 만든 팬티 대신에 백화점에서 파는 한 장에 3만 8천 원짜리 메이드 인 오스트리아의 백 퍼센트 나일론 팬티"를 입는다. 이하나는 성공자의 이론에 엄청난 의혹을 느끼면서도 주춤주춤 그가 가리키는 방향으로 계속해서 나아간다.

참고로 성공자에 대해서도 살펴보자. 어린 시절 판자촌에서 보낸 성공자는 이름 그대로 성공하겠다고 다짐한다. 하지만 아버지가 교통사고로 죽고 어머니는 집을 나가면서 그의 인생은 부모의 그것처럼 내리막길로 들어섰다. 그 후 그의 인생은 지리멸렬하다. 그래도 가장 성공한 것을 꼽으라면 점쟁이 행세를 해서 '성공한 역술인'이 된 것이다. 그러나 그는 도박에 빠져 결국 모든 것을 잃고 메종드레브 근처에서 왕만두 칼국수 집으로 생계를 이어가고 있다. 그리고 그는 기적처럼 이하나를 만나 "그녀의 인생에 도움이 되는 인생을 살"겠다고 다짐한다. 어찌 보면 그는 이하나를 통해 성공에 대한 자신의 욕망을 대신 채우려 하는지 모른다.

정지용과 이하나의 만남은 '상황의 발단'과 '상황의 전개', '상황의 절정'을 거쳐 마침내 '꼭대기'까지 이른다. 이하나는 정지용을 만난 후의 삶을 "꽃밭의 삶"으로 규정한다. 하지만 그녀는 한편으로는 현재의 안온한 삶에 만족하면서 다른 한편으로는 "이따금씩 바닥이 보이지 않는 불안에 사로잡혔다." 그녀의 불안은 최영주라는 존재의 인식과 자신을 향한 정지용의 사랑의 불신에서 비롯된다.

최영주는 정지용과의 결혼 후 "많은 것들이 이해가 되지 않기 시작한다"고 생각한다. 그녀는 아버지의 충고대로 매사에 극도로 조심하면서 살아가는 게 "적절한 삶의 처세술"이라고 생각했다. 그녀는 자신이 사람들에게 상처를 줄 수 있는 큰 힘을 가진 존재라는 것을 알기 때문에, 사람들에게 자신의 공격성을 감추었고 그게 올바른 태도라고 생각했다. 하지만 "최근 들어 그녀는 자신의 이론의 치명적인 허점을 깨닫게 되었다." 즉 상대방도 자신을 공격할 수 있다는 사실 말이다. 그녀에게는 "그것은 엄청난 발견이었다."

이하나는 우연히 만난 이우진으로부터 '힘'의 중요성에 대해 듣는다. 즉 이우진의 말에 따르면, '중요한 것은 내용이 아니라 그것을 말하는 사람'이다. 다시 말하면 메시지보다는 메신저가 훨씬 더 중요하다. 이하나는 이우진과 헤어지면서 '힘'에 대해 어렴풋이 생각한다. 남녀 간의 연애에 힘 또는 권력 관계를 적용하면 이하나는 정지용에게 완전히 밀린다. 아니 이하나는 정지용에게 완전히 종속되었다. 이하나도 알고 있고 정지용도 알고 있다. 그렇기 때문에 그가 그녀에게 준 팔찌는 서로 간의 '사랑의 증표'가 아니라 그들 간의 종속 관계를 나타내는 '상징적인 기표'다.

정지용은 이하나를 완전히 종속시킨 뒤 그의 머릿속은 그녀에 대한 생각보다도 최영주에 대한 생각으로 가득 차 있다. 그는 그녀와 함께 하와이, LA, 뉴욕에서 3주를 보낸다. 최영주는 "끝내야 할, 반드시 승리해야 할 그녀만의 싸움이 있었"기 때문에 출산을 위해 돌아간다. 그녀는 욕망은 실현되는 게 아니라 실현하는 것이라는 것을 깨닫는다. 하지만 그녀는 출산 뒤 모유 수유를 하지 못하게 되는 사실에 절망하고, 자신이 정지용을 경멸해왔다는 사실 또한 깨닫는다. 그녀는 냉혹한 현실을 받아들이는 것과 환상을 유지하는 것 가운데 고민하다가 결국 환상을 유지하는 쪽을 택한다. 그녀는 환상을 유지한 채 "거짓말 같은 우연이" 자신의 욕망을 실현할 수 있다고 생각한다. 이하나는 정지용이 최영주의 임신으로 자신에게 소원하게 대하자 술김에 정지용이 준 팔찌를 성공자에게 주었고 정지용에게는 팔찌를 잃어버렸다고 말한다. 하지만 정지용은 그녀가 성공자에게 팔찌를 준 사실을 이미 알고 있다. 하지만 그는 그녀에게 또 다른 팔찌를 선물한다.

정대철은 회사의 프로젝트를 성공시켰지만 "언제나처럼 안도감과 의혹에 동시에 사로잡"혀 있다. 사실 그는 자신에 대한 항간의 루머를 수집하고 치밀한 언론플레이로 회사를 지키고 키웠다. 아들 정지용은 아버지 정대철이 "모든 것을 치밀하게 의도하고 실행해왔으며 그 결과에 엄청난 쾌락을 느낀다는 것을 잘 알았다." 정지용은 삶 자체가 연극인 아버지, 그것 때문에 고통을 받은 어머니를 동정하고 용서했다. 하지만 그가 부모를 동정하고 용서하는 것은 부모를 위해서가 아니라 그 자신의 "고결한 삶"을 위해서다.

정지용과 최영주는 정대철의 프로젝트와는 전혀 다른 최종 프로젝트, 즉 자신들의 욕망을 실현시키기 위한 프로젝트를 계획하고 실행한다. 그런데 그들은 처음부터 최종 프로젝트를 같이 기획하고 실행한 것이 아니다. 우연히 목표가 서로 같은 개별 프로젝트를 나중에 결합했을 뿐이다. 즉 정지용과 최영주가 처음부터 함께 계획하고 실행한 게 아니라 우연하게도 정대철을 무너뜨려야 한다는 목표가 같았을 뿐이다. 최영주는 이우진을 고용해 자기 아들을 구덩이에 던지는 '페이크 다큐'를 찍고, 정지용은 정대철에게 약이 든 물을 건넨다. 결국 정지용과 최영주는 프로젝트를 성공적으로 완수한다. 지용은 쓰러진 정대철을 대신해 회사를 순조롭게 물려받았고, 최영주는 태어난 지 1년도 안 된 아이를 잃은 슬픈 어머니의 이미지를 갖게 되었다.

정지용과 최영주는 자신들의 욕망을 실현했지만, 주변 사람들이 받은 상처는 너무나 가혹했다. 이하나는 팔 하나를 잃었고, 정대철은 기계에 의존한 채로 1년 남짓 생명을 유지해야만 했다. 위안이라면 이하나가 팔을 잃은 대신 "빳빳한 5만 원짜리 지폐들로 가득 채워" 진 가방을 받았다는 사실이다. 이후 그녀는 "얼마 전부터 자신의 통장에 모르는 이름의 사람들에게서 종종 고액의 현금이 입금되고 있는 것을 발견했다." 하지만 정대철은 자신이 갖고 있던 것을 다 빼앗겼다. 좋게 표현하자면 아들에게 물려주었다고 할 수도 있다. 그리고 이우진은 최영주의 계획을 도운 대가로 처음에 약속한 돈의 열 배를 받았다. "잘 부탁드립니다"라는 메시지와 함께 말이다. 대신 그는 한쪽 팔이 잘린 이하나를 보며 "내일도 내가 살아 있을지 모르겠다"라는 말을 반복한다. 그리고는 이하나의 잘린 팔에 시선이 닿을 때마다 깜짝 놀란다.

욕망의 성취라는 측면에서 보면 김사과의 『N.E.W』는 나름 해피엔딩이다. 정지용과 최영주는 오손 그룹을 손에 넣었고, 이하나와 이우진은 그토록 원했던 돈을 얻었기 때문이다. 그런데 정지용과 최영주, 이하나와 이우진이 과연 행복할까? 안타깝게도 그렇지 않을 것 같다. 정지용과 최영주는 (시)부모 정대철과 은미라의 또 다른 버전이기에 정대철과 은미라가 그랬던 것처럼 그들의 삶에도 행복이 들어갈 자리는 없어 보인다. 이하나와 이우진 역시 돈은 얻었을지 몰라도 육체적으로뿐만 아니라 정신적으로 고통과 불안감에 시달린다. 욕망의 대가로서는 너무나 가혹하고 잔인하다.

마지막 장면에서 이하나는 텅 빈 거실 한가운데에 놓여 있는 돈으로 가득 찬 커다란 쇼핑백을 보며 "지겨운 사람들, 언제까지 대체 얼마나 많은 돈을 갖다 놓을 거야"라며 우울해한다. 『N.E.W』는 모든 것, 심지어는 사람까지도 돈으로 판단하고 평가하는 자본주의의 우울한 초상을 보여준다. 그 우울함의 근원에는 욕망이 있다. 채우려 해도 결코 채울 수 없는 욕망 말이다. 사람은 얼마나 많은 돈을 가져야 행복할까, 라는 질문을 씁쓸히 던져 본다. 욕망의 관점에서 보자면 아무리 많은 돈을 가져도 결코 행복할 수 없다. 왜냐하면 자본주의를 추동하는 것은 욕망의 크기에 상관없이 늘 '결핍된 욕망'이기 때문이다.

소설을 시작하는 첫 문장으로 다시 돌아가 보자. "사랑하는 사람은 보드라운 살갗을 만질 때 가장 기분이 좋다고 정지용은 주장했다. 그것은 사랑하는 사람의 몸을 찢어 놓는 데 아주 잠깐의 시간이면 충분하다는 느낌을 주기 때문이다." 소설의 결말을 통해 이 문장을 해독하면, 정지용은 이하나를 '진정으로'(?) 사랑하기 때문에 그녀의 몸을 아주 잠깐의 시간 안에 찢어 놓은 것이다. 정지용은 자신의 그런 행동에 만족해하고 심지어 이하나가 자신에게 감사할 것이라고 생각한다. 팔이 '찢어진' 이하나는 정지용을 원망하기보다는 돈으로 가득 찬 커다란 쇼핑백을 보며 권태로움을 느끼고 심지어 우울해한다. 그렇다면 결핍된 욕망을 상쇄하는 것은 뒤틀린 사랑인가? 아니면 뒤틀린 사랑이 결핍된 욕망을 추동하는 것인가? 뭐가 먼저고 뭐가 나중인지 잘 모르겠다. 혼란스럽기만 하다.

'탈주'와 '가능성'의 글쓰기

손보미, 『그들에게 린디합을』, 문학동네, 2013.

세상 사람들이 다 그런 것처럼 작가들 역시 각기 다른 인생관과 세계관을 갖고 있고, 그들의 인생관과 세계관은 자연스럽게 작품에 투영된다. 어떤 작가는 소설 쓰기를 통해 세상에 전혀 존재하지 않았던 새로운 무언가를 창조하거나 발명하려 한다. 다른 작가는 소설을 통해 세상 사람들을 가르치고 계몽하려 한다. 좀 지나친 경우에는 계몽 또는 훈계를 넘어 자신의 생각을 다른 사람들에게 억지로 강요하기도 한다. 그럴 때 그들의 태도는 사뭇 진지하고 때로는 우스꽝스럽게 여겨진다. 반면 또 다른 작가는 남을 일깨우려는 그런 거창하고 원대한 욕망을 처음부터 불가능한 것이라고 비웃는다. 대신 독자들이 보지 못하거나 보려 하지 않는 사실들을 조금 느슨한 방식으로 보여준다. 하지만 그들의 태도가 느슨하다고 해서 전하려는 메시지 또한 그런 것은 아니다. 그들은 세상에 절대불변의 진리는 존재하지 않는다, 존재할 수 없다고 믿는다. 그들은 '소설가는 그런 진리를 결코 보여줄 수 없다'고 역설한다. 대신 세상을 잘 살기 위해서는, 아니 잘 견디기 위해서는 스스로 '고민하는 힘'을 키워야 한다고 강조한다.

문학의 유용성, 조금 논의를 좁혀서 소설의 효용성을 논하는 것이 무의미하고 불필요해 보일 수도 있지만 그래도 한 번 짚고 가자. 근대 영미 소설의 발생 과정을 잠깐 살펴보면, 소설의 기능 내지 유용성은 오늘날의 그것과는 조금 달랐다. 바꿔 말하면 독자들이 소설을 소비하는 방식이 오늘날과는 달랐다. 오늘날 소설을 읽는 태도 또는 방식은 너무나 다양해 쉽게 일반화시킬 수는 없지만 진지하게 접근하면 대체로 소설 읽기는 자기 경험 세계를 벗어나는 세상을 추체험할 수 있는 유용한 도구라 할 수 있다. 조금 가볍게 보자면 소설 읽기는 다른 오락거리와 비교했을 때 경제적이고 시간을 유용하게 보낼 수 있는 행위다. 그러나 18세기 중반 근대 소설이 태동했을 당시는 지금과 달랐다. 그때는 이성의 시대 혹은 계몽주의 시대였다. 따라서 소설은 마땅히 계몽의 도구이어야만 했고, 소설의 계몽적 기능은 19세기까지 후반까지도 유효했다. 당시 독자들은 중산층으로서 소설을 대하는 태도는 사뭇 진지했고 소설가 역시 다르지 않았다.

그러나 19세기 중반을 넘어서 특히 19세기 말에 이르러서 소설을 예술의 한 갈래로 파악하는 일군의 작가들이 등장했다. 그들은 통칭 '유미주의자'로 불렸고, 오스카 와일드와 월터 페이터 등이 여기에 속한다. 그들은 예술은 사회적 계몽의 도구가 되어서는 안 되고 예술 자체로 자족성을 가져야 한다고 주장했다. 그들은 소설이 전하는 '메시지'(내용)보다는 '스타일'(형식)에 천착했다. 그들은 소설에 대해 이전 세대에 가지고 있던 엄숙함과 진지함을 털어내고 거기에 새로운 스타일을 입혔다. 몇몇 독자들은 환호했지만 대부분의 독자들은 그들을 외면했다. 요약하자면 간헐적으로 새로운 시도가 있기는 했지만, 서양에서는 소설의 시기라 할 수 있는 빅토리아 시대 이후로 어찌 되었든 간에 '인과관계'를 중요시하는 사실주의나 자연주의 계열의 작품이 소설의 주류를 형성했다고 해도 과언이 아니다.

사정을 한국 문학으로 돌려보면, 이광수나 최남선까지 호출하지 않더라도, 한국 소설 역시 계몽주의와 사실주의라는 큰 틀에서 벗어나지 못했다. 조금씩 차이는 있지만 대부분의 소설가들은 "소설(예술)은 우리의 삶을 모방하고 재현해야 한다"는 대원칙에서 크게 벗어나지 못했다. 그런 경직되고 척박한 상황에서는 당연히 작가들의 고유한 브랜드라 할 수 있는 유니크한 '스타일'이 발현되기 어렵다. 기성 작가가 자신의 스타일을 버리고 새로운 스타일을 연습하고 시도하는 것은 훨씬 더 어렵다.

어느 시대에나 젊은 작가들은 존재했고 또 계속해서 등장한다. 어느 작가를 '당대의 젊은 작가'라고 명명할 때 가장 큰 기준은 작가의 생물학적인 '젊음'보다는 '얼마나 젊은 정신을 소유하고 있는가', '얼마만큼 시대정신을 잘 대변하고 있는가' 등이다. 지금은 중견작가지만 한때 젊은 작가였던 이들은 일명 '문청 시절'에는 글과 말이 거칠고 뾰족했다. 그들은 많은 연습과 수련을 통해 그것을 자신들만의 스타일로 만들어갔다. 하지만 그렇게 치열했던 그들도 시간이 흐르면 어쩔 수 없이 적응 또는 순응을 통해 문단이라는 제도적 틀에 안착하게 되고, 젊은 작가라는 타이틀을 다음 세대에 내줄 수밖에 없다. 그래도 그들은 한때 젊은 작가였고 그렇게 기억된다.

하지만 안타깝게도 요즈음 젊은 작가들은 생물학적으로만 젊을 뿐 그들의 글에서 '젊은 정신'을 찾아보기 어렵다. 그들은 예전의 젊은 작가들과 달리 글도 단단하고 소재도 재미있다. 가독성도 뛰어나 잘 읽힌다. 마치 '잘 빚어진 항아리'처럼 윤기가 흐르고 맨들맨들하다. 하지만 읽고 난 뒤에는 뭔가 허전한 느낌이 든다. 다시 말하면 잘 읽히고 좋은데 뭔가 새롭고 신선한 느낌이 들지 않는다. 그들의 작품은 두드리고 누르고 깎고 녹이는 과정을 통해 만들어진 제품보다는, 조금 심하게 말하면 '주물'에서 나온 제품 같다. 작품은 계속 쏟아져 나오는데 비슷하다. 점점 좋아진다는 느낌이 잘 들지 않는다. 대신 시간이 흐르면서 작품은 낡고 작가는 늙어 간다는 생각이 든다. 그것도 아주 빠르게 말이다. 누군가 "작가가 되는 것보다 작가로 남는 게 훨씬 더 어렵다"고 말했는데, 이 말이 괜한 말이 아니라는 생각이 새삼 든다. 그럼에도 불구하고 사람들은 언제나 젊은 작가를 기다린다.

90년대를 기준점으로 삼아보자. 5년 또는 10년을 주기로 한국문단에 새로운 젊은 작가들이 대거 등장했다. 단순화의 위험을 무릅쓰고 각 시대를 대표하는 젊은 작가를 열거하자면, 1990년대 초반에는 윤대녕과 신경숙, 1990년대 중반에는 은희경, 김영하, 2000년대 초반에는 김연수, 박민규, 2000년대 후반에는 김중혁, 김애란, 현재 2010년대 초반에는 황정은, 손보미, 한유주, 이장욱, 김미월, 조해진 등을 들 수 있다. 그 가운데 황정은과 손보미의 활약은 괄목할 만하다. 그들은 『문학동네』 선정 '젊은 작가상'을 3회 연속으로 수상했다. 한 문학 계간지에서 수여하는 작가상이 젊은 작가 선정의 절대 기준이라고 단정할 수 없지만, 황정은과 손보미는 비슷한 시기에 문단에 등장한 다른 작가들과 차별되는 자신들만의 독특한 스타일을 지니고 있고, 이를 계속 실험하고 있다. 작품성의 여부와 작품의 좋고 싫음을 떠나 최근 손보미의 소설에 대해서는 많은 비평적 담론이 개진되고 있다. 한마디로 그녀는 지금 가장 '핫'한 작가라 할 수 있다. 따라서 이 글에서는 주로 손보미의 소설에 나타난 그녀의 글쓰기 방식과 소설관에 대해 살펴보려 한다.

먼저 손보미의 소설을 읽으면 기시감이 든다. 즉 그녀의 소설은 대체로 어디에선가 듣거나 본 적이 있는 듯한 이야기다. 마치 셰익스피어의 대부분의 극작품이 '원재료'(source)가 있는 것처럼, 손보미의 소설 역시 낯설지 않고 어디서 보고 들은 이야기같다. 따라서 소설가를 '새로운 것을 창조하는 예술가'라는 전통적 정의에 비추어 볼 때, 손보미를 훌륭한 소설가라고 부르기는 어렵다. 어느 평자의 말을 조금 비틀어서 인용하면 그녀의 글쓰기는 "새로운 예술의 창작자보다는 [사람들의 기억 속에서] 잊히거나 잊으려 하는 것을 발견하려는 탐험가"에 가깝다. 이런 글쓰기 태도는 자연스럽게 그녀의 소설관, 예술관에 조응한다.

또한 그녀의 소설의 문체는 많은 독자들과 평자들이 지적하는 것처럼 외국소설, 특히 영미소설의 번역체에 가깝다. 단적인 예로 그녀의 소설에는 '나' '그/그녀'와 같은 인칭대명사, '이(것)' '저(것)'과 같은 지시대명사가 수시로 아니 과도하게 사용되어 결과적으로는 가독성을 해친다. 때때로 그녀의 소설에는 문체를 떠나 한국어에 대한 훈련이 부족하다는 혹평이 뒤따르기도 한다. 서양 문학의 번역 투에 가까운 그녀의 문체는 일차적으로 한국어 문장이 단단하지 않다는 느낌을 준다. 그녀 역시 이런 비판 또는 혹평을 간과했을 리 없다. 왜냐하면 많은 소설가들이 복잡하고 세밀한 감정의 결을 묘사하고 플롯을 구성하는 훈련 못지않게, 아니 그보다도 훨씬 더 부단히 모국어를 훈련하기 때문이다.

그럼에도 불구하고 손보미는 이런 부자연스러운 글쓰기 방식, 그녀의 처지에서 보자면 다소 불리한 방식을 고수한다. 손보미는 의식적으로 자신의 작품을 쓰면서 다른 작가의 흔적을 지우기 위해 애쓰기보다는 오히려 그 흔적을 그대로 남겨두고 자신만의 독특한 스타일로 삼는다. 그녀는 헤럴드 블룸이 말하는 "영향의 불안"에 흔들리지 않고 자신만의 고유한 '브랜드'로 만들었다. 사실 그녀의 이런 글쓰기 방식은 90년대 중반 당시의 많은 젊은 작가들이 시도해서 유행했던 포스트모더니즘의 '패스티쉬'와 비교된다. 그러나 90년대 중반 유행했던 패스티쉬가 의도하지 않은 '모방', 즉 심하게 말하자면 '표절'에 가깝다면, 손보미의 다른 작가의 흔적을 남기는 것은 처음부터 상정한 '글쓰기' 방식이라는 점에서 패스티쉬와 다르다.

사실주의, 자연주의 소설에서 작가는 전지전능한 존재자로 규정된다. 작가가 구축하는 서사는 완전무결하다. 작가는 때로는 가까이서, 때로는 멀리서 등장인물의 행동을 관찰하고 심리를 들여다본다. 심지어는 등장인물의 행동과 심리에 판단을 내리기도 한다. 서사를 구축하고 이를 관장할 수 있는 사람은 오직 작가뿐이다. 그러나 손보미는 기본적으로 서사의 전지전능함을 믿지 않는다. 대신 그녀는 서사를 "다만 이야기될 수 없는 것을 이야기하려는 안간힘의 소산"으로 일축한다. 그런 의미에서 서사는 사건의 전말을 한눈에 담아내는 파노라마가 아니라 단지 그 어떤 것이 있다는 것, 언어로 표현할 수 없는 그 어떤 감정의 결이 존재한다는 증거일 뿐이다. 요컨대 대부분의 소설가들이 완결된 서사를 통해 완벽한 건축물을 짓는다면, 손보미는 서사의 흠을 그대로 드러낸다. 그녀는 종종 중요한 말을 일부러 지연시키거나 모호하게 만들거나 아니면 그냥 침묵으로 비워둔다. 그녀는 서사의 불완전함을 통해 인간의 삶 역시 완전하게 설명될 수 없고 불확실한 요소들로 가득 차 있다는 사실을 예증한다.

『그들에게 린디합을』(2013)은 표제작 「그들에게 린디합을」을 포함해 총 9편의 단편으로 구성되어 있다. 이 소설집에 실린 각각의 소설들은 각기 독립적인 세계를 구축하고 있으면서도 연작처럼 유기적으로 연결되어 있다. 즉 완전히 같지는 않지만 비슷한 등장인물, 사건, 소품 등이 반복되고 변주되면서 전체 소설집에 긴장감을 형성한다. 「담요」가 죽은 아들을 잊지 못하는 아버지의 이야기라면, 「애드벌룬」은 자기 대신 다른 사람이 죽었다고 자책하는 아들의 이야기다. 「담요」에서 아버지는 죽은 아들을 잊지 못해 아들이 덮고 있던 담요를 늘 지니고 있다. 반면 「애드벌룬」에서 아들은 사고로 인해 담요를 분실한다. 그 외에도 이 소설집의 여러 단편에 등장하는 소품, 모티프, 사건들은 얼핏 보았을 때는 서로 연결점이 없어 보이지만 전체적으로는 유기적으로 연결되어 작품집에 통일성과 긴장감을 형성한다.

『그들에게 린디합을』의 유기적인 구성을 통해 손보미의 소설관을 읽을 수 있다. 그녀의 작품은 얼핏 보았을 때는 예전의 포스트모더니즘 작가들처럼 의도적으로 해체하고 무질서를 지향하는 듯하지만, 찬찬히 살펴보면 나름의 통일성과 규칙성이 있다. 어쩌면 그녀는 독자나 평자들에게 자신의 소설을 좀 더 '꼼꼼히' 읽어 달라고 강변하는 듯하다. 그러나 그녀는 대놓고 말하지 않는다. 그녀는 소설에 작은 모티프 하나 허투루 넘기지 않고 세밀하게 공들여 썼으면서도, 겉으로는 그냥 아무 생각 없이 쉽게 쓴 것처럼 능친다.

먼저 표제작 「그들에게 린디합을」은 손보미 소설의 특징을 잘 담아내고 있다. 작품을 이루는 모든 구성 요소 대부분이 가짜다. 즉 이 작품에 등장하는 영화, 영화 잡지 기사, 인터뷰, 영화 평론 등 모든 게 허구인데 마치 진짜인 것처럼 뻔뻔하게(?) 이야기를 끌고 간다. 심지어는 이 작품을 끌어가는 주요 동력인 영화 〈댄스, 댄스, 댄스〉조차도 가짜다. 작품은 외형상 〈댄스, 댄스, 댄스〉를 연출한 길광용 감독의 진짜 의도가 무엇인지를 찾아가는 '진실 찾기'의 형식을 취하고 있다. 그러나 작가는 독자에게 충분한 정보를 주지 않는다. 그리고 무엇이 사실인지, 허구인지 말해 주지 않는다. 심지어는 진실 찾기가 중요한 게 아니라고 말하고 있는 것처럼 보인다. 이 작품에서 진실은 모호하다. 아니면 진실 자체가 없을 수도 있다. 따라서 이 작품은 결말이 모호하기에 독자는 읽다가 또는 다 읽은 뒤 진실을 찾기 위해 다시 앞으로 돌아갈 수밖에 없다. 그럼에도 불구하고 진실에는 결코 도달할 수 없다. 한마디로 말해 이 작품은 진실에 강박증이 있는 현대인에게 들려주는 일종의 '우화'다.

사실주의 소설은 명징한 플롯을 본령으로 삼기에 결말은 분명하고 작가가 전달하려는 메시지 역시 선명하다. 그에 반해 손보미의 소설은 독자가 알아야 할 정보를 주지 않고, 더 나아가야 할 지점에서 멈추기 때문에 독자들은 당황스럽다. 그럼에도 불구하고 작가는 아무 일도 없는 척한다. 포스트모더니즘의 해체론 등의 거창한 이론을 언급하며 애써 현학적이고 세련되게 포장하지도 않는다. 한마디로 정말 '쿨'하다. 「육인용 식탁」과 「침묵」의 주요 모티프는 외형상 부부간의 갈등과 균열이다. 「육인용 식탁」에는 세 쌍의 부르주아 부부가 등장한다. 두 쌍의 친구 부부를 초대한 가운데 주인공 '나'의 아내는 '나'와 '나'의 친구 '윤의 아내'가 바람을 피우고 있다고 폭탄선언을 한다. 「침묵」에서 아내는 알코올 중독자인 남편이 술을 마시면 다른 여자들과 섹스를 하고 있다고 좌절하고 절망한다. 「육인용 식탁」에서 남편은 결코 그런 일이 없다고 항변하지만, 그 누구도 그의 말에 귀 기울이지 않는다. 「침묵」에서도 남편은 결코 그런 일이 없다고 말하지만 역시 아내는 그의 말을 믿지 않는다.

두 작품에서 불륜의 실체는 명확하지 않다.

표면적으로 「육인용 식탁」과 「침묵」은 진실 찾기가 소설의 핵심이지만, 작가는 진실을 찾을 충분한 단서를 제공하지 않는다. 게다가 작품 속 진실 찾기 과정 역시 비과학적이고 쉽게 이해가 가지 않는다. 어쩌면 작가는 처음부터 진실 찾기에 관심이 없는지 모른다. 작가에게는 진실 찾기가 중요하지 않다. 그보다는 진실이라는 것 자체에 의문을 던지고 있다. 작가는 진실의 실체가 모호하기 때문에 진실을 찾는 것 자체가 불가능하다는 사실을 처음부터 알고 있다. 그래서 중요한 진실 찾기보다는 전혀 무관해 보이는 사물이나 느닷없는 인물(「침묵」의 세일즈맨)을 끼워 넣어 균열된 부부에게 벌어진 사건의 징후와 맥락을 드러내려고 애쓴다.

「폭우」에는 계급상 대립하는 두 쌍의 부부가 등장한다. 익숙한 사실주의 소설이라면 두 부부의 계급을 의도적으로 대칭시키거나 계급 간의 취향과 질적 차이를 부각한다. 그러나 「폭우」에서 작가는 그들 사이에 존재하는 격차 따위는 아무것도 아니라는 듯 무심하게 그들의 일상을 건조하게 서술한다. 두 부부는 교육 수준, 경제적 수준, 사회적 지위, 취향이나 삶의 패턴 등 모든 면에서 완전히 다르다. 따라서 두 부부가 서로 만날 확률은 거의 없다. 그들은 서로 다른 평행선을 긋고 있기 때문에 교차할 가능성이 거의 없다. 그런데 전혀 만날 것 같지 않은 두 부부의 평행선은 부르주아 부부의 남자가 구청의 강좌에서 강의하고 노동 계급의 여성이 이 강좌를 수강하는 순간에 교차된다. 둘을 만나게 해주는 매개체는 남자가 강의하는 '재즈' 강좌다. 사회학자 피에르 부르디외는 계급을 나누는 가장 중요한 기준은 경제적, 사회적 지위가 아니라 '음악'이라고 했다. 그렇다면 상식적으로 두 남녀는 음악을 통해 계급적 연대 또는 동일화되어야 하는데 그렇지 않다. 둘 중 누구도 상대방에게 끌리거나 절실하게 원하지 않는다.

「폭우」에서 둘의 관계는 통속적인 불륜과 거리가 멀다. 둘 사이에는 실제로 아무런 일도 일어나지 않는다. 그럼에도 남자의 아내는 둘의 관계를 의심한다. 실체가 모호한 이 사건은 부부 관계에 결정적인 균열을 초래하지도 않는다. 하지만 이처럼 부르주아 부부 사이에는 명확하지는 않지만, 불안의 요소가 존재하고 이는 부부 관계에 균열을 가져올 수도 있다. 불안의 원인이 남편의 불륜일 수도 있고, 학교에 적응하지 못하는 아들 때문일 수도 있지만, 이 역시 명확하지 않다. 작가는 이처럼 진실 찾기의 형식을 취하고 있으면서도 명확하게 설명하지 않는다. 그러다가 아무 일도 없었다는 듯 그들의 관계에 대해 추가적인 설명 없이 장면을 전환하고 갑자기 소설을 끝내 버린다.

가장 최근작이라 할 수 있는 「산책」에서도 손보미의 모호한 글쓰기는 계속된다. 이 작품은 표면상 늦은 밤 산책을 즐기는 아버지와 이를 못마땅하게 여기는 딸의 이야기다. 딸은 아버지가 산책을 핑계로 다른 여자를 만나고 있다고 확신하고, 아버지가 집을 비울 때마다 아버지 집 근처를 배회하며 그의 행적을 뒤쫓는다. 그녀는 마침내 참았던 질문을 아버지에게 쏟아내며 진실의 실체에 다가간다. 그런데 딸의 질문에 대한 아버지의 대답에서 불신의 화살은 궤적을 딸과 아버지 관계에서 그녀와 남편의 관계로 이동한다. 즉 딸의 심리의 표층에는 아버지의 산책에 대한 진실의 희구가 있었지만, 심층에는 남편에 대한 불신과 걱정, 불안 등이 있었다. 그녀는 한편으로는 아버지를 미행하고 추궁하면서 아버지의 산책의 진실을 원했지만, 다른 한편으로는 일에 몰두하느라 남편의 행적을 알지 못했던 자신의 불안을 해소하려한 것이다. 손보미는 「폭우」와 「산책」에서 표층적으로는 평온하지만 심층적으로는 불안과 불신이 상존하는 부르주아 가정의 모습을 형상화해 가족 또는 가정의 토대의 허약함을 보여주고 있다.

손보미는 친밀한 관계 내부에 잠복해 있는 불안과 두려움의 요소를 포착하는 데에 특별히 탁월하다. 그녀의 소설에서는 아주 사소하거나 아무런 관련이 없어 보이는 사실이 감정의 균열을 가져오고 종국에는 파국을 초래한다.

그녀의 소설에서는 얼핏 보았을 때는 서사에서 관계가 없어 보이는 요소들도 모자이크의 한 조각처럼 나중에는 전체 큰 틀에서 빠져서는 안 될 중요한 요소가 된다.

손보미의 소설에는 중요한 키워드는 '관계'와 '진실 찾기'다. 그렇지만 진실 찾기는 결국 실패로 끝나고 만다. 아니 처음부터 실패가 예정되었는지도 모른다. 그녀는 부부 또는 연인이 서로 신뢰가 바탕이 된 굳건한 관계라고 여기는 것은 일종의 꿈 또는 허상일 수 있다는 것을 아프게 재차 이야기한다. 그녀의 소설에서 등장인물들은 그 꿈에서 깨어나지 않으려 한다. 다시 말하면 그 꿈에 편안히 안주하려 한다. 하지만 그들은 그 꿈에서 언젠가는 필연적으로 깨어나야만 한다. 작가는 깨어나고 싶지 않은 그들을 억지로 깨운다.

인간관계에서 한쪽은 다른 한쪽의 진실을 찾으려 끊임없이 애쓴다. 하지만 이는 처음부터 불가능한 일이다. 대신 작가는 상대방이 믿어주는 것과 자신을 믿는 것 가운데 무엇이 더 중요한 것인지 질문한다. 그녀에 따르면, "부부란 '잠에 빠지는 일'과 '깨어나 산책하는 일'을 한 사람씩 교대로 맡을 때에만 유지되는 관계다. 둘 다 잠들어 있으면 관계에 대한 성찰이 불가능할 것이고, 둘 다 깨어있으면 서로 격렬한 감정에 휩싸여 서로를 끊임없이 의심하고, 추궁하고, 질책할 것이다." 언제 아내가 가장 예뻐 보이냐는 질문에, '잠들어 있는 뒷모습'이라는 대답이 항간에 농담으로 떠돈다. 하지만 이 말은 오늘날의 부부 관계를 인상적으로 환기하고 있어 그냥 농담처럼 들리지 않는다.

주제를 바꿔 조금 다른 이야기를 하자면, 영국문학사에서 19세기 빅토리아 시대는 한 마디로 '소설의 시대'였다. 이 시기에는 수많은 소설가가 등장했고 영국문학사를 풍성하게 만들었다. 찰스 디킨스, 윌리엄 메이크피스 새커리, 토머스 하디 등 남성 소설가들뿐만 아니라, 조금씩 시기적으로 차이를 두고, 제인 오스틴, 브론테 자매, 조지 엘리엇 등 여성 소설가들도 등장했다. 사실 그들은 영국문학사에서 당당하게 한 자리를 차지하고 있다. 여성 소설가들은 대체로 남녀 간의 관계, 즉 연애, 결혼, 사랑 등을 작품의 소재로 택했지만 관점과 시선은 조금씩 달랐다.

오스틴의 소설은 표면상 낭만적인 연애, 결혼 이야기로 읽힌다. 그러나 좀 더 자세히 살펴보면 오스틴의 소설은 당대의 가부장적 이데올로기를 반어적으로 비판한다. 오스틴은 『오만과 편견』(1813)의 콜린스의 우스꽝스러운 성격화를 통해 당대의 '한정 상속' 제도의 불합리성과 모순을 우회적으로 비판한다. 그 밖에 오스틴은 여러 작품들을 통해 연애, 결혼에서 여성이 직면할 수밖에 없는 경제적, 사회적 한계, 모순 등을 우회적으로 비판한다.

반면 샬럿 브론테는 소설의 방점을 남성과 여성의 관계에서 여성의 주체성, 자유의지에 둔다. 『제인 에어』(1846)에서 제인은 작가의 페르소나다. 제인은 남녀관계에서는 계급과 재산보다도 여성의 주체성이 훨씬 더 중요하다고 역설한다. 그녀는 결혼을 약속한 로체스터에게도 자신은 "결코 자동인형이 되지 않겠다"고 항변한다. 브론테는 제인을 통해 여성도 남성과 마찬가지로 자유의지가 있는 존재임을 역설한다.

엘리엇은 시기적으로도 앞의 두 작가보다는 조금 늦다. 그녀의 소설은 빅토리아 시대 후반의 가부장제 이데올로기의 위선적인 실상을 낭만적이거나 열정적이지 않고 담담하게 보여준다. 그녀는 남녀 간의 사랑이나 결혼을 이상화하지 않는다. 그녀의 소설에서 남녀관계는 종종 균열이 생겨 파국으로 치닫는다. 엘리엇의 소설에서 결혼이나 사랑은 여성의 전부가 아니다. 남녀관계에서 여성은 남성의 종속 변수가 아니다. 여성은 행복에 관계없이 그 자체로 존립한다. 아니 '존립해야만 한다.'

그렇다면 손보미는 어디쯤 위치할까. 셋 중에서 고르자면 그래도 오스틴에 가장 가까울 것 같다. 그녀는 자신의 본능과 탐욕을 억누르고—실상은 이것도 오해한 것으로 밝혀진다—가정을 지키기 위해 투쟁하는 남자를 신성한 사랑의 수호자로 치켜세우는 듯하지만(「여자들의 세상」), 그의 영웅적 면모가 강조되면 강조될수록 그의 내면은 한없이 위축되고 쪼그라든다. 또한 아내에 대한 그의 사랑 역시 허울에 불과했음이 드러난다. 결론적으로 말해서, 손보미는 일련의 소설을 통해 가부장제 이데올로기를 직설적으로 비판하기보다는 우회적으로 풍자한다.

근대 이후 인간은 보편주의 또는 엄숙주의의 영향으로 일상을 순화시켜왔다. 일상은 인과율에 따라 예상 가능한 것으로 간주되고 예상 가능한 일상에 대한 적절한 매뉴얼을 체계화했다. "예술은 삶을 모방하고 재현해야 한다"라는 대전제에 따라 문학은 당연히 '있을 법한 이야기'나 '예상 가능한 이야기'를 소재로 택해야 했다. 그러나 손보미의 소설은 여러모로 전통적인 소설과 다른 길을 지향한다. 그녀의 소설에서는 인과관계에 따른 플롯보다는 우연성이 강조되는데, 이는 우리의 일상 삶이 필연보다는 우연에 의존하고 있다는 그녀의 인생관이 투영된 결과다. 그녀의 소설에서 사건은 예상대로 전개되기보다는 예기치 않은 일들에 의해 끊임없이 방해받는다. 예상치 못한 일들이 계속 발생하기 때문에 아무리 훌륭한 매뉴얼을 준비한다고 하더라도 적절하게 대처할 수 없다. 따라서 예상치 못한 일이 발생하면 그냥 거기에 자연스럽게 맞춰야 한다. 그녀의 소설은 마치 우리에게 "그냥 내버려 둬!"(Let it be!)라고 외치는 듯하다. 결론적으로 손보미의 소설은 리얼리즘이라는 정해진 틀에서 벗어나 새로운 글쓰기의 가능성을 모색한다. 그렇기 때문에 그녀의 소설 쓰기는 '탈주와 가능성의 글쓰기'로 귀결된다.

제2부

다시 읽은 **세계문학**

셰익스피어, 과연 그는 누구인가

올해가 윌리엄 셰익스피어(1564~1616) 서거 400주년이 되는 해다.[1] 아마도 국내외적으로 셰익스피어와 관련된 많은 행사가 있을 것으로 예상된다. 셰익스피어는 영문학을 넘어 세계 문학사에서 '가장 빛나는 별' 중 하나다. 그 사실에 대해서만큼은 이론의 여지가 없을 듯하다. 많은 관련 학자들은 셰익스피어 작품뿐만 아니라 그의 전기에 대해 연구를 지속적으로 해오고 있다. 그런데 셰익스피어의 생애에 대해서 알려진 사실은 생각만큼 많지 않다. 그렇기 때문에 여전히 가장 중요한 질문, 즉 "실제로 셰익스피어가 작품을 썼을까?"라는 질문은 해결되지 않은 채 오랫동안 계속 되었다. 셰익스피어를 둘러싼 논쟁을 단순히 음모론으로 치부할 수도 있다. 그러나 셰익스피어가 실제로 작품을 쓰지 않았다면 누가 그 많은 작품을 아주 짧은 시간 내에 썼을까? 프랜시스 베이컨, 크리스토퍼 말로, 셰익스피어의 후견인이었던 사우샘프턴 백작, 혹은 엘리자베스 여왕이 셰익스피어의 작품을 썼을 것이라는 주장이 끊임없이 제기되어 왔다.

그러던 중 어떤 흥미로운 글을 읽었다. 그 글에서도 몇몇 사람들은 셰익스피어가 과연 그 많은 작품의 실제 작가였을까, 라는 의문을 제기한다. '옥스포

1) 참고로 이 글은 2016년에 썼다.

디안'이라고 불리는 그들은 셰익스피어가 대필 작가였다고 주장한다. 그들에 따르면, 셰익스피어 작품의 실제 작가는 에드워드 드 비어, 즉 옥스퍼드 백작이고 그가 셰익스피어라는 필명으로 작품을 썼다. 그들은 셰익스피어가 37편이나 되는 희곡 작품을 짧은 시기 동안 쓰기에는 교육 수준이 너무 낮았다고 주장한다. 그들은 자신들의 주장에 대해 다음과 같은 근거를 댔다. 셰익스피어가 공식적인 학교 교육을 받았다는 기록이 없다. 또한 그가 남부 영국을 벗어나 다른 곳으로 여행을 한 기록도 없다. 그들이 생각하기에 남아 있는 기록으로 보건대, 그는 극작가가 아니라 단지 배우이자 부동산 투자자였을 뿐이다. 그의 유언에는 작품에 대한 어떤 기록도 없다. 심지어는 책을 소유했다는 기록도 없다.

반면 에드워드 드 비어 옥스퍼드 백작은 셰익스피어보다 훌륭한 교육을 받았고 프랑스, 이탈리아, 스코틀랜드 뿐만 아니라 셰익스피어 작품에 등장하는 많은 중요한 장소를 실제로 여행했다. 드 비어 백작이 셰익스피어 작품의 실제 작가라고 주장하는 사람들은 드 비어 백작의 필체를 연구했다. 심지어 그들은 그의 필체뿐만 아니라 그의 성서에 표시되거나 밑줄이 그어진 부분까지 연구하며 드 비어 백작이 셰익스피어 작품의 실제 작가라고 주장했다.

그렇다면 왜 드 비어 백작이 자신의 이름으로 작품을 발표하지 못했을까? 옥스포디안들의 주장에 따르면, 당시 귀족들이 평민들을 위해 극작품을 쓴다는 것은 귀족의 예법에 어긋나는 일이었다. 그렇기 때문에 드비어 백작은 어쩔 수 없이 스트랫퍼드어폰에이번 출신의 '무명의'(?) 셰익스피어에게 극작품을 건네면서 대신 출판하게 했고, 셰익스피어는 돈을 받고 백작의 작품을 자신의 이름으로 출간했다.

그러나 아무리 400년 전이라고 하지만 그런 일이 가능했을까? 드 비어 백작과 셰익스피어 둘이 서로 비밀을 지킨다고 하더라도 그들의 양쪽 지인들, 심지어 연극을 좋아했던 엘리자베스 여왕까지 속이는 게 가능했을까? 그리고 그 비밀이 그렇게 오랫동안 지속될 수 있었을까? 이 모든 질문들은 지금도 여전히 풀리지 않은 상태로 남아 있다.

무엇보다도 드 비어 백작이 셰익스피어 작품의 작가라고 주장하는 사람들에게 설명하기 어려운 또 다른 문제는 작품의 출간 연도다. 실제로 드비어 백작은 1604년에 죽었는데 셰익스피어의 위대한 많은 작품들은 1604년 이후에 출간되었다. 드 비어 백작이 셰익스피어의 작품을 썼다고 하기에는 시기상 맞지 않는다. 그러나 그들은 드 비어 백작이 죽기 전에 작품을 이미 썼고, 출간되기 전 셰익스피어가 가필했을 것이라 주장한다. 이 역시 신뢰하기 어렵다. 요컨대 셰익스피어가 실제 작가라고 주장하는 쪽도 드비어 백작이 실제 작가라고 주장하는 쪽도 확실한 증거를 내놓지 못하고 있다. 따라서 셰익스피어를 둘러싼 논란은 쉽게 끝날 것 같지 않을 것 같다.

그런데 셰익스피어를 둘러싼 논쟁을 보면서 한편으로는 그게 그렇게 중요한 일인지 의구심이 들기도 한다. 지금이야 작품의 저자가 누구인지 중요하지만, 그 당시만 하더라도 그렇게 중요하지 않았다. 당시에 희곡 작품은 공연의 대본일 뿐이었다. 공연이 끝나면 버려지는 경우가 상당히 많았다. 그렇기 때문에 셰익스피어 작품의 판본이 여러 개 존재했고, 많은 학자들이 셰익스피어의 여러 판본을 비교하고 검토했다.

셰익스피어의 작품을 원작으로 하거나 모티브로 한 작품은 일일이 열거할 수 없을 정도로 무수히 많다. 이에 대해 논하는 게 무의미할 정도다. 그러나 셰익스피어의 개인적인 삶을 다룬 영화는 많지 않다. 언뜻 생각나는 게 톰 스토파드가 시나리오를 쓰고 존 매든이 감독한 〈셰익스피어 인 러브〉(1998) 정도다. 그러나 이 영화는 셰익스피어가 『로미오와 줄리엣』, 『템페스트』 등과 같은 작품을 쓴 과정에 초점을 맞추었을 뿐, 셰익스피어가 실제로 작품을 썼는지에 대해서는 의문을 제기하지 않는다. 아니 셰익스피어가 실제 작가이며 그가 한 여인과 사랑에 빠지면서 여러 작품을 썼을 것이라고 가정한다.

그러던 중 우연히 셰익스피어와 그의 작품을 둘러싼 논쟁을 다룬 영화 한 편을 보게 되었다. 〈위험한 비밀〉(2011)이라는 영화다. 영화의 원제는 anonymous, 즉 '익명'이다. 영화를 보지 않아도 영화의 제목을 통해, 아마 주인공 드 비어 백작이 귀족이라는 신분 때문에 작품을 익명으로 발표할 수밖에 없었을 것이라고 내용을 추정할 수 있다. 영화가 시작되면 무대 뒤에서는 배우들이 공연 준비를 하고 있고 한 남자가 무대에 선다. 그는 위대한 작가인 셰익스피어가 우리가 알고 있는 것처럼 위대하지 않을 수 있다는 다소 '충격적인' 이야기를 꺼낸다. 그러면서 영화는 갑자기 엘리자베스 1세 시대의 영국으로 시간 여행을 떠난다.

〈위험한 비밀〉에는 셰익스피어, 크리스토퍼 말로, 벤 존슨과 같은 극작가를 비롯해 엘리자베스 1세를 포함한 윌리엄 세실과 로버트 세실 부자, 그들의 사위이자 처남인 에드우드 드 비어 백작, 그의 숨겨진 아들 사우샘프턴 백작, 사우샘프턴 백작의 친구인 에식스 백작 등 당대 실제 인물들이 대거 등장한다. 영화는 주로 셰익스피어의 후배 극작가 벤 존슨의 시선을 중심으로 진행된다. 영화 속에서도 연극이 실제로 공연되는 이 영화는 일종의 '정치극'이라 할 수 있다. 예컨대 영화 속에서 엘리자베스 1세는 그녀의 잠재적 경쟁자였던 메리 스튜어트, 즉 나중에 그녀의 왕위를 잇게 되는 제임스 6세의 어머니에 대해서도 잠깐 언급한다.

〈위험한 비밀〉에는 다소 충격적인 내용이 담겨 있다. 영화에 따르면, 먼저 셰익스피어는 실제 작가가 아니다. 에드워드 드 비어는 귀족이라는 고귀한 신분 때문에 글을 쓰지 못하자 재능이 많이 떨어지는 희극 배우 한 명을 섭외해 그를 통해 자신의 작품을 출간한다. 엘리자베스 1세는 여자로서의 삶을 포기하고 조국을 위해 고귀한 삶을 산 인물로 역사책에서는 기술되는데, 이 영화에서 그녀는 남자를 너무나 좋아하고, 심지어는 근친상간도 일삼는다. 영국의 르네상스 시대라 일컬어지는 엘리자베스 시대와 영국의 왕정에 자부심을 느끼는 영국인이나, 영국인이 아니라 하더라도 영국을 동경하는 사람들에게 이 영화는 상당히 불편할 것이다. 심지어 당대의 영국사나 문학을 전공하는 학자들은 이 영화를 허구라고 폄하할 것이다. 그러나 역사적 사실 여부를 떠나 이 영화는 우리에게 '역사'의 본질에 대해 생각하게끔 한다. 우리는 보통 기록된 역사를 실제 있었던 '사실'로 받아들인다. 그러나 그 역사 역시 당대의 관점에 따라 기술된 하나의 역사일 뿐이다. 〈위험한 비밀〉을 보면서 우리 역사건 다른 나라 역사건, 역사를 대하는 바람직한 태도에 대해 생각해 보게 된다. 개인적으로는 역사를 박물관 진열장의 '전시물'로 받아들이기보다는 우리가 처한 현재 상황과 관점에 따라 끊임없이 재해석될 수 있는 '텍스트'로 바라보는 게 보다 생산적이고 유익할 것 같다는 생각이 든다.

셰익스피어의 작품과 그의 개인적 삶은 많은 극작가들에게 예술적 원천이 되어 왔다. 예컨대 영국의 극작가 에드워드 본드는 『빙고』(1973)에서 말년의 셰익스피어와 그의 주변을 극화했다. 본드는 이 작품에서 위대한 작가 셰익스피어의 현실적 무지와 무관심, 그리고 당시 서민들의 고통스러운 삶을 극화함으로써, '인클로저 운동'(Enclosure Movement)으로 대표되는 자본주의의 냉혹함과 계층 간의 갈등에 초점을 맞춘다. 본드는 영화 〈위대한 비밀〉에서처럼 셰익스피어가 위대한 극작가라는 사실을 부정하기보다는 셰익스피어를 비롯한 당시 기득권층이 피지배층을 억압하는 데 일조했다고 비판한다. 즉 그는 작가로서의 셰익스피어를 부정하는 게 아니라 보수적인 셰익스피어의 삶을 비판적으로 검토하고 셰익스피어 신화를 '탈신비화'한다. 셰익스피어는 여전히 살아 있다. 그렇기에 셰익스피어가 더욱 궁금해진다.

'정치적 아이러니'로서의 셰익스피어 **역사극**

셰익스피어의 영국 역사극은 『존 왕』에서 『리처드 2세』,『헨리 4세 제1부, 2부』, 『헨리 5세』, 『헨리 6세 제1부, 2부, 3부』, 『리처드 3세』, 『헨리 8세』에 이르는 총 열 편이다. 시기적으로는 13세기 초엽부터 16세기 후반까지 약 4백 년의 영국 역사를 다루고 있는 셰익스피어의 역사극은 그 자체로 하나로 거대한 '영국 역사의 서사시'인 동시에 당대를 반영하는 '시사극'이기도 하다. 전체 열 편의 개별 작품은 그 하나하나가 독자적인 의미를 지니고 있지만, 동시에 전체의 한 부분으로 귀속될 때 전체적인 맥락 속에서 더 풍부한 의미를 갖는다.

『존 왕』의 메인 플롯은 크게 사자심왕 리처드 1세 사후, 리처드 1세의 둘째 동생인 존 왕과 리처드 1세의 첫째 동생 아들인 아서 플랜태저넷 사이 왕위 계승권을 둘러싼 합법 및 비합법 투쟁, 배신과 복수로 점철된 거래와 정략 등이다. 『존 왕』은 『리어 왕』에 비해 문학성은 떨어질지 모르지만, 분명 더 높은 사회구성체의 필요성을 역설하고, 왕권과 귀족 사이 경제적 권력 투쟁에서 귀족의 승리 결과인 '마그나 카르타'—보이지 않거나 아주 희미하게 언급될 뿐이지만 — 를 핵심 주제로 삼는다. 참고로 마그나 카르타가 정치적·사회적으로 중요해지는 시기는 셰익스피어 사후다. 『존 왕』은 영국의 귀족들이 왕에게 충성을 맹세하고, 새로 등극한 존 왕의 아들 헨리 3세가 중심이 되어 프랑스군을 물리치는 가운데 막이 내린다.

존 왕의 뒤를 이은 헨리 3세는 세 아들을 두었는데, 그들은 모두 왕위에 오른다. 바로 에드워드 1세, 에드워드 2세, 에드워드 3세다. 에드워드 3세는 일곱 아들을 두게 되는데, 첫아들 웨일즈 공 에드워드가 죽자 그의 아들, 즉 에드워드의 장손이 리처드 2세에 오른다. 『리처드 2세』는 학정으로 치닫던 리처드 2세의 치세 때, 그가 에드워드의 넷째 아들인 랭커스터 공작 아들, 즉 그의 사촌 헨리 볼링브로크, 훗날의 헨리 4세에게 밀려나는 영국의 역사를 극화했다. 그렇기 때문에 『리처드 2세』,『헨리 4세 제1부』, 『헨리 4세 제2부』, 『헨리 5세』를 4부작으로 보아, '헨리 이야기'라는 뜻의 '헨리아드'(Henriad)라고 부른다.

『헨리 4세』는 어제의 동지, 오늘의 적과 치르는 전쟁을 다루는 잉글랜드 사극임이 분명하지만, 동시에 폴스태프라는 인물을 탄생시키는 전쟁, 더군다나 내전을 배경으로 탄생한 희극 걸작이기도 하다. 『헨리 4세』에서 주인공은 헨리 4세가 아니라 왕세자 해리와 폴스태프 및 그 패거리들이다. 이 작품은 전쟁, 더군다나 내전을 배경으로 펼쳐지는 산문과 운문, 그리고 산문끼리 쟁패가 파란만장하다. 해리 왕세자는 폴스태프를 날카롭고 효과적으로 공략하고, 그리고 내용에서 압도적으로 우위에 있지만, 폴스태프는 논리를 넘어서는 희극성의 존재 그 자체다. 그는 소문으로서의 전쟁이 아니라 실제의 전쟁에서 해리 왕자와 직접 마주한다. 비록 그의 '희극성'은 일순 나약하여 해리한테 무참하게 깨지지만, 그의 나약함은 전쟁에 대한 본질적인 질문을 던진다. "그럴까, 그런가? 그러나 전쟁에서, 죽음 앞에서 용기를 발휘하는 것이 정말 용기일까, 그건 무지가 아닐까? 그거야말로 위선 혹은 비겁 아닐까? 무엇보다, 평화는, 그리고 희극은 유지되어야 하는 것 아닐까?" 등등.

『헨리 4세 제2부』는 『헨리 4세 제1부』에 비해 산문이 단조롭고 폴스태프가 '잉여 출연'한 것 같은 느낌을 지울 수 없다. 특히 에필로그 직전 헨리 5세로 등극한 해리 왕세자가 폴스태프에게 전하는 이별 통고는 그 자체로 적절해 보이지만, 극 전체로 볼 때 너무 늦었고, 그렇기 때문에 폴스태프의 대응은 희극적이기보다는 다소 비루한 느낌을 준다. 그리고 곧 이어지는 에필로그에서 다음 작품에서도 그가 등장할 것이라고 예고되지만, 다음 작품인 『헨리 5세』에서 폴스태프는 실제로 등장하지 않고, 그의 죽음이 잠깐 언급될 뿐이다. 『헨리 4세 제1부』에서는 퀴클리, 개즈힐을 비롯해 돌 티어시트, 스네어, 팽, 모울디, 워트, 휘블, 불카프 등 수 많은 인명이 언급되는데, 이는 이름이 굳어지고 족보가 생성되어가는 근대, 더군다나 참혹한 전쟁과 혹심한 희극 사이의 절묘한 균형 또는 조화라고 부를 수 있다.

『헨리 5세』는 거시적으로는 영국 역사상 가장 위대한 전쟁 군주로 일컬어지는 헨리 5세의 프랑스 원정을 극화하고 있고, 미시적으로는 헨리 5세와 그의 옛 친구들의 운명을 대칭적으로 보여준다. 헨리 5세는 캔터베리 대주교의 말에 고무되어 프랑스 왕관을 거머쥐기 위해 프랑스 원정을 떠나기로 결정한다. 하지만 그는 출정에 앞서 사우샘프턴에서 자신을 암살하려는 케임브리지 백작, 스크루프 경, 그리고 토머스 그레이 경의 음모를 알아차리고 그들을 처단한다. 그는 프랑스와의 원정에서 아르플뢰르를 점령하고, 칼레를 향하다가 아쟁쿠르 전투에서 프랑스 대군을 만나 크게 승리하고, 마침내 트르와 조약으로 프랑스 왕의 딸 카뜨린느와 결혼한다. 헨리 5세는 대내적으로는 반란을 잠재우고 대외적으로는 숙적 프랑스를 물리쳐 영국에 평화를 가져온다.

반면 폴스태프는 헨리 5세의 프랑스 원정에 참가하지 못한다. 극 초반 피스톨과 결혼한 퀴클리는 주점에 모여 있는 사람들에게 폴스태프의 죽음을 알린다. 피스톨, 바돌프, 그리고 님은 프랑스 원정대에 참가하지만, 바돌프와 님은 약탈죄로 교수형에 처해지고, 피스톨은 웨일즈 지휘관 플루얼렌을 모욕했다가 그에게 흠씬 얻어맞고 부추 모양 채소 리크를 강제로 먹는 등 호되게 망신을 당한다. 한때 헨리 5세는 폴스태프, 피스톨, 바돌프, 님 등과 같은 패거리였지만 그들이 교수형에 처해지고 망신을 당할 때 그는 그들을 도와주지 않고 오히려 외면한다.

셰익스피어가 역사극에 천착했던 동기는 여러 가지로 추정된다. 첫째, 그의 관객들을 포함해서 당시 영국인들의 역사에 대한 깊은 관심에서 기인한다. 엘리자베스 시대에는 이 경향을 반영해서 수많은 역사책이 발간되었다. 셰익스피어 사극 창작의 또 다른 동기를 극작가의 예술적 포부와 그 당시 극장 경영의 측면에서 찾아볼 수 있다. 당시에 많은 극장이 생기다 보니 공연 회수가 많아지고 관객 수도 당연히 늘어났다. 그만큼 희곡 작품의 수요가 급증했다. 작품 생산 속도가 빨라지고 연극 활동의 활성화로 발표되는 작품의 수가 늘어났다. 참고로 엘리자베스 시대 극장 소유주이자 운영자였던 필립 헨슬로의 기록은 당시 극작가들이 영국 역사 속에서 희곡 창작의 자료를 찾는 내용에 관해서 귀중한 자료를 제공하고 있다. 그들이 역사 자료를 얼마나 섭렵했는지 정확히 알 수 없다. 하지만 그 세기가 끝날 때쯤에는 희곡작품에서 노르만 정복부터 튜더 시대에 이르는 왕조에 이르기까지 다루어지지 않는 통치자가 없다는 점을 감안하면, 당시 극작가들의 왕성한 사극 집필 의욕을 짐작할 수 있다. 간단히 말해서, 역사극에 대한 국민적 관심은 16세기 후반 영국에서 국민의 자의식과 긍지를 높였고, 영국 문예 진흥에 활력을 제공했다. 국민들은 과거 역사를 알려고 했으며, 극작가는 그 욕구를 충족시켜 주었다. 셰익스피어가 사극을 쓰게 된 또 다른 동기는 엘리자베스 시대 국민들의 정치적 관심 때문이다. 희극이 사회적 인간에 대한 관심에서 비롯되었고, 비극이 도덕적·윤리적 인간에 대한 관심에서 생겨났다면, 역사극은 인간의 정치적 행위, 권력욕, 또는 권력의 획득 과정과 그 상실에 대한 인간의 반응을 다루는 데 적합했다.

영국사에서 권력은 곧 왕위를 의미했다. 그것은 또한 권력의 확대와 인간 능력의 한계 사이의 어떤 관계를 의미했다. 셰익스피어는 사극을 쓰는 데 있어서 실제 역사를 이용했다. 그는 일단 역사적 사실을 선택하고, 선택한 역사적 사실을 재구성하고, 축소하고, 확대하고, 때로는 추가했다. 그의 극작의 목적은 정치의 본질적 문제에 접근해서 정치가 인간에 미치는 영향이 무엇인지를 탐구하는 데 있다. 셰익스피어는 작품 속에서 '역사란 무엇인가', '권력이란 무엇인가', '인간의 질서는 어떻게 유지되어야 하는가'와 같은 철학적 질문을 계속 한다. 하지만 그는 직접 답을 내리지 않고, 독자 또는 관객 스스로 이 질문에 대한 답을 찾도록 유도한다.

셰익스피어의 역사극은 중세 봉건사회로부터 장미전쟁을 거쳐 봉건사회가 와해되고 근대 초기 자본 축적기의 절대왕조로 변모하는 영국사회의 격변의 과정을 비극과 희극을 모두 아우르는 전체적인 조망 속에서 서사적으로 다루고 있다. 이 격변의 과정을 통해서 셰익스피어는 역사를 더 이상 궁극적인 신의 섭리의 작용이나 죄와 벌이라는 인과응보의 형태나 선의 궁극적인 승리를 담보하는 하나의 통일된 유형과 수렴의 과정으로 파악하지 않는다. 대신 '국가의 통치자로서 왕은 어떠한 존재여야 하는가, 그리고 어떤 자질을 갖추고 있어야 하는가'와 같은 궁극적인 질문을 제기한다. 즉 이러한 '치도'(治道)의 문제를 군주를 중심으로 제기하는 데 셰익스피어의 궁극적인 관심이 있다. 요컨대 셰익스피어의 비극이 문제적 인물을 상정하고 그의 영혼과 운명이 파멸되는 과정을 다룬다면, 그의 역사극은 여기에 그치지 않고 국가의 안녕과 같은 공적인 문제로 이야기를 확장해간다. 셰익스피어의 역사극은 해당 개인의 파멸에서 끝나 한 편으로 완결되는 그의 비극과 달리, 한 국가의 장래 운명을 향해 미완으로 열려 있다. 그런 의미에서 셰익스피어의 역사극은 정치극과 다름이 없다.

셰익스피어의 역사극은 역사적 사건의 전개에 있는 것이 아니라 그 사건을 이야기하는 원동력으로 작용하고 있는 인물들의 성격에 정향되어 있다. 그럼에도 불구하고 E. M. W. 틸야드, 조지프 캠벨과 같은 '역사주의' 비평가들은 비극 연구 방법과 비극 연구를 통해 얻은 결과를 역사극에 그대로 적용했다. 그들은 비극에서 그랬던 것처럼 인간의 역사에 작용하는 신의 섭리를 확인하는 쪽에 주안점을 두었다. 예컨대 틸야드에 따르면, 셰익스피어의 역사극은 "궁극적인 질서의 확립과 옹호를 위한 일종의 변론"이다. 즉 그가 생각하기에 엘리자베스 시대 사람들에게는 질서가 규범이자 정상이며, 무질서는 예외적인 현상이다. 이러한 틸야드의 단선주의적 역사관 또는 역사주의 환원론은 셰익스피어의 역사극이 보여주는 다양성을 간과함으로써 텍스트를 왜곡하는 결정적인 문제점을 드러낸다. 틸야드의 한계를 어느 정도 수정하고 극복한 캠벨 역시 셰익스피어의 역사극을 일련의 '신의 복수극'으로 파악하고 있다. 그에 따르면, 왕권에 대한 도전은 신의 섭리에 대한 도전이기에 궁극적으로는 신의 징벌을 받을 수밖에 없다. 캠벨은 셰익스피어의 역사극을 신의 섭리에 대한 도전과 그에 따른 징벌로 단순화 시키면서 셰익스피어 텍스트의 다양한 해석 가능성을 봉쇄하고 있다.

틸야드와 캠벨과 같은 역사주의 비평가들은 그들의 질서 개념을 뒷받침하기 위한 전거로서 『트로일러스와 크레시다』에서 질서와 위계를 강조하는 율리시스의 대사를 삼는다. 율리시스는 위계질서가 붕괴가 될 위기에 처한 시점에서 질서의 중요성을 강조하며, 이를 통해 테르시테스와 같은 선동적이고 이질적인 목소리를 폭력을 동원해서 잠재우고 있다. 그러나 『존 왕』에서 로버트 팔콘브리지의 서자 필립의 대사와 율리시스의 대사를 대조 · 병치될 때 그들 각각의 발언은 역사적인 문맥 안에서 그 의미가 한결 명료해진다.

필립 팔콘브리지에 따르면, 세상을 지배하는 원리는 명예나 보편적인 복지에 대한 고려가 아니라 바로 '이기심'이다. 그는 적도 동지도 없고 약속이나 계약이 쉽게 파기되는 정치적 현실을 초래하는 원인으로 이기심 혹은 편심을 꼽는다. 그는 이기심이나 편심이 지배하는 세상을 "미친 세상, 미친 왕들"의 세계라고 정의한다. 흥미롭게도 『헨리 5세』에서 셰익스피어는 '이기심' 또는

'편심'을 '상품'을 의미하는 'commodity'로 쓰고 있다. 모든 것을 변화시키는 편심 혹은 상품이라는 의미의 commodity는 나중에 마르크스에 의해 창녀나 뚜쟁이와 같은 역할을 하는 '화폐 상품'으로 그 의미가 규정된다.

셰익스피어가 『헨리 5세』에서 이기심 또는 편심이라는 의미를 나타내기 위해 '상품'이라는 단어를 사용한 것에서 알 수 있듯이, 그는 중세 봉건제에서 근대 초기의 자본주의 체제의 발아기에 처한 인간의 조건을 이미 제대로 포착했다. 『헨리 5세』는 애국심이 굳이 인종주의나 민족주의와 결탁하지 않더라도 집단적 이기심으로 표출되는 역사적 사례를 잘 보여준다. 예컨대 캔터베리 대주교는 세상을 지배하는 원리를 이기심과 편익이라는 관점에서 찾는다. 그는 성직자임에도 불구하고 헨리 5세의 프랑스 침략을 정당화한다.

셰익스피어 역사극이라는 거울은 캠벨이 강조하는 '거울로서의 역사'보다 폭이 넓고 투명하다. 셰익스피어는 『햄릿』에서 연극을 "인간의 본성을 포함하는 자연에 거울을 비추는 것"이라고 말하며, 연극이 곧 시대의 정수이자 연대기라고 찬양한 바 있다. 그가 말하는 시대의 거울인 연극은 결코 사물의 특정한 면만을 포착하여 보여주는 '단면거울'이 아니다. 그것은 때로는 오목거울이 되기도 하고, 때로는 볼록거울이 되기도 하며, 때로는 평면거울이 되기도 하고, 때로는 관찰자의 시선이 특정한 각도에 맞춰져야만 형상이 드러나는 요술거울이 되기도 한다. 요컨대 셰익스피어 역사극의 핵심은 포괄적인 '다양성'에 있다. 셰익스피어의 역사극에 나타난 다양성, 다시 말하면 이중성은 어떤 특정한 가치나 현상을 바라보는 인물들의 다양한 목소리를 통해서 드러난다. 셰익스피어의 음악은 합주이고 대위법이다. 목소리의 대조와 병치가 차이를 만들어 내고, 그 차이가 사물의 단일성에 균열을 가져오는 동시에 다양성을 담보한다.

관점의 차이가 가치의 차이를 가져오듯, 셰익스피어의 역사극에서는 시점의 차이가 선악의 가치를 전도시키고 영웅을 평범한 인물로 변화시키기도 한다. 『헨리 6세 제1부』에서 탈봇은 프랑스인들에게 울던 아이도 울음을 그치게 할 정도로 무섭고 끔찍한 존재다. 하지만 영국의 입장에서 볼 때 그는 프랑스 왕국을 징벌하는 검은 복수의 여신과 같은 존재이자 헤라클레스와 맞먹을 정도의 영웅이다. 그렇지만 그는 전사하고, 루시는 그의 시체를 수습하기 위해 프랑스 진영에 찾아온다. 그는 탈봇의 영웅적인 모습을 강조하기 위해 온갖 작위를 갖다 붙이고 온갖 미사여구를 동원해 그를 찬양한다. 하지만 루시의 탈봇 찬양은 그의 영웅성을 강조하기보다는 오히려 그 반대 효과를 가져온다. 특히 프랑스의 잔 다르크에 의해 루시의 탈봇 찬양은 여지없이 조롱의 대상으로 전락한다. 즉 영웅이었던 탈봇은 파리 떼에 뜯기는 악취 풍기는 시체로 전락된다. 다시 말하면 셰익스피어의 역사극에서 시점의 차이는 선악의 가치를 전도하고 정의(justice)에 대한 정의(definition)를 의심케 한다.

잔 다르크의 간명하고 조롱 섞인 언어는 루시가 구름 위로 올려놓은 탈봇을 여지없이 땅바닥으로 던져 버린다. 서사적 언어와 사실적인 언어의 대립은 탈봇을 보는 대조적인 시각을 그대로 반영하고 있다. 생애의 대부분을 프랑스 전쟁으로 일관하다가 죽은 헨리 5세가 영국 사람들에게는 국토를 넓혀준 애국적인 영웅이지만 프랑스 사람들에게는 무자비하기 짝이 없는 전쟁 기계에 불과하듯이, 셰익스피어에게 역사적 사실은 해석자의 주관적 해석에 의해서 신비화와 탈신비화의 양극단을 오간다. 객관적인 역사는 극작의 과정에서 그 사실에 대한 해석보다 더 중요하게 다루어지지 않는다.

셰익스피어가 역사극에서 구체화하고 있는 대조와 병치의 효과는 현실 정치에 있어서 선하지만 결단력이 없는 유약한 군주와 악하지만 강력한 마키아벨리적인 군주의 대립과 투쟁으로 발전한다. 이것은 궁극적으로 어떠한 통치자가 이상적인 군주인가, 라는 치도의 문제와도 밀접하게 관련된다. 『리처드 2세』에서 리처드 2세는 왕권의 정통성을 가지고 있고 왕권신수설을 신봉하는 무능하지만 유약한 군주인 반면, 그의 사촌 헨리 볼링브루크는 백성들과 귀족들의 여론을 이용할 줄 아는 영악한 찬탈자이다. 마찬가지로 헨리 6세는 내란에 휩싸인 현실 정치에 환멸을 느끼며 왕궁을 떠나 시골 숲속에 은둔하며 세상과 절연하고 여생을 마감하고 싶어하는 선한 군주이지만, 그의 유약함은 요크 백작, 즉 왕위를 호시탐탐 노리는 야심에 찬 리처드 3세의 손쉬운 제물이 된다. 흔히 인간적인 미덕과 마키아벨리적인 현실감을 균형 있게 겸비한 이상적인 군주로 헨리 5세를 꼽지만, 그 역시 마키아벨리적인 힘의 정치가 인간적인 미덕과 병행될 수 없다는 사실에 직면하게 된다. 다시 말하지만 셰익스피어는 일련의 역사극을 통해 역사적인 군왕들의 모습을 제시할 뿐 그에 대한 평가는 전적으로 독자나 관객의 몫으로 남겨 놓는다.

셰익스피어가 영국 역사극 열 편을 '하나의 전체'로서 부분과 전체의 상호 의미를 제공할 수 있는 것은 그가 과거의 역사를 조망할 수 있는 후대 사람이라는 점 덕분이다. 높은 산정을 조망하려면 그보다 높은 지점이 요구되듯이, 셰익스피어는 과거의 역사적 사건들을 후대의 조망 탑에서 내려다볼 수 있기 때문에 각각의 사건에 전체적인 의미를 부여할 수 있으며 여기서 대조와 병치의 효과를 기대할 수 있다. 전체적인 조망이 가능한 곳에서 비로소 아이러니가 발생한다. 공감과 거리 두기가 동시에 가능한 곳에서 발생하는 아이러니는 견해나 태도의 충돌을 견제하기도 하고 동시에 일으키기도 한다. 그렇기 때문에 아이러니는 통일, 질서, 권위에 대한 환상을 해체한다. 아이러니가 참여와 방관이라는 이중적인 태도를 의미한다면, 셰익스피어의 역사에 대한 태도 역시 공감과 거리 두기라는 이상적인 방관자의 그것이며, 이는 그의 역사극을 보는 관객/독자의 이상적인 모습이기도 할 것이다.

셰익스피어는 그의 영국 역사극에서 대조와 병치 기법을 통해서 아이러니를 유발하고 동시에 아이러니를 통해서 내용과 형식에서 대조와 병치 기법을 발전시키고 있다. 그의 아이러니가 독자나 관객에게 가져다주는 이점은 역사를 어느 하나의 단선적이고 통일된 관점에서가 아니라 다양성이라는 상호 모순적이고 충돌하는 견해를 전체적으로 파악할 수 있는 망루를 제공하는 데 있다. 요컨대 셰익스피어의 역사극을 특징짓는 것은 다양성이며, 이 다양성을 담보하는 것이 바로 아이러니이다. 셰익스피어는 아이러니라는 장치를 통해 장미전쟁을 둘러싼 중세 영국의 정치 현실을 비추며, 이 현실을 당대 역사와 정치의 장에 겹쳐 놓는다. 결론적으로 셰익스피어 역사극은 영국의 당대 역사에만 머물지 않고 시간과 공간을 초월해 오늘날에도 여전히 유효하다. 셰익스피어 역사극은 과연 무엇이 바른 정치의 길인가, 라는 문제를 계속 제기하는 정치극이자 문제극이다. 바로 이 점은 셰익스피어의 작품에 '보편성'을 담보한다.

『이방인』 다시 쓰기/읽기

카멜 다우드, 『뫼르소, 살인 사건』(2015), 조현실 옮김, 문예출판사, 2017.

인터넷 검색창에 '소설 첫 문장'이라고 치면 국내외적으로 유명한 소설의 첫 문장이 쭉 뜬다. 그 가운데 국내 소설 중 가장 유명하고 개인적으로 가장 와 닿는 첫 문장은 김훈의 『칼의 노래』(생각의 나무, 2001)의 첫 문장이다. 『칼의 노래』는 이렇게 시작된다. "버려진 섬마다 꽃이 피었다." 어절로는 불과 네 개밖에 안 되고, 글자 수로는 열 자 남짓한 이 한 문장을 쓰기 위해 작가는 아주 오랫동안 고민했다고 전해진다. 특히 '섬마다'에서 '마다'라는 조사 하나가 그의 고민을 더욱 키웠다. 분명히 '섬마다', '섬에는', '섬에도'가 주는 느낌은 각기 다르다. '꽃이 피었다'와 '꽃은 피었다'가 주는 어감 또한 다르다. 이처럼 작가의 그런 깊은 고민과 사색 때문인지 『칼의 노래』의 첫 문장은 오랫동안 기억된다.

하지만 어떤 소설은 작가의 깊은 고민과 사색보다는 날카로운 직감과 본능으로 첫 문장이 시작되기도 한다. 대표적으로는 "오늘 엄마가 죽었다. 아니 어쩌면 어제. 모르겠다."를 들 수 있다. 이 문장은 그 유명한 알베르 카뮈의 『이방인』(1942)의 첫 문장이다. 옮긴이의 말대로, "『이방인』은 작품 그 자체로 보나 20세기 서사 형식의 역사에 있어서나 독보적인 위치를 점하는 작품으로 출판 당시부터 하나의 문학적 사건이었다." 롤랑 바르트와 장 폴 사르트르를 비롯한 많은 평론가들과 작가들은 한결같이 『이방인』에 대해 극찬을 아끼지 않았다. 그런 이유 때문인지 『이방인』은 오늘날 프랑스의 중고등학교 교과서에 빠지지 않고, 우리나라에서도 문학의 고전 중의 고전으로 확고하게 자리매김하고 있다. 『이방인』은 다른 서양 고전과 달리 부피가 얄팍하다. 그럼에도 모든 고전이 그러하듯 그 자체의 애매함, 기이함, 신비함을 여전히 간직하고 있어서 오히려 그 점이 작품에 변함없이 신선한 생명력을 부여한다. 한마디로 『이방인』은 '고전은 늘 새롭게 읽혀야 한다'는 고전의 당위에 가장 부합되는 작품이라 할 수 있다.

『이방인』의 첫 문장이 직감과 본능에 의존하기 때문에 소설 전체도 그런 것처럼 보이지만, 사실 카뮈는 『이방인』 뿐만 아니라 자신의 작품 대부분은 처음부터 정확한 계획 하에 쓰여졌다고 노벨문학상 수상소감에서 밝혔다. 다시 말하면 『이방인』은 '부정'(否定)을 표현한 소설 형식으로 계획되었다. 그 뒤 착상, 구상, 집필 과정 역시 마찬가지다. 『이방인』의 창작은 순수한 창작보다는 그의 삶의 궤적과 일치한다. 1937년은 카뮈의 삶에서 중요한 해이다. 1937년은 『이방인』뿐만 아니라 젊은 카뮈가 장차 작가로서 자신의 세계를 구축하는 데 있어서 결정적인 전환점이라 할 수 있다. 그해 그는 첫 번째 아내 시몬과 공산당원으로서의 자격을 잃었다. 게다가 건강상의 이유로 교수자격 시험도 응시할 수 없었다. 그는 폐결핵 치료와 요양을 하면서 자기 삶의 전반에 대해 근본적으로 재반성하고 세계관을 재확립한다.

카뮈의 세계는 삶의 기쁨과 죽음의 전망, 빛과 어두움, 영광과 폐허, 긍정과 부정 등 '안과 겉'의 양면이 언제나 맞물리어 공존하는 세계다. 그는 그 어느 쪽도 은폐하거나 제외하거나 부정하지 않는다. 그는 일찍부터 삶에 대한 기쁨과 동시에 어둡고 비극적인 또 다른 면을 뚜렷하게 의식했다. 삶의 종점인 희망 없는 죽음은 그에게 '삶의 무의미함'을 느끼게 했다. 『이방인』은 바로 이 '허무감의 표현'이자 그 허무감에 대한 '저항의 결과물'이다.

『이방인』은 제1부와 제2부로 구성되어 있는데 줄거리는 다음과 같다. 알제리의 수도 알제의 선박 중개인 사무실 직원인 뫼르소는 마랑고의 양로원에 있던 어머니가 돌아가셨다는 전보를 받고 마랑고로 간다. 어머니의 죽음에 대해 '무감한'(apathetic) 그의 태도에 양로원 사람들이 놀란다. 장례식 그다음 날 그는 해변에서 옛 사무실 동료 마리를 만나 데이트를 한다. 평범하고 무심한 일상에서 그는 어느 날 같은 층에 사는 이웃 레몽과 친구가 된다. 그와의 관계는 그의 삶의 일상적 흐름을 끊는 계기가 된다. 뫼르소는 변심한 아랍인 애인을 벌주려는 레몽의 음모에 수동적으로 이끌려 들어간다. 며칠 후 레몽, 뫼르소, 마리 일행이 레몽의 친구 마송의 초대로 해변으로 놀러 갔을 때 그들과 그들을 미행한 레몽 애인의 오빠 일행과 싸움이 벌어진다. 레몽이 다치면서 싸움은 끝났으나 뫼르소는 답답한 마음에 혼자 그늘진 샘을 찾아간다. 하지만 샘에는 이미 레몽 애인의 '아랍인' 오빠가 와서 그늘 속에 누워 있다. 팽팽한 대치 속에서 아랍인이 칼을 꺼냈고, 칼에서 뿜어져 나오는 강렬한 빛에 눈이 먼 뫼르소는 자신도 모르게 레몽으로부터 빼앗은 권총의 방아쇠를 당긴다.

제2부는 주로 뫼르소의 재판과정을 담고 있다. 뫼르소는 자신이 죄인이라는 것을 실감하지 못하는 듯 호기심 어린 눈으로 재판을 '관찰' 혹은 '구경'한다. 예심과 본심에서 그에게 주로 쏟아진 질문은 아랍인의 살해 경위가 아니라 어머니의 장례식 때 그가 보인 태도에 관한 것이다. 종교적·도덕적 관례를 따르지 않는 뫼르소의 행동 하나하나는 스캔들을 일으킨다. 사실 그는 어머니의 죽음에 충분히 애도하지 않았다. 아니면 그는 충분히 애도하고 있지만, 다른 사람들에게는 어머니의 죽음에 전혀 슬퍼하지 않는 것처럼 보였을 수도 있다. 그리고 그는 아랍인을 살해한 이유에 대해서도 자신을 적극적으로 변호하지 않는다. 그냥 별다른 이유 없이, "뜨거운 햇볕" 때문에 살해했다고 말한다. 한마디로 그는 타인의 고통과 슬픔에 대해 '무감각' 또는 '무도덕'하다. 바로 이 점 때문에 그는 사형 선고를 받는다.

당시 프랑스인의 아랍인 살해는 프랑스 법정에서는 치명적인 범죄가 아니었다. 『이방인』에서 뫼르소가 살해한 아랍인의 이름은 나오지 않고 단지 아랍인으로만 지칭될 뿐이다. 뫼르소가 법정의 질문에 요령 있게 답했거나 아니면 당시의 종교적·도덕적 관례를 따랐다면 그는 사형선고를 피할 수도 있다. 하지만 그는 법정이 원하는 대답을 하지 않음으로써, 즉 '거짓말'을 하지 않음으로써 결국 사형을 선고받는다. 뫼르소는 감옥에서 사형을 기다리는 동안 인간으로서 극한의 공포를 느꼈지만 "세계의 정다운 무관심에 마음을 열고" 자유롭게 죽음을 맞을 준비를 한다.

『이방인』은 구조적으로 주인공 뫼르소의 아랍인 살해를 중심으로 제1부와 제2부가 대칭 구조를 이루고 있다. 제1부가 어머니의 죽음으로 시작해 뫼르소의 아랍인 살해로 끝난다면, 제2부는 뫼르소가 아랍인의 살해에 대해, 더 엄밀히 말하자면 종교적·도덕적 관례를 따르지 않는 것에 대해 사형 판결을 받는 것으로 끝난다. 많은 이들이 『이방인』이 주인공 뫼르소의 죽음으로 끝난다고 알고 있지만 사실 작품 속에서 그의 사형 집행은 이루어지지 않는다.

『이방인』은 비교적 짧지만 독자들에게 많은 생각할 거리를 던져준다. 일단 독자는 '이방인'이 과연 이 작품의 제목으로서 적절한가, 라는 질문을 제기할 수 있다. 작품 원제인 'etranger'라는 프랑스어 단어는 '외국의', '외부의', '낯선', '생소한'이라는 형용사와 '외국인', '외부 사람', '낯선 사람'이라는 뜻을 갖는다. 어디에도 '이방인'이라는 뜻은 없다. 사실 '이방인'은 일본어 번역어고, 우리는 지금까지 관행대로 '이방인'을 작품의 제목으로 사용했다. 그래서 최근 들어서는 이방인이 아니라 '이인'(異人)으로 번역되기도 한다. 주인공 뫼르소는 낯선 곳에서 온 사람보다는 사회의 구성원들과는 생각과 행동이 다른 사람이기 때문에 '이방인' 보다는 '이인'이 의미상 더 적확할 수 있다. 그러나 문학적 상상력을 발휘하면 '이방인'을 받아들이지 않을 이유는 없어 보인다. 개인적으로는 '이인'보다는 '이방인'에서 훨씬 더 큰 문학적 아우라가 느껴진다.

『이방인』에서 가장 논란이 되는 부분은 역시 뫼르소의 행동이다. 뫼르소는 어찌 보면 남들과 달리 '거짓말'을 하지 않고 자신의 감정에 너무나 솔직했기 때문에 사형 선고를 받았다고 할 수 있다. 만일 그가 남들이 하는 것처럼 어머니의 죽음에 적당히 '애도하고' 아랍인 청년을 죽인 것은 '정당방위'였다고 주장했다면 그는 사형 선고를 받지 않았을 것이다. 심지어 그는 무죄를 선고받을 수도 있었다. 하지만 그는 주변 사람들의 시선과 생각을 크게 의식하지 않고 자신의 감정에 충실하게 대답했다. 실존주의 또는 부조리 철학 관점에서 가식과 위선을 벗어 던지고 자신의 감정과 욕구에 지나칠 정도로 충실했던 그의 생각과 말과 행동을 어떻게 해석해야 될까? 그가 공동체의 도덕과 윤리에 반항했기 때문에 사형선고를 받은 것은 아닌가, 하는 생각도 하게 된다. 또한 탈식민주의 관점에서 뫼르소의 아랍인 살해는 어떻게 해석될 수 있을까? 아랍인이 아니라 프랑스인이었다면 그가 아무런 망설임 없이 그를 살해할 수 있었을까? 뫼르소에 대한 생각이 꼬리에 꼬리를 문다.

그래서 조금 무모하고 불온한 상상을 한번 해 본다. 어쩌면 무례한 상상일 수도 있다. 만일 『이방인』의 뫼르소가 심경의 변화를 일으켜 자신이 종교적·도덕적 관례를 따르지 않은 것에 대해 회개한다면 어떻게 되었을까? 혹은 아랍인을 살해한 것이 정당방위라고 주장한다면 어떻게 되었을까? 앞서 보았듯이, 당시 프랑스에서는 식민지인을 살해하는 것은 큰 죄가 아니었다. 때에 따라서는 무죄가 될 수도 있다. 그가 종교적·도덕적 관례를 따르지 않은 것에 대해 사과하고 재판부가 이를 받아들인다면 그에게 내려진 사형선고는 철회되거나 아니면 형 집행이 유예되거나, 그것도 아니면 정당방위로 무혐의 판결을 받을 수도 있다.

카멜 다우드는 『뫼르소, 살인사건』(2015)에서 '『이방인』의 뫼르소가 만일 죽지 않았다면'이라는 약간은 무모하고 무례한 상상을 한다. 제목에서 알 수 있듯이 『뫼르소, 살인사건』은 『이방인』을 토대로 하고 있다. 『이방인』의 첫 문장을 패러디해 "오늘 엄마는 아직 살아 있네"로 시작한다. 『뫼르소, 살인사건』은 『이방인』에 대해 문제를 제기했다는 사실 하나만으로도 독자의 호기심을 끌기에 충분하다. 따라서 『뫼르소, 살인사건』은 '『이방인』 다시 쓰기/읽기' 혹은 '『이방인』 되받아 쓰기'로 규정할 수도 있다. 옮긴이의 설명에 따르면, "『뫼르소, 살인사건』은 작가 카멜 다우드의 첫 장편소설로서 출간 즉시 프랑스와 알제리에서 센세이션을 불러일으켰고 다수의 문학상을 받았고, 심지어 연극으로 각색되어 아비뇽 축제에서 공연되기도 했다."

『뫼르소, 살인사건』의 줄거리는 다음과 같다. 매일 저녁 70대 후반의 한 노인이 바에 들어와 자리를 차지한다. 그는 술에 취하면 프랑스 식민 지배를 받던 알제리의 고뇌, 알제리 독립 전쟁(1954~1962)의 정황, 졸지에 형을 잃은 소년과 아들을 잃은 엄마의 처절한 투쟁과 허망한 좌절, 독립 이후의 알제리에 대한 치열한 비판, 종교에 대한 비판 등을 두서없이 늘어놓는다. 한 젊은이가 그의 옆에서 그의 부서진 이야기를 받아 적는다.

노인은 뫼르소라는 프랑스인에 의해 살해당한 '아랍인'의 동생 하룬이다. 뫼르소는 사형판결을 받았지만 갑작스러운 심경변화로 자신의 죄를 뉘우치고 석방되었다. 사실 그가 석방된 이유는 아랍인 살해에 대해 뉘우쳤기 때문이 아니라 프랑스의 종교적·도덕적 관례를 따르지 않는 것에 대해 뉘우쳤기 때문이다. 석방 뒤 뫼르소는 '뻔뻔하게도' 자신의 범죄 이야기를 『타인』(『이방인』의 패러디)이라는 제목으로 출간했다. 뫼르소에 대한 분노와 형에 대한 연민은 하룬을 평생토록 지배해온 상처이다. 그렇기 때문에 그는 분노와 연민을 잊기 위해 늘 술에 취해 있다. 하룬의 이야기를 듣는 이는 뫼르소의 『타인』에 대해 논문 준비를 하느라 자료 수집 차 멀리 프랑스에서 알제리의 항구 도시 오랑까지 온 대학원생이다.

자신의 이야기를 들어줄 상대를 늘 갈구해온 하룬은 프랑스 청년에게 다 털어놓는다. 그는 형의 죽음에서 벗어나고 싶다는 절박함을 평생 안고 있다.

그런데 그의 이야기는 마치 사뮈엘 베케트의 『고도를 기다리며』(1952)처럼 시작도 끝도 명확하지 않다. 내용도 불분명하다. 사실 그가 말하는 목적은 따로 있다. "권태와 눈부신 햇살과 찝찔한 소금기" 때문에 살해된 형, 이름 한번 불리지 않고 단지 '아랍인'으로 호명된 그의 형을 제대로 된 이름, 즉 "무싸"로 호명하는 것이다.

그러나 뫼르소에 대한 분노에서 출발하여 그에게 집착했던 하룬은 자신이 그토록 증오하고 분노하던 뫼르소와 놀라울 정도로 너무나 닮았음을 깨닫는다. 뫼르소가 자기 조국이 아닌 땅에서 고아처럼 떠도는 삶을 살았던 것처럼, 하룬 역시 죽은 형이 살아오기만을 바라는 엄마 곁에서 살았어도 죽은 듯 지내야만 했다. 뫼르소가 대낮에 햇빛 아래서 '아랍인'을 살해했듯이, 하룬은 한밤중에 달빛 아래서 '프랑스인'을 똑같이 살해한다. 또한 뫼르소가 살인 자체보다도 어머니의 장례식에서 슬퍼하지 않았기 때문에 죄인이 된 것처럼, 하룬은 프랑스인을 죽였다는 살인 행위보다도 프랑스인을 죽인 시기 때문에 비난을 받는다. 즉 그는 프랑스인을 알제리 독립 이전이 아니라 이후에 죽였기 때문에 사람들로부터 비난을 받는다. 만일 그가 독립 이전에 프랑스 인을 죽였다면 그는 영웅 대접을 받았을지 모른다. 이 부조리한 상황 앞에서 뫼르소와 하룬은 똑같이 종교를 부정하고 '자유의지'로 자신의 존재를 책임지겠다고 확고한 태도를 보인다.

『이방인』의 마지막에서 뫼르소는 죽음을 앞둔 순간에 '사형수'로서 비로소 삶의 가치를 깨닫는다. 그에게 죽음은 삶의 가치를 더욱 돋보이게 하는 '포일'(foil)이며 거울이다. 필연적인 죽음의 운명 때문에 삶이 무의미하므로 자살해야 하는 것이 아니라 한정된 삶을 더욱 치열하게 살아야 한다는 것을 마침내 깨닫는다. 그렇기 때문에 역설적으로 들릴 수 있겠지만 『이방인』은 '비극적인 삶의 찬가'다. 『뫼르소, 살인사건』 역시 마찬가지다. 『뫼르소, 살인사건』의 시작이 『이방인』의 패러디였다면 결말은 『이방인』과 마찬가지로 "많은 구경꾼들이 있으면 좋겠다"는 '절망적 환희'다.

『뫼르소, 살인사건』은 『이방인』의 '속편'(sequel)으로 읽힐 수도 있다. 작가 카멜 다우드는 『뫼르소, 살인사건』에서 『이방인』을 재문맥화한다. 그렇기 때문에 『이방인』에서 자유로울 수 없다. 사실 작품 대부분을 차지하는 하룬의 독백은 『이방인』의 구절을 그대로 혹은 교묘하게 비틀고 있다. 그렇기 때문에 또는 그럼에도 불구하고 두 작품은 궁극적으로 통한다. 또한 하룬은 처음에는 뫼르소에게 분노하고 증오심을 갖지만, 나중에는 자신이 뫼르소와 상당히 닮았음을 깨닫고 연민 또는 동류의식을 느낀다. 결론적으로 하룬이 뫼르소에게 느끼는 연민 또는 동류의식을 통해 "카멜 다우드도 알베르 카뮈에 대해 야속함과 동시에 찬탄에 가까운 존경심을 품고 있음을 느낀다"는 옮긴이의 설명에 어느 정도 수긍하게 된다.

꼭 **고통**이 있어야만 성장할까

할레드 호세이니, 『연을 쫓는 아이』(2003), 이미선 옮김, 열림원, 2005

할레드 호세이니의 『연을 쫓는 아이』(2003)는 출간 직후부터 많은 주목을 받았다. 작품의 내용도 무척 흥미롭지만 무엇보다도 작가의 이력이 흥미롭다. 호세이니는 아프가니스탄에서 태어나 미국으로 이주한 후 영어로 『연을 쫓는 아이』를 써서 발표했다. 즉 그는 모국어로서의 영어가 아니라 배운 언어로서의 영어로 작품을 썼다. 그렇기 때문에 이 작품에는 "아프가니스탄인이 쓴 최초의 영어 소설"이라는 수식어가 늘 따라붙는다. 게다가 그는 미국에 이주한 이민족 가운데 드물게 의사가 되었다. 이 작품이 출간된 시기 또한 언급하지 않을 수 없다. 2001년 미국에서 9·11 테러가 발생하자 미국은 테러의 배후인 오사마 빈 라덴이 이끄는 알카에다를 소탕하기 위해 탈레반 통치하의 아프가니스탄을 공격했고, 그 과정에서 탈레반 정권의 잔인함과 비도덕성이 알려졌다. 아프가니스탄의 역사적·사회적 배경이 이 소설의 씨줄과 날줄이 되고 있다. 『연을 쫓는 아이』는 사랑, 우정, 배신, 속죄, 용서 같은 인간의 내면을 다루는 동시에 폭력으로 점철된 아프가니스탄의 굴곡진 현대사와 미국 이민자의 삶 같은 특정한 정치 · 사회 상황을 다루고 있는 감동적인 서사시다.

『연을 쫓는 아이』가 주는 이야기로서의 감동은 한 개인의 처절하고도 진지한 '도덕적인' 성장 스토리라는 점에 있다. 주인공 아미르는 어린 시절의 잘못을 성인이 되어 속죄하고 과거와의 단절보다는 새로운 관계로 나아가는 희망적 삶의 여정을 택하는데, 이 모든 것이 현대 아프가니스탄 사회의 정치, 사회, 역사, 종교, 문화 등과 결부되어 있다. 작품을 옮긴이는 『연을 쫓는 아이』에 나타나는 희망적 삶의 여정에 대해 "소년은 고통을 통해 성장한다"라는 한 문장으로 응축한다.

『연을 쫓는 아이』는 이야기 구조로 보았을 때 크게 세 부분으로 구성되어 있다. 즉 주인공 아미르가 그의 친구이자 하인인 하산과의 어린 시절 카불에서 보낸 이야기, 아미르가 미국에서 이민자로서 정착해가는 과정과 아내와 결혼하게 된 이야기, 아미르가 하산의 아들 소랍을 위해 전쟁의 혼란과 가난, 폭력이 난무하는 탈레반 치하의 아프가니스탄으로 다시 들어가 파키스탄에서 그를 구해 미국으로 돌아와서 겪는 이야기로 구성되어 있다.

조금 더 자세히 살펴보면 이렇다. 아프가니스탄에서 부유한 상인의 아들로 태어난 파슈툰족 출신의 아미르는 하지라족 출신의 하인인 하산과 형제처럼 지낸다. 하지만 그 나이 때 흔히 그런 것처럼 아미르는 하산을 질투한다. 아버지에게 인정받고 싶은 아미르는 연날리기 대회에서 우승하고, 하산은 마지막으로 잘린 아미르의 '연을 쫓아 달려간다'. 한참을 기다려도 하산이 오지 않자 아미르는 그를 찾아 나선다. 그는 하산이 아세프 일당에게 붙잡혀서 성폭행당하는 모습을 목격하지만 겁이 나서 나서지 못하고 숨어 버린다. 그 후 아미르는 하산을 보는 게 괴로워 결국 그를 도둑으로 몰아 집에서 내쫓아버린다.

소련군이 아프가니스탄을 침공하자 아미르와 그의 아버지는 미국으로 피신한다. 아미르의 아버지는 힘겹게 일하며 아미르를 공부시킨다. 얼마 후 아미르의 아버지는 암으로 세상을 떠나고 아미르는 소설가로 성공한다. 어느 날 아미르는 아버지의 친구이자 그 자신의 정신적인 지주인 라힘 칸으로부터 전화 한 통을 받는다. 그는 라힘 칸으로부터 자신과 하산이 이복형제라는 사실을 듣게 된다. 그는 하산이 자기 아들이라는 사실을 끝내 밝히지 않은 아버지의 죄와 어린 시절 하산을 구하지 못한 자신의 비겁함에 대해 속죄하기 위해 탈레반에게 처형당한 하산의 아들 소랍을 구하기 위해 아프가니스탄으로 들어간다.

아미르는 고아원에서 소랍을 데려다가 성적으로 유린하고 있는 탈레반의 관리가 어린 시절 하산을 성폭행했던 아세프라는 사실을 알게 되고 그와 대결을 벌인다. 아미르가 위기에 처한 순간 소랍은 새총으로 그를 구출하고, 그들은 파키스탄으로 피신한다. 아미르는 소랍을 미국으로 입양해서 미국으로 데려가기 전 잠시 보육원에 맡기려 하지만 고아원에 가기 싫은 소랍은 자살 시도를 한다. 결국 아미르는 아내 소라야의 외삼촌 덕분에 인도적 비자를 얻어 소랍을 미국에 데려온다. 하지만 소랍은 실어증 증세를 보이며 감정적 반응을 전혀 보이지 않는다. 그러던 어느 날 공원에서 소랍과 함께 연싸움을 하게 된 아미르는 처음으로 소랍의 눈에서 생기를 발견하고 그의 '연을 쫓아 달려간다'.

표면상 『연을 쫓는 아이』는 아미르가 하산에 대한 아버지의 죄와 자신의 비겁함에 대해 속죄하고, 그의 아들 소랍을 아프가니스탄에서 구출하고 소랍과 유사 부자 관계를 형성하는 행복한 결말을 취하고 있다. 하지만 조금 더 깊이 살펴보면 이 작품은 많은 생각할 거리를 던져 준다. 먼저 이 작품은 아프가니스탄, 더 나아가 중동의 비극적인 역사에 대해 생각하게 한다. 『연을 쫓는 아이』의 시간적 배경은 1979년에 소련군이 아프가니스탄을 침공하기 이전부터 9.11 미국 테러 사건 후 미국이 탈레반 정권이 지배하는 아프가니스탄을 공격한 시점까지 아우른다. 이 작품을 읽다 보면 먼저 아프가니스탄의 비극적인 역사를 접하게 된다. 아프가니스탄은 오랜 기간 동안 파슈툰족(수니파)과 하지라족(시아파) 사이의 인종적 갈등을 노정하고 있다. 아프가니스탄의 인종적 갈등 역시 다른 이슬람 국가와 마찬가지로 종교에서 비롯된다. 파슈툰족은 '인종청소'라는 이름으로 하지라족을 박해하고 대량학살했다. 따라서 하산과 그의 아들 소랍이 겪는 고통은 개인의 고통이 아니라 하지라족 전체의 박해이자 아프가니스탄의 역사적 비극이다.

우리는 중동 문제를 이슬람 세력과 이스라엘의 갈등, 위험을 무릅쓰고 단순화하면, '거대한 악'인 이슬람 세력과 그에 맞서 싸우는 '작지만 선'한 이스라엘 사이의 갈등으로 도식화한다. 그리고 이스라엘 입장에서 중동 문제를 생각하고 바라본다. 하지만 중동 문제는 그렇게 간단하지도 단순하지도 않다. 무엇보다도 가장 큰 문제는 중동 문제에 대해 조금은 왜곡되고 그릇된 미국과 유럽의 태도를 우리 스스로 내면화하고 있다는 점이다. 예전보다 훨씬 더 많은 정보가 제공되고 있음에도 불구하고 여전히 중동 문제는 선악 구도에서 크게 벗어나지 못하고 있다. 그리고 그 구도에서 언제나 이스라엘은 '선'이자 '정의'고 이슬람은 '악'이자 '불의'다. 우리의 의식 속에서 이슬람의 공격은 무자비한 '테러'이고, 이스라엘의 공격은 불의에 맞서는 정당한 '성전'이다.

이슬람에 대한 부정적 인식과 태도는 우리에게 너무나 익숙한 '미국적 정의'에서 비롯된다. 즉 『연을 쫓는 아이』에서 아미르가 하산에 대한 아버지의 죄와 자신의 비겁함을 속죄하기 위해 위험을 무릅쓰고 그의 아들 소랍을 구하는 행동은 미국적 정의의 한 예로서 감동을 자아낸다. 이 작품에서 가장 감동적인 장면임에 틀림없다. 그런데 이 장면에서 문득 영화 〈라이언 일병 구하기〉(1998)가 떠올랐다. 『연을 쫓는 아이』에서 소랍을 구하는 행위와 〈라이언 일병 구하기〉에서 라이언 일병을 구하는 행위 자체가 문제가 아니다. 다른 사람의 목숨을 구하기 위해 위험을 무릅쓰는 것은 너무나 숭고하다. 그런데 이를 정치적으로 이용하는 것은 차원이 다른 문제다. 작가의 의도라고 확실하게 말할 수 없지는 않지만, 『연을 쫓는 아이』에는 테러와 전쟁으로 불안과 폭력이 난무하는 아프가니스탄과 안정된 삶이 보장되어 있는 미국이 너무나 선명하게 대조된다.

『연을 쫓는 아이』는 폭력의 본질에 대해서도 생각하게 한다. 앞에서 본 것처럼 소랍을 구하기 위해 아프가니스탄에 들어간 아미르는 아세프와 대결하는 과정에서 그에게 두들겨 맞는다. 그러자 소랍은 아미르를 구하기 위해 새총으로 만든 금속 공을 쏘아서 아세프의 눈을 맞추고 그 틈을 타서 아미르와 소랍은 파키스탄으로 탈출한다. 소랍이 아세프에게 폭력을 행사한 것에 대해 괴로워하자 아미르는 소랍에게 폭력의 정당성에 대해 역설한다. 즉 아미르는 '나쁜 폭력'과 '좋은 폭력'을 구분하며 소랍을 위로한다. 하지만 아미르의 폭력에 대한 설명은 아프가니스탄에서 텔레반이 자행한 폭력과 그에 대한 미국의 대항 폭력의 정당성에 대한 문제점을 여전히 남긴다.

『연을 쫓는 아이』는 미국 내 이민과 이민자 문제를 생각해 보게 한다. 아미르는 소련의 아프가니스탄 침공 후 미국으로 이주했다. 그는 아버지의 헌신과 노력으로 미국인으로 정착한다. 그는 스스로 미국인이라고 생각하기에 자신의 정체성에 대해 고민하지 않는다. 그는 당장은 쉽지 않겠지만 아프가니스탄에서 데려온 소랍 역시 자신처럼 미국인으로 뿌리를 내릴 것이라 낙관한다. 작가는 아미르와 소랍을 통해 새로운 삶은 아프가니스탄이 아닌 미국에서 가능하다는 것을 역설하는 것처럼 보인다. 바꿔 말하면 작가는 아미르와 소랍이 미국에서 이민자로서 겪게 될 정체성의 문제는 크게 개의치 않는다. 『연을 쫓는 아이』의 옮긴이 역시 작가의 "아프가니스탄을 바라보는 따뜻한 시선"을 높이 평가한다. 즉 "영어로 썼지만 작가 할레드 호세이니는 처음부터 끝까지 철저하게 미국인이 아닌 아프가니스탄인의 시각에서 작품을 썼다"고 이 작품을 높이 평가한다. 반면 "미국에 온 한국인 이민 1세대 가정을 묘사하고 있는" 이창래의 『영원한 이방인』(1995)을 언급하며 이 작품을 우회적으로 비판한다. 그 이유에 대해서는 작가 또는 화자에 의해서 "미국인의 관점에서, 이방인의 관점에서 한국이 묘사되고 있기" 때문이라고 말한다.

예전에 읽었던 『영원한 이방인』을 다시 읽고 난 뒤 문득 그런 생각이 들었다. 주인공 헨리와 강은 『연을 쫓는 아이』의 아미르와 비슷한 환경에 비슷한 스펙을 가졌는데도 불구하고 끊임없이 정체성 문제를 겪었고, 결국은 미국인이 되지 못하고 '영원한 이방인'으로 남았다. 『연을 쫓는 아이』의 소랍이 정체성 문제를 겪지 않고 미국인으로 미국 사회에 잘 정착할 수 있을까. 개인적인 생각에 쉽지 않을 것 같다. '내가 누구인가', '나는 어디에서 왔는가', 라는 정체성 문제는 이민자가 피하고 싶다고 해서 피할 수 있는 문제가 결코 아니다. 이방인이라면 어쩔 수 없이 영원히 겪게 되는 문제다. 아무리 언어를 습득해 그 사회에 완전히 '동화되었다'(assimilated)고 생각하더라도 이민자에게는 결코 넘을 수 없는 벽이 있다. 그/그녀에게는 그냥 미국인이 아닌 '~계' 미국인이라는 꼬리표가 항상 따라다닌다. 그렇기 때문에 『연을 쫓는 아이』가 대체로 역사적 사실에 바탕을 두고 있는데도 불구하고 다 읽고 난 뒤에는 자꾸만 '동화'(童話)처럼 느껴진다.

터키의 신산한 근현대사를 따뜻하게 읽다

오르한 파묵, 『내 마음의 낯섦』(2013), 이난아 옮김, 민음사, 2017.

인터넷 검색창에 '도시와 작가'라고 한 번 쳐보면 세계의 여러 도시 또는 나라와 연관된 작가 목록이 죽 뜬다. 예를 들면 하이델베르크와 괴테, 피렌체와 단테, 스트랫퍼드어폰에이번과 셰익스피어, 더블린과 조이스, 파리와 보들레르, 베니스와 만, 프라하와 쿤데라, 그리고 이스탄불과 파묵, 경성(서울)과 이상 등등. 이 가운데 도시와 작가의 연관성이 높은 경우도 있고 낮은 경우도 있다. 심지어 억지로 끼워 맞춘 경우도 있다. 다시 말하지만 그냥 재미 삼아 해 보는 것이니 너무 깊게 생각하지 말자. 그런데 개인적으로는 이 목록 가운데 이스탄불과 파묵, 즉 오르한 파묵에 왠지 가장 끌린다.

대부분의 사람들이 인정하는 것처럼 파묵은 터키 문학사상 최고의 작가 가운데 한 명으로 꼽힌다. "문명 간의 충돌, 이슬람과 세속화된 민족주의 간의 관계 등을 주제"로 작품을 써온 파묵은 "문화들 간의 충돌과 얽힘을 나타내는 새로운 상징들을 발견했다"라는 평가를 받으며 2006년 노벨문학상을 받았다. 특히 노벨문학상 수상 이후 처음 발표한 『순수 박물관』(2008)은 '사랑'이라는 주제에 파묵 특유의 문체와 서술 방식으로 근접하여 전 세계에 커다란 반향을 일으켰다. 2014년에는 이스탄불에 실제로 '순수 박물관'이 개관되었다고 한다. 아마도 개인적으로 파묵과 이스탄불에 끌리는 가장 큰 이유는 어느 라디오 프로그램에서 얼핏 들은 '순수 박물관' 에피소드 때문이다. 파묵은 이스탄불을 소재로 한 일련의 소설 작품들을 통해 이스탄불이라는 도시를 전 세계에 알렸다.

이스탄불은 파묵에게 문학의 '시원' 또는 '본향'이다. 그는 이스탄불에서 태어나 부유한 대가족 속에서 성장했다. 이스탄불 공과대학에서 건축학을 공부했으나 건축가나 화가의 길을 접었다. 그 뒤 소설가가 되기로 결심하고, 그 외의 모든 것은 포기한 채 글을 쓰기 시작했다. 그리고 마침내 그는 작가가 되었고, 그의 작가로서의 명성은 터키와 이스탄불을 벗어나 유럽을 포함해 전 세계로 퍼졌고, 다시 이스탄불로 돌아왔다. 파묵의 소설의 무대는 여전히 이스탄불을 벗어나지 않는다. 따라서 이스탄불은 파묵의 문학적 본령이자 원천이다.

지금까지 파묵은 주로 이스탄불의 중상류층의 삶을 문학을 통해 형상화했다. 그러나 『내 마음의 낯섦』(2013)은 파묵의 이전 작품들과는 결이 다르다. 이 작품은 터키의 시골 아나톨리아에서 올라와 이스탄불 외곽의 무허가촌인 '게제콘두'에 사는 터키 빈민들의 삶을 다룬다. 이 작품은 터키 빈민 출신 메블루트를 중심으로 그의 이야기가 전개된다. 그는 아버지와 함께 혹은 아버지를 따라 이스탄불로 와 대도시에서 살아남기 위해 요구르트 장사, 보자 장사, 길거리 밥장사, 주차장 관리인 등 다양한 일을 한다.

다시 말하지만 『내 마음의 낯섦』은 1957년생인 메블루트가 이스탄불로 오게 되는 1969년부터 2012년까지의 삶의 궤적을 담고 있다. 이 시기 터키는 급격하게 도시화가 진행되는데, 이 작품은 당시 터키와 이스탄불의 풍경을 메블루트와 그 주변에 있는 다양한 등장인물들의 관점에서 보여준다. 『내 마음의 낯섦』은 메블루트 한 사람이 등장해서 그의 관점에서 모든 것을 설명하는 것이 아니라 그와 직·간접적으로 관련이 있는 등장인물들이 등장해 자신들의 목소리로 서로 다른 이야기를 들려주는 소설적 형식을 취하고 있다.

『내 마음의 낯섦』은 마치 이스탄불의 도시화 과정을 보여주는 다큐멘터리

같은 느낌을 준다. 노점상 요구르트 장수와 보자 장수, 빈민층의 연대감, 군사 쿠데타, 중매결혼, 약탈혼(납치혼, 도망혼), 불법 전기 사용 등 이제는 거의 사라졌지만 당시 이스탄불에서 벌어지던 여러 가지 일들을 보여준다. 특히 이스탄불의 변천사와 사라져 가는 전통적인 직업이 한 가족의 역사와 사랑 이야기가 교직된다.

『내 마음의 낯섦』은 크게는 이스탄불의 근현대사를 담고 있지만 작게는 메블루트의 사랑 이야기를 품고 있다. 소설을 제대로 이해하기 위해서 먼저 메블루트의 가계도를 살펴볼 필요가 있다. 메블루트의 아버지 무스타파 카라타쉬와 큰아버지 하산 악타쉬는 자매 사이인 사피예와 아티예와 결혼한다. 따라서 메블루트에게 사피예는 큰어머니이자 동시에 이모가 된다. 사피예의 아들, 즉 그의 사촌 형 코르쿠트는 보이누에으리 압두르라흐만 에펜디의 첫째 딸인 웨디하와 결혼한다. 코르쿠트와 웨디하의 결혼은 소설의 본격적인 시작을 알리는 중요한 사건이다. 메블루트는 코르쿠트의 결혼식 때 웨디하의 동생 사미하에게 첫눈에 반하지만 그녀의 이름을 모른다. 친구이자 사촌인 쉴레이만은 메블루트에게 사미하의 이름을 라이하로 가르쳐주고, 메블루트는 수신인 라이하라는 이름으로 사미하에게 연애편지를 쓰기 시작한다. 엄밀히 말하면 친구 페르하트에게 연애편지 대필을 부탁한다. 시간이 흘러 메블루트는 군에서 제대한 후 당시의 관습처럼 자신이 흠모하던 여성과 도망쳐 결혼한다. 하지만 그녀는 그가 흠모하던 사미하가 아니라 라이하였다. 그럼에도 그는 전혀 내색하지 않는다. 두 딸을 낳은 뒤에도 그 사실을 라이하에게 말하지 않는다.

한편 사미하를 연모하던 혹은 그녀에게 흑심을 품었던 쉴레이만은 그녀와 결혼하려 하지만 그녀는 메블루트의 친구인 페르하트와 도망친다. 이에 화가 난 쉴레이만은 라이하에게 메블루트가 흠모하던 여인이 그녀가 아니라 사미하였다는 사실을 넌지시 말한다. 이 말은 결국 비극의 씨앗이 되어 메블루트와 라이하, 그리고 메블루트와 사미하, 라이하와 사미하의 관계를 파국으로 몰고 간다. 시간이 흘러 라이하도 죽고 페르하트도 죽는다. 사미하를 흠모하던 쉴레이만은 연상의 멜라하트와 결혼한다. 메블루트의 두 딸 파트마와 페브지예가 결혼한 후 마침내 메블루트와 사미하는 드디어 결혼한다. 사미하는 메블루트에게 첫눈에 반한 사람이 자신이었는지 묻는다. 메블루트는 처음에는 인정하지 않았지만 계속 추궁하자 결국 자신이 첫눈에 반한 사람이 사미하였다는 것을 인정한다. 하지만 메블루트는 혼자 중얼거린다. "나는 이 세상 무엇보다도 라이하를 사랑했어." 즉 그는 라이하와 결혼한 것을 후회하지도 않고, 그렇다고 사미하와 재혼한 것을 후회하지도 않는다. 다만 그는 주어진 현실에서 행복을 찾을 뿐이다. 그렇기 때문에 그는 예전에 했던 '보자 장수'를 계속하겠다고 다짐한다.

『내 마음의 낯섦』에서는 이스탄불의 변화상, 시골에서 이스탄불로 이주한 사람들이 대도시에서 살아남기 위해 온 힘을 다하는 풍경들, 게제콘두에서 아파트로 바뀌면서 발생하는 도시문제, 정치 변동의 소용돌이 등이 사실적으로 그려진다. 시간과 공간만 바뀌었을 뿐 우리나라의 근대화 과정과 별반 차이가 없다. 그럼에도 가장 큰 차이가 있다면 그건 바로 작품 전반에 흐르는 '따뜻함'이다. 마지막 장면이 잘 예거하듯이 메블루트는 혼자서 늦은 밤거리를 걷는 것을 좋아하고 그것에서 마음의 평온함을 느낀다. 그는 지나간 날들을 후회하거나 안타까워하기보다는 현재에 충실하고 주변 사람들도 미워하지 않는다. 그는 과거에 집착하고 현재를 부정하지 않는다. 과거는 과거대로 현재는 현재대로 인정하고 둘 사이의 조화와 균형을 꾀하고 그 안에서 자신만의 행복을 찾는다. 더욱 중요한 점은 그가 자기 생각을 상대방에게 강요하지 않는다는 사실이다.

『내 마음의 낯섦』을 읽고 메블루트에 대해 이야기하다 보니 '가장 평범한 아버지의 가장 위대한 이야기'라는 부제의 우리 영화 〈국제시장〉(2014)이 갑자기 떠오른다. 1950년대 한국전쟁 이후로부터 현재에 이르기까지 격변의 시대를 관통하며 살아온 우리 시대 아버지 덕수(황정민 분)는 하고 싶은 것도 되고 싶은 것도 많았지만 평생 단 한 번도 자신을 위해 살아본 적이 없다. 그는 오직 '가족'을 위해서 살아왔다. 그렇기 때문에 그는 아버지에게, 실제로는 자신에게 이렇게 말한다.

"아버지 내 약속 잘 지켰지예, 이만하면 내 잘 살았지예, 근데 내 진짜 힘들었거든예."

다른 사람들에게는 저렇게 말한다.

"내는 그래 생각한다. 힘든 세월에 태어나가 이 힘든 세상 풍파를 우리 자식이 아니라 우리가 겪은 기 참 다행이라꼬."

그런데 영화 속에서 젊은이들은 덕수를 불편해하며 피한다. 덕수는 그들과 종종 마찰을 빚는다. 왜 그럴까? 앞에서 말한 것처럼 『내 마음의 낯섦』에서 메블루트는 과거는 과거대로 현재는 현재대로 인정하고 있지만, 〈국제시장〉의 덕수는 자신의 가치관으로 젊은이들을 재단하기 때문에 늘 그들과 불화를 겪는다. 여러 글에서 밝혔듯이 영화 〈국제시장〉은 분명히 따뜻하고 밝은 메시지를 주고 있음에도 불구하고 개인적으로는 늘 불편하다. 『내 마음의 낯섦』의 메블루트를 생각하면 더욱 그렇다.

바틀비, 과연 그는 누구인가

허먼 멜빌, 「필경사 바틀비」(1853), 한기욱 옮김, 창비, 2010.

미국문학에서 1820년부터 1865년까지는 보통 '미국문학의 르네상스' 시기로 불린다. 이 시기에 활동한 문인 목록에는 랠프 왈도 에머슨을 필두로 헨리 데이비드 소로, 월트 휘트먼, 내서니엘 호손, 허먼 멜빌, 에드가 앨런 포 등 오늘날 미국 문학을 대표하는 작가들 중 상당수가 포함되어 있다. 그들 앞뒤로 워싱턴 어빙과 마크 트웨인이 포함될 수도 있다. 이 시기 미국문학은 크게 '낭만주의 문학'과 '초월주의 문학'으로 표상된다. 초월주의의 선구자인 에머슨과 그의 사상적 영향을 받은 호손, 휘트먼 등은 정치적, 사상적으로 인간과 세상에 대한 낙관론을 펼쳤다. 반면 포, 호손, 멜빌은 인간 정신의 어두운 세계에 대한 문학적, 철학적 통찰을 보여주었다. 그중 멜빌은 대표작 『모비 딕』(1851)에서 고래 사냥을 떠나는 모험을 통해 인간의 강박 관념과 악한 본성, 그리고 그러한 요소에 저항하는 인간의 투쟁을 형상화했다. 그는 다양한 역사적·철학적 주제에 천착했고 또한 다양한 문학적 주제와 양식, 형식 등을 과감하게 실험했다. 「필경사 바틀비」(1853)는 멜빌의 과감한 문학적 실험의 한 예다. 오늘날 이 작품은 지젝, 들뢰즈 등 저명한 철학자들에 의해 지속적으로 언급되면서, 그의 대표작인 『모비 딕』보다도 더 주목을 받고 있다. 특히 등장인물 바틀비는 그의 독특한 언행과 의식 때문에 그는 오늘날 미국문학에서 가장 기억되는 등장인물 가운데 한 명으로 자리매김하고 있다.

「필경사 바틀비」의 줄거리는 비교적 간단하다. 예전에 바틀비를 고용한 적이 있는 한 변호사의 회고로 시작한다. 뉴욕의 월스트리트에서 변호사 사무실을 운영하는 그는 법률서류를 베껴 쓰는 필경사 몇 명을 고용하고 있는데, 업무가 늘어 필경사 한 명을 더 채용해야 하는 상황에 부닥치게 된다. 그때 바틀비가 그를 찾아온다. 변호사는 기존의 직원들과 달리 과묵해 보이는 바틀비에게 그와 가장 가까운 책상을 내준다. 그의 기대에 어긋나지 않게 바틀비는 베껴 쓰는 일에 밤낮으로 몰두한다. 그러던 어느 날 변호사가 바틀비에게 원본 서류와 베껴 쓴 서류를 비교 대조해 보자고 제안을 하자 그는 거절한다. 그날 이후 바틀비는 변호사의 모든 제안 또는 명령을 "하지 않을 것을 선호합니다"(I would prefer not to …)라는 이상한 대답으로 거부한다. 즉 바틀비는 두 가지 선택 사항 가운데 무언가를 선호하지 않겠다는 것이 아니라, 선택하지 않는 것을 선호한다고 말한다. 즉 그는 선택 자체를 하지 않겠다고 말한다. 그렇기 때문에 변호사 입장에서는 바틀비에게 어떤 제안 또는 명령을 해도 자신이 원하는 답을 얻을 수 없다.

변호사는 갑자기 이상해진 바틀비를 어르고 달래면서 그와 함께 일해 보려 하지만 소용없게 되자 결국 그에게 약간의 퇴직금을 지급하며 그를 해고하려 한다. 하지만 바틀비는 이 또한 완강하게 거부한다. 변호사는 바틀비에게 더 이상 사무실에 출근하지 않아도 된다고 말하지만 바틀비는 거부하고 계속 사무실에 출근한다. 심지어 그는 변호사가 준 돈도 받지 않는다.

더 이상 바틀비 때문에 업무를 지속할 수 없게 되자 변호사는 어쩔 수 없이 사무실을 옮긴다. 변호사가 떠난 뒤 그 건물에 새로운 세입자가 들어왔지만 바틀비는 사무실에서 나가기를 거부한다. 결국 그는 경찰에 의해 연행되고 구치소에 감금되고, 그곳에서는 식사마저 거부해 죽음에 이른다. 바틀비가 죽은 뒤에 변호사는 바틀비가 자신의 사무실에서 일하기 전 우체국에서 '배달불능 우편물'을 취급했다는 사실을 알게 된다. 그는 바틀비가 그 일을 했기 때문에 그렇게 되었을지도 모른다고 추정한다.

「필경사 바틀비」는 여러 관점에서 다양한 해석이 이루어질 수 있다. 상식적으로 쉽게 이해되지 않는 바틀비의 행동을 어떻게 봐야 할까? 같이 일하는 동료의 처지에서 본다면 바틀비는 분명 함께 일하고 싶지 않은 상대다. 동료들은 바틀비가 맡은 일을 하지 않아서 — 게을러서 하지 않거나 업무 능력이 부족해 하지 못하는 것이 아니라, 정확한 이유는 모르지만 그냥 개인적인 이유로 일을 하지 않기 때문에 — 자신들이 해야 할 업무가 많아지기 때문에 당연히 그를 싫어한다. 고용주인 변호사의 입장에서도 마찬가지다. 그는 바틀비에게 좋은 자리도 내주었고, 그의 동료들이 미워해도 그를 끝까지 신뢰했고, 인간적으로 대했다. 즉 변호사는 나름대로 바틀비에게 '환대'를 베풀었다. 하지만 그 환대는 라캉의 말을 비틀자면 '초대받지 못했다.' 바틀비는 그의 환대 제안 또는 명령에 저항했다. 바틀비는 그의 동료나 그의 고용주인 변호사에 대해 특별한 적대심을 갖고 있지 않음에도 불구하고 끝까지 업무를 거부했다. 직장 동료나 고용주의 처지에서 본다면 바틀비의 그런 행동은 결코 이해할 수 없고 용납될 수 없다. 그들이 생각하기에 바틀비는 한마디로 쓸모없는 '사회부적응자'(misfits)일 뿐이다. 그런데 바틀비는 정말로 사회부적응자일까? 그렇다면 처음에 고용되었을 때 보여준 행동은 어떻게 설명해야 할까? 잘 정리가 되지 않는다.

많은 철학자들이 주장하는 것처럼, 만일 노동자의 입장에서 보면 바틀비는 어떤 인물일까? '월스트리트 이야기'라는 이 작품의 부제는 「필경사 바틀비」를 읽는 한 가지 중요한 관점을 제공한다. 이 작품이 쓰인 1850년대에는 미국에서 자본주의가 뿌리를 내리는 시기였다. 이제 막 생겨나기 시작한 독점 자본가들은 오직 이윤추구만을 목표로 노동자들을 착취했다. 자본주의 체제에서 노동자들은 자본가들이 지급하는 급료보다 더 많은 일을 해야만 한다. 만일 그들이 일을 거부하거나 받은 급료만큼 일하지 않는다면 그것은 고용주에 대한 저항을 넘어 자본주의 체제에 저항하는 행위이기 때문에 자본가와 미국 사회는 이를 절대 간과하지 않는다. 그런데 바틀비는 거기에 저항하고 있다. 조금 거창하게 말하면 바틀비는 자본 또는 자본가들이 노동자를 순치하는 과정을 적극적으로 저항했다. 바틀비의 동료인 늘 "신경과민을 일으키는" 니퍼스와 "술기운으로 오후만 되면 과도하게 흥분하고 주의력이 떨어지는" 터키는 사실 노동 생산성 또는 업무 효율이 높지 않다. 그들과 비교해 보았을 때 바틀비는 일단 일을 한다면 그들보다는 노동 생산성이 훨씬 높다. 하지만 그는 일을 거부한다. 또는 지시한 대로 일을 하지 않는다. 그렇기 때문에 자본주의 체제와 이를 뒷받침하는 국가 입장에서 볼 때 바틀비는 더 '불온한' 노동자다. 회사, 더 나아가 국가 권력은 그를 계속해서 순치시키려 했고, 반대로 바틀비는 계속 저항했고 결국 죽음으로 답했다.

자본주의를 유지하는 기본적인 동력은 '경쟁'과 그에 따른 '보상'이다. 즉 자본주의는 사람들 사이에 끊임없이 경쟁을 유도하고 경쟁에서 승리한 자에게는 보상을 준다. 보상을 받은 이는 더 큰 보상을 위해 더 노력하고, 보상을 받지 못한 이는 이번에 받지 못한 보상을 다음번에 받기 위해 더욱 노력하라고 독려한다. 즉 "부자는 더 큰 부자가 되기 위해 노력하고 가난한 자는 가난에서 벗어나기 위해 혹은 부자가 되기 위해 노력을 한다"는 누군가의 말은 자본주의를 추동하는 근원적인 논리이다. 자본주의에서는 경쟁을 통해 전체 파이가 커지기 때문에 끊임없이 경쟁을 부추긴다. 그런데 바틀비는 경쟁과 그에 따른 보상을 전면적으로 거부한다. 따라서 자본주의자들의 처지에서 보았을 때, 바틀비는 단순히 '물질적인 욕망이 없는 것'을 넘어서 자본주의의 근간을 거부하기 때문에 불온하고 위험하다. 그래서 지젝이나 들뢰즈와 같은 철학자들은 바틀비를 자본주의 체제에 저항했기 때문에 거세된 희생자로 간주한다.

「필경사 바틀비」를 다르게 해석할 수도 있다. 바틀비가 죽은 뒤 변호사는 그가 배달 불능 우편물을 취급했다는 사실을 알게 된다. 그리고 그는 바틀비가 그런 업무, 즉 자본주의의 측면에서는 불필요해 보이는 업무, 즉 비생산적인 업무를 담당했기 때문에 결국 폐쇄된 삶을 살게 되었을지도 모른다고 추정한다. 추정을 넘어서 그렇다고 단정한다. 그는 "아, 바틀비여! 아, 인간이여!"라고 영탄하며 바틀비를 이해하고 동정하게 되었다고 결론을 내린다. 하지만 실제 바틀비가 그 일을 하면서 어떤 생각을 했는지는 아무도 모른다. 남들과 구별되는 바틀비의 독특한 언행이 그런 업무의 결과라고 단정할 수도 없음에도 변호사는 그렇게 추정 또는 단정한다. 더 나아가 자신이 바틀비를 이해했다고 생각한다. 그러나 신은 시지프스에게 죽을 때까지 바위를 언덕 위로 굴리는 형벌을 내렸지만 시지프스는 이를 형벌이 아니라 자신의 자발적인 선택으로 여겼을지도 모른다는 카뮈의 말처럼, 바틀비 역시 배달불능 편지 업무가 단순히 무의미하고 비생산적인 일이 아니라 나름대로 의미 있는 일이라 생각했을 수도 있다.

누군가를 온전히 이해한다는 것이 실제로 가능할까? 사람은 보통 자신의 주관적인 경험과 판단을 기준으로 어떤 결정을 내린다. 그리고 그렇게 주관적으로 내린 결정을 '나름대로의' 객관적인 결정이라고 합리화한다. 하지만 '나름'이라는 단어가 객관의 정도를 특정할 수 없을 뿐만 아니라, 개인이 과연 '객관'적일 수 있는지 의문이다. 그리고 합리적 판단이라는 게 실제로 가능한지, 인간이 인간을 판단하는 게 올바른 행위인지' 또한 의문이다. 의문이 꼬리에 꼬리를 문다. 많은 철학자들이 「필경사 바틀비」를 괜히 주목한 게 아니다.

제인 오스틴, 창의와 혁신의 아이콘

이언 와트, 『소설의 발생』(1957), 강유나·고경하 옮김, 강, 2009.

너새니얼 호손은 자신의 소설 『주홍 글자』(1850)를 '소설'이라고 부르지 않고, 굳이 '로맨스'라고 불렀다. 그는 서문 격에 해당하는 「세관」에서 "밝은 햇빛 속에 드러난 삶은 소설의 소재가 되는 반면, 달빛이나 난롯불에 드러난 친근한 모습은 로맨스의 소재가 된다"고 밝혔다. 두 번째 장편 『일곱 박공의 집』(1851)의 서문에서 그는 소설과 로맨스의 차이를 좀 더 구체적으로 설명한다. 즉 "소설은 평범한 일상에서의 경험을 있는 그대로 충실하게 묘사하는 것을 목표로 삼는 반면, 로맨스는 일상생활에서 볼 수 없는 '신기한' 일이나 '상상적인' 일을 즐겨 다룬다." 소설에서 중요한 것은 무엇보다 '일상성'이고, 이를 뒷받침하는 것은 '리얼리티'와 '개연성'이다. 호손은 소설보다는 로맨스에 방점에 두어 설명하기는 했지만, 이를 뒤집어서 생각해보면, 좋은 소설은 조건은 다름 아닌 일상생활을 얼마나 가깝게 그렸느냐, 그리고 독자들이 그것을 과연 이해할 수 있느냐, 바로 이 두 가지다.

호손이 소설의 내적 조건을 언급했다면, 이언 와트는 소설의 외적 발생 조건에 대해 설명한다. 그는 『소설의 발생』(1857)에서 소설은 한 마디로 "근대 자본주의 시민 계급에 의한, 시민 계급을 위한, 시민 계급의 문학형식"이라고 주장했는데, 그의 주장에서 '근대'와 '시민'이 키워드다. 소설의 근대적 특징에 대해서는 이미 여러 이론가들이 언급했다. 루카치는 지금은 잃어버린 삶의 총체성을 회복하고자 하는 문제적 개인을 소설에서 읽어내려 했고, 스팽글러는 서구인들이 근대적 시간 개념 속에서 자신의 보편성을 드러내는 방식의 문학 서사가 바로 소설이라고 말했다. 바흐친은 소설이 근대적 생산물이 아니라 고대로부터 이어져 계속 성장하는 유기체라고 정의했다. 요컨대 그들은 문학 장르가 당대의 사회와 개인을 가장 잘 그려낼 수 있다고 파악했다.

평자들에 따라 조금씩 의견을 달리하기는 하지만, 많은 평자들은 대체로 영국에서는 18세기 초에 소설이 발생했다고 본다. 그리고 소설의 발생의 직접적인 원인으로 '독서 대중의 성장'과 '여성독자의 증가'를 꼽는다. 와트는 『소설의 발생』에서 주로 18세기 소설을 논의하면서 다니엘 디포, 사무엘 리처드슨, 헨리 필딩의 소설을 논의의 대상으로 삼는다. 그들 소설의 공통되는 규정적 특징은 바로 '리얼리즘'이다.

리얼리즘에 대한 정의는 분명한 한계를 노정한다. 스콜라 철학에 따르면 리얼리티는 '보편적인' 것을 지칭한다. 드러나 근대적 리얼리즘에서 데카르트의 방법론을 접목해 진리는 개인의 감각을 통해 발견될 수 있는 '개별적인' 것을 의미한다. 이처럼 리얼리즘에 대한 정의와 범주에 대해서는 다양한 기준이 적용된다.

18세기 영국에서 디포, 리처드슨, 그리고 필딩은 플롯을 신화나 역사, 전설 혹은 이전의 문학 작품으로부터 차용하지 않은 최초의 위대한 작가들이기 때문에 그들의 소설은 리얼리즘 계열의 소설이라고 불린다. 당시에는 보편적인 것보다는 개별적인 것을 중요시하는 미학적 경향이 우세했다. 소설은 인물 묘사와 배경 설명에 있어 신중함을 기했고 등장인물의 명명에서도 추상적이지 않고 구체적이었다.

소설은 도덕적 진리를 반영하기 위해 시간성이 배제된 이야기를 사용하였던 이전의 문학 전통과 단절했다. 소설의 플롯은 과거의 경험을 통해 현재 행동의 원인으로 이용한다. 시간 속에서 사건들이 인과적으로 연결되어 있어 보다 응집력이 있는 구조를 형성한다. 따라서 소설에서 일상생활의 소소한 일을 낱낱이 묘사하는 것이 가능해졌다. 리얼리즘 소설에서는 시간뿐만 아니라 공간 또한 중요하다. 여기에서 말하는 공간은 추상적인 거소가 아닌 구체적인 물리적 장소를 가리킨다.

리얼리즘 소설의 언어는 전통적인 언어 사용과는 단절되어 있고 적확한 사용을 전제로 한다. 따라서 리얼리즘 소설은 정확한 언어를 통해 대상을 구체적이고 정밀하게 묘사한다. 소설의 언어는 다른 장르의 언어보다 덜 지시적이다. 따라서 소설이라는 장르 자체의 작업 방식은 우아한 집중보다는 철저한 '재현'으로 규정된다. 이 시기에는 얼마나 사실에 가깝게 재현했느냐가 좋은 소설의 절대적인 준거로 작용했다.

많은 평자들은 18세기 독서에 대한 대중적 관심이 폭발적으로 증가했고 독자의 증가가 소설의 발생을 가져왔다고 생각했다. 즉 산업혁명으로 인해 중산층이 늘어났고, 시간적으로 경제적으로 여유가 생긴 중산층이 독자층으로 자리 잡게 되었다. 그러나 여기서 간과할 수 없는 사실은 분명히 18세기 들어 독서 대중이 증가했지만 여전히 상당히 제한적인 규모였다는 점이다. 즉 이전 시대와 비교했을 때 이 시기에 상대적으로 독자층이 늘어난 것이지 절대적으로 폭발적으로 증가했다고 보기는 어렵다. 자선 학교가 보통 교육을 실시해서 문맹률이 현저히 감소했지만 전체 인구로 보았을 때는 여전히 문맹률이 높았다. 책의 가격도 여전히 비쌌다. 사람들은 책을 구입하기보다는 책이 아닌 다른 읽을거리를 찾았다. 이 시대에는 독자들의 수요에 부합하기 위해 공익도서관이나 순회도서관이 급속도로 발전했다. 요컨대 18세기 독자층의 증가가 소설 발생의 충분조건임에는 틀림없지만 그 모든 것을 설명하기에는 부족하다. 중산층 여성들은 사회 참여를 할 수 없었기 때문에 자연스럽게 독자층을 형성하기는 했지만 그들에게는 책을 읽기 위한 경제적·시간적 여유뿐만 아니라 책을 읽기 위한 공간도 부족했다.

18세기 이전까지 출판된 서적 대부분은 종교 서적이었다. 그러나 18세기 들어서면서 세속 문학에 대한 관심이 높아졌고 독자들의 수요를 충족시키기 위해 정기간행물인 '잡지'(journal)가 등장한다. 이 시기 정기간행물이 세속 문학에 흥미를 느낀 새내기 독자들을 독서 대중으로 불러오기는 했으나 정보와 자기 계발, 유흥과 쉬운 읽을거리를 요구하는 대중의 취향에 부합하는 문학 양식은 아직 나타나지 않았다.

18세기에는 궁정과 귀족이 문학인의 후원자로 나서는 경향이 쇠퇴하면서 상대적으로 출판업자와 서적상이 대두하게 된다. 그들이 소설의 발생을 직접적으로 추동한 증거는 없다 하더라도 문학을 귀족 후원자의 통제에서 끌어내 시장 법칙 아래 두게 되는데 간접적으로 영향을 준 것만큼은 사실이다. 이 시대에 비로소 귀족의 후원에서 벗어난 진정한 전업 작가가 등장하게 된다.

따라서 이 시대의 특징은 다음과 같이 두 가지로 정리할 수 있다. 첫째, 독서 대중의 구성이 소수의 귀족에서 다수의 중산층으로 바뀌었다. 둘째, 귀족이 아니라 서적상이 출판을 지배하게 되었다. 간단하게 정리하면 18세기 들어 문화의 향유 계층이 소수의 귀족에서 다수의 중산층으로 바뀌었고, 중산층을 위한 예술 시장이 형성되었고, 거기에 부응해 전업 작가가 등장했고, 그들은 중산층의 취향을 고려해 '소설'(novel)이라는 '새로운'(novel) 장르가 발생했다.

다시 말하지만 영국에서 18세기의 소설은 디포, 리처드슨, 필딩으로 대표된다. 디포 소설의 가장 큰 특징으로 개인주의를 꼽을 수 있다. 디포가 소설의 원조라는 주장에 대해서는 이견이 있을 수 있지만 『로빈슨 크루소』(1719)의 로빈슨 크루소가 "경제적 개인주의를 구현한다"는 사실에 대해서만큼은 이론의 여지가 없다. 즉 "개인주의가 인간이 자신의 동료들로부터 분리된 현상에 대해 주목하게 되면서 사회에 대한 근대적 연구가 시작되었듯이 『로빈슨 크루소』가 개인 간의 관계들을 갈망하는 고독을 드러내고 나서야 소설은 개인

관계에 대한 연구를 시작할 수 있었다."

영국소설 전통에서 리처드슨이 차지하는 중요성은 상당 부분 디포가 해결하지 못한 채 남겨두었던 주요 형식적인 문제들을 성공적으로 해결한 데 있다. 그중 핵심은 아마도 '서사' 또는 '플롯'의 문제이다. 그는 단일한 사건, 즉 연애에 초점을 맞춤으로써 디포의 에피소드 중심의 플롯을 탈피했다. 특히 그는 "단순한 상황을 지속적으로 풍요롭고 복잡하게 빚어내는 능력"을 보여주었는데, 바로 이 점은 "소설이 드디어 문학적 성숙에 도달했음을 보여주는 증거"다. 리처드슨의 『파멜라』(1740)는 영국 귀족의 몸종 파멜라가 자신을 농락하려는 귀족 부인의 아들에 맞서 끝까지 부정한 관계를 거부하고 정조를 지키다 결국 그의 마음을 돌려 정식 결혼에 이르는 과정을 그리고 있다. 이 작품은 어떠한 악의 상황에서도 끝까지 굴복하지 않고 미덕을 지키면 보상을 받게 된다는 '도덕적 교훈'을 전해준다.

반면 필딩은 『파멜라』의 도덕적 결말을 그리 탐탁하게 여기지 않았다. 『파멜라』에서는 파멜라가 정조를 지키고 자신을 농락하려 했던 귀족 부인의 마음도 돌려놓고 결혼에 이르렀지만, 필딩은 이 모든 것을 처음부터 영악한 파멜라의 계략으로 보았다. 그래서 그는 『파멜라』를 『샤멜라』(1741)와 『조셉 앤드류스』(1742)로 패러디한다. 필딩은 자신의 소설을 "산문으로 희극적 서사시"라고 불렀다. 필딩의 소설은 『톰 존스』(1749)에서 정점을 이룬다. 그가 소설사에 끼친 가장 큰 영향은 '인간의 행동과 의식에 대한 조망'이다. 인간의 행동이 반드시 의식에 의해서만 결정되는 게 아니라, 개인의 의식 외에도 자연에는 다른 여러 가지 요인들에 의해서 결정될 수도 있다는 게 필딩의 궁극적인 결론이다.

영국소설사에서 디포, 리처드슨, 필딩 이후 18세기 후반에는 토비어스 스몰렛, 로렌스 스턴, 패니 버니 등이 등장한다. 그 가운데 스턴은 리처드슨의 '표현의 리얼리즘'과 필딩의 '평가의 리얼리즘'의 융화를 시도했다. 그는 두 방법론의 인물에 대한 내적 접근과 외적 접근이 길항 관계에 있지 않음을 입증했다. 스턴의 리얼리즘의 핵심은 새로운 '시간관'이다. 디포, 리차드슨, 필딩의 시간이 대체로 순차적인 시간이라면 스턴의 시간은 물리적인 흐름이 아니라 의식에 흐름에 기초를 두고 있는 시간이다. 그의 시간관은 제임스 조이스, 버지니아 울프, 마르셀 프루스트에게 많은 영향을 끼쳤다. 반면 버니는 사교계에서 자신감을 갖지 못해 사람을 대하는 방식과 판단에서 실수를 거듭하는 한 처녀의 성장을 다루고 있는 『에벨리나』(1778)를 통해 런던의 독특한 말과 방언의 특색을 살리면서 날카로운 사회평론가의 면모를 드러냈다. 이 소설은 주제와 기법 면에서 당시 매우 혁신적이었으며 특히 제인 오스틴의 소설에 영향을 준다.

간단히 정리하면, 영국의 근대 소설은 디포, 리처드슨, 필딩에서 시작해 스몰렛, 스턴, 버니를 거쳐 마침내 제인 오스틴에 이르렀다. 오스틴은 디포, 리처드슨, 필딩의 소설에서 노정되는 내러티브의 결함을 해결했다. 오스틴 소설의 화자는 디포처럼 회고록의 저자도 아니고, 리처드슨처럼 편지를 쓰는 사람도 아니다. 오스틴의 화자는 이야기에 직접 참여하지 않기 때문에 자유롭게 논평하고 평가할 수 있다. 이 점에서 오스틴은 필딩을 따른다. 그러나 필딩의 화자보다 더 신중한 오스틴의 화자는 내러티브의 진솔함을 방해하지 않는다. 즉 "인물과 그들의 정신 상태에 대한 오스틴의 분석이나 그녀가 동기와 상황을 아이러니하게 병치하는 방식은 필딩만큼 예리하지만, 그것은 주제넘게 끼어드는 작가에게서 나왔다기보다는 사회적 심리적 이해력을 갖춘 당당한 비개인적 영혼으로부터 나온 듯 보인다." 오스틴은 자신의 내러티브 관점을 상당히 변화시켜서 독자에게 논평을 제공할 뿐만 아니라 디포와 리처드슨처럼 인물들의 주관적 세계에 심리적으로 가까이 다가갈 기회도 제공한다. 그녀의 소설에는 보통 암묵적으로 특별한 지위를 부여받은 의식을 가진 인물이 등장한다. 그 또는 그녀의 정신적 삶은 다른 인물들보다 더 완전하게 표현된다.

와트는 "오스틴의 소설은 리처드슨의 '표현의 리얼리즘'과 필딩의 '평가의 리얼리즘'의 이점들을 자유롭게 결합하고, 인물에 대한 내면적 접근과 외면적 접근 모두의 이점들도 조화롭게 하나로 결합할 수 있었다. 그녀의 소설은 산만함이나 속임수 없는 진솔함을 취하며, 수다스러운 논평가 없이도 사회 논평의 지혜를 보여주며, 인물들의 개성과 자율성을 희생하지 않고도 사회 질서에 대한 감각을 유지하고 있다"고 말한다.

오스틴의 소설의 장점은 다음과 같이 정리될 수 있다. 첫째, 경제적 개인주의와 향상된 지위를 향한 중산층의 추구에 의해 제기된 문제에 디포보다 당당하게 맞선다. 둘째, 결혼에서 올바른 여성의 역할에 방점을 찍고 있다는 점에서는 리처드슨을 계승한다. 셋째, 올바른 규범에 대한 객관적 묘사에서는 필딩의 예를 따른다. 요컨대 오스틴의 소설은 이전 소설가들의 장점을 따르면서도 이를 통합, 발전시켜나가 자신만의 소설 세계를 구축했다. 특히 그녀의 소설에서는 무엇보다도 '여성'이 중요한 임무를 수행한다. 바로 이 점은 그 후의 브론테 자매와 조지 엘리엇의 소설에 큰 영향을 끼친다.

오스틴의 작품은 영문학 고전, 더 나아가 세계문학에서 고전으로 자리매김하고 있다. 그녀의 작품은 겉으로 드러내지 않지만 당대 사회를 비판하는 예리한 시각, 단순한 연애 사건을 흥미진진하게 이끌어 가는 서사의 힘, 개인의 의식과 행동에 대한 이해할 만한 분석 등 여러 장점들을 갖고 있다. 때문에 그녀는 '천재 작가'로 불린다. 하지만 그녀의 진정한 천재성은 과거의 것들을 거부하고 전혀 다른 새로운 무언가를 만든 것보다도 과거의 것들의 한계와 단점을 파악하고 이를 종합해 자신만의 것으로 만들었다는 데 있다.

요즘 사회 전 분야에서 창의와 혁신을 외친다. 창의와 혁신을 위해 '다 바꿔야 한다'고 말한다. 그래서 바꾸면 '또 바꿔야 한다'고 말한다. 그런데 '바꾸는'(change) 행위가 반드시 창의와 혁신의 본령은 아니다. 바꾸는 것보다 더 중요한 것은 '변하는'(transform) 것이다. 즉 형태(form)를 다르게 하는(trans) 게 더 중요하다. 창의와 혁신의 본령은 무에서 유를 창조하는 게 아니라 기존의 것을 바탕으로 새롭게 만드는 것이다. 오스틴은 디포, 리처드슨, 필딩 소설의 장점은 살리고, 단점은 보완하고, 서로 다른 요소들을 잘 결합해서 자신만의 소설을 만들어냈다. 거기에 머물지 않고 후대의 소설가들에게 하나의 전범이 되고 있다. 그런 점에서 제인 오스틴은 진정한 창의와 혁신의 아이콘이다.

조금 색다른 **고전** 입문기

정시몬, 『세계문학 브런치』, 부키, 2016.

정확히 언제부터라고 말하기 어렵지만 우리 사회에 몇 년 전부터 '인문학' 열풍이 불기 시작해 이제 '인문학 읽기' 혹은 '인문학 공부'는 하나의 트렌드가 되었다. 더 나아가 인문학은 경제, 경영, 사회, 문화, 과학 등 다른 학문과 융합되어 그 영역을 넓혀가고 있다. 인문학 열풍에 대한 찬반양론이 있지만, 어찌 되었든 간에 인문학 열풍은 여전히 진행 중이다. 예컨대 국내 여러 대학에서는 인문학을 포함한 각 분야의 추천 도서 목록을 내놓았고, 수많은 기관과 단체들도 청소년 또는 직장인이 꼭 읽어야 할 인문학, 문학, 사회학 또는 철학 50선 또는 100선 등 다양한 독서 목록을 앞다투어 내놓았다. 그들 대부분의 독서 목록을 채우고 있는 책들은 대체로 우리가 '고전'이라고 부르는 책들이다. 그런데 동양 고전이든, 서양 고전이든 고전은 기본적으로 읽기가 만만치 않다. 내용도 쉽지 않지만, 대부분 책의 두께가 만만치 않다. 그래도 어디 가서 '교양 있다'는 소리를 듣기 위해 혹은 무식하다는 소리를 듣지 않기 위해 많은 이들이 고전 읽기에 도전한다. 역시나 많은 경우 도전은 그냥 도전으로 그치고 만다.

고전뿐만 아니라 어떤 책이든 원문으로 읽는 게 가장 좋다. 가장 좋다는 말은 다름 아닌 오래 기억되고 오래 남는다는 말이다. 세상 모든 일에 공짜가 없듯 독서도 마찬가지다. 책을 읽는 데 쏟은 시간과 노력만큼 책에 대한 이해와 애정도 비례한다. 하지만 언어 문제도 있고 시간적인 문제도 있기 때문에 모든 사람들이 고전을 원문으로 읽을 수 없다. 그래서 사람들은 더 쉬운 방법을 택한다. 즉 고전을 이미 읽은 사람, 혹은 그 분야의 전문가가 쓴 다이제스트를 읽는다. 예컨대 '한 권으로 읽는 서양 고전', '하룻밤에 읽는 세계문학', '누구나 이해할 수 있는 철학' 등 다양하면서도 비슷비슷한 책들이 고전 입문자들의 눈과 귀와 손을 이끈다. 누군가는 이런 독서를 '지적 허영'이라고 부를 수도 있겠지만, 개인적으로는 책을 전혀 읽지 않는 것보다는 다이제스트라고 하더라도 그래도 읽는 게 낫다고 생각한다.

『세계문학 브런치』(정시몬, 부키, 2016)도 고전 다이제스트의 범주에 속해 있는 책이다. 부제로 '원전을 곁들인 맛있는 인문학'이라고 해서 원문(영어)을 일부 포함해 차별화를 시도하고 있지만 책 구성에서 기존의 책들과 큰 차이가 없어 보인다. 그러나 이 책에는 다른 책과 큰 차이가 있다. 즉 기존의 고전 다이제스트들이 말 그대로 두껍고 어려운 고전의 요약본이라면, 이 책은 저자의 고전 독후감이라는 점에서 차별된다. 그리고 그 독후감은 전적으로 저자 개인의 주관적인 느낌과 감정에 기반을 두고 있기 때문에 원전을 아직 읽지 않은 독자에게는 독서의 유혹을 불러일으키고 원전을 이미 읽은 독자에게는 재확인의 기회를 제공한다는 점에서 유의미하다.

저자는 '고전'의 자격에 대한 질문으로 시작한다. 고전은 사전적 정의로는 "고대 그리스 혹은 로마의 저작물", "지속적인 탁월함을 가진 작품"이다. 또한 마크 트웨인뿐만 아니라 많은 사람들의 말처럼 "사람들이 칭찬은 하면서도 읽지 않은 책"이기도 하다. 다시 말하면 고전은 '유명하고 위대하지만 너무나 어렵기 때문에 읽고 싶어도 쉽게 읽지 못하는 책'이다. 그런 고전은 너무나도 많다. 당연히 읽은 고전보다는 읽지 않은 혹은 평생 읽지 못할 고전들이 훨씬 더 많다. 그렇기 때문에 고전 읽기는 어려운 '숙제'다.

그렇다면 고전 읽기 바람은 도대체 언제부터 불었을까? 다른 곳은 잘 모르겠고, 18세기 영국의 풍경을 잠깐 살펴보자. 당시 영국에서 고전은 '라틴어로 쓰인 그리스와 로마 시대의 책'을 가리켰다. 라틴어로 쓰여졌기 때문에 당연히 그리스 로마 고전은 라틴어 교육을 받은 특수 계층만의 향유물이었다. 평민인 일반 독자들, 더 나아가 산업혁명을 통해 경제적 부를 축적하고 시간적 여유를 확보한 중산층마저도 고전을 읽고 싶어도 읽을 수가 없었다. 그 와중에 18세 중반 산업 혁명과 함께 '계몽주의'(Enlightenment) 열풍이 불기 시작하면서 대중들의 지적인 욕구가 더욱 팽배해진다. 수요가 있으면 당연히 공급이 있는 법이다. 당시 종교 문제 때문에 취직할 수 없었던 시인 알렉산더 포프는 혹시나 하는 마음으로 고전을 번역해 잡지에 기고했는데, 이게 요즘 말로 '대박'을 쳤다. 참고로 당시 영국에서는 영국 국교회, 즉 성공회 신자가 아니면 국가 공무원이 될 수가 없었다. 취업길이 막힌 포프는 고전을 번역해서 생계를 이을 정도로 돈도 벌어, 본의 아니게 영국 최초의 '전업 작가'가 된다. 그는 영국문학사에서 18세기 중후반을 대표하는 시인 또는 비평가로서 유명하지만, 개인적인 생각에 그는 인문학의 대중화를 이끈 시대를 앞선 인물이다. 이처럼 인문학 열풍의 역사는 생각보다 아주 오래되었다. 그리고 인문학 열풍은 누가 인위적으로 일으킨 게 아니라 아주 자연스럽고 우연하게 시작되었다.

다시 『세계문학 브런치』로 돌아가자. 저자는 호머(호메로스)의 『일리아드』와 『오디세이아』를 시작으로 단테와 괴테, 장르문학, 셰익스피어, 근대소설, 세계문학의 악동들, 시(poetry)를 메인 텍스트로 삼아 세계문학, 주로 서양문학을 시공간적으로 종횡한다. 그리고 메인 텍스트에서 파생되는 작가와 작품도 훑고 있다. 저자 말을 그대로 옮기면 원전에 "토핑"을 한다. 장(chapter)마다 너무나 많은 작가와 작품들이 언급하기 때문에 일일이 다 열거할 수는 없고 첫 번째 장을 간단하게 살펴보면 이렇다. 저자는 일단 『일리아드』와 『오디세이아』를 메인 텍스트로 삼아 트로이 전쟁의 원인과 경과를 자세히 전한다. 거기에서 그치지 않고, 그리스 비극 시인 에우리피데스와 아이스킬로스의 희곡을 통해 트로이 전쟁 후 트로이 진영과 그리스 진영의 숨겨진 뒷이야기를 자세하게 풀어 놓는다. 게다가 트로이 전쟁에 대한 투키디데스와 헤로도토스의 역사적 해석, 『일리아드』와 『오디세이아』에 대한 소크라테스와 플라톤의 비평까지 곁들인다. 마지막으로 『일리아드』와 『오디세이아』의 현대적 변용으로 장을 정리한다. 저자는 호머에 대한 경의와 함께 각 텍스트에 대한 자신의 개인적인 독후감을 통해 독자에게 독서와 해석, 판단이라는 숙제를 남긴다.

두 번째 장에서는 영혼의 순례로서의 『신곡』(1321)과 악마와의 거래 장부로서의 『파우스트』(1831)를 병치시키며 '신과 악마'라는 오래된 질문을 새롭게 변주한다. 그다음 장에서는 추리 소설, 보물찾기, 과학 소설 등 비교적 가벼운 '장르 문학'을 다룬다. 하지만 저자는 "추리 소설이 인문학 고전의 반열에 들 수 있을까?"라는 도발적인 질문으로 기습 공격한다. 이 장에서는 에드거 앨런 포, 아서 코넌 도일, 애거서 크리스티, 대실 해밋, 로버트 루이스 스티븐슨, 쥘 베른, H. G. 웰스 등 다양한 작가들의 수많은 작품들이 언급된다. 이 작품들은 공통적으로 매우 '재미있다'. 그것도 너무나 재미있다. 그래서 한 번 읽기 시작하면 시간 가는 줄 모르고 책에 빠져든다. 그럼에도 많은 독자들은 그들의 소설을 '장르 문학'으로 규정하며 '본격 문학' 또는 '순수 문학'과 대비한다. 아니 엄밀하게 말하면 추리 소설, 과학 소설을 장르 문학이라고 깎아내린다. 이런 '순수문학 대 장르문학'이라는 이분법적 도식은 많이 엷어졌지만 여전히 통용되고 있다. 최근 들어 『해리포터』와 『반지의 제왕』과 같은 소설은 판타지 문학 또는 아동문학에 포함되고 있지만, 이 작품들을 과연 영문학의 범위 안에서 논의하는 게 타당한지에 대한 논란은 여전히 진행 중이다. 또한 애거서 크리스티의 추리 소설을 영문학 정전 모음집인 『노튼 앤솔로지』에 포함시켜야 하는가, 라는 문제 역시 이 논란과 무관하지 않다. 이 장에서 저자는 가볍게 접근하는 것 같지만 실제로는 '문학' 또는 '문학성'의 본질이라는 상당히 진지하고 근원적인 질문들을 던진다. 그러면서도 영리하게도 자신은 슬

며시 빠져나온다.

『세계문학 브런치』는 분량으로 보면 셰익스피어, 근대소설, 시 등 나름 진지한 문학이 큰 비중을 차지한다. 하지만 너무나 방대하고 이미 너무나 많은 책에서 너무나 많이 언급하고 있기 때문에 이 부분은 넘어가고, 대신 세계문학의 '악동들'에 대해 살펴보자. 저자는 풍자, 어두운 마력, 냉소와 독설, 절망이라는 키워드로 이 장을 설명한다. 그리고 각각 세르반테스와 조너선 스위프트, 프란츠 카프카, 오스카 와일드, 조지 오웰을 그 예로 든다. 개인적으로는 모두 흥미롭고 관심이 가지만, 이 중 세르반테스와 스위프트, 그리고 와일드에 대해 살펴보려 한다. 그에 앞서 풍자와 냉소와 독설, 혹은 조롱에 대해 짚고 가자. 풍자나 조롱은 상대방을 비꼬고 놀린다는 점에서는 같지만, 당하는 처지에서 보자면 극명하게 차이가 난다. 풍자의 경우 풍자되는 대상은 참고 넘어가야 한다. 왜냐하면 시쳇말로 '화내면 지기' 때문이다. 하지만 조롱의 경우에는 다르다. 참고 넘어가면 더욱 망신스럽기 때문에 조롱을 당한 사람은 반드시 복수를 꾀한다.

세르반테스는 『돈키호테』(1605)에서 중세 유럽을 오랫동안 옥죄었던 기사도를 풍자한다. 『돈키호테』는 "현실과 괴리된 중세적 패러다임이 더는 통하지 않는 새로운 시대가 이미 한참 전에 도래했음을 알리는 근대의 행진곡"이다. 그런데 그 행진곡은 장중하고 위엄 있는 곡조가 아니라 오히려 한편으로는 유쾌하면서도 다른 한편으로는 씁쓸한 느낌을 준다. 스위프트의 『걸리버 여행기』(1726)는 오랫동안 어린이들에게 꿈과 희망을 주는 '아동용 작품'으로 잘못 알려졌다. 그러나 사실 이 작품은 당대 영국과 아일랜드 사회의 모순과 부조리를 날카로우면서도 유쾌하게 풍자한다. 풍자의 대상은 겉으로는 웃지만 결코 웃는 게 아니다. 그렇기 때문에 그들을 지켜보는 사람은 더욱 더 재미있다. 바로 그 점이 풍자의 묘미이자 본령이다.

조롱을 이야기할 때 빼놓을 수 없는 작가가 있는데 다름 아닌 와일드다. 전하는 바에 따르면, 그는 미국 입국을 위해 세관을 통과할 때 세관원이 신고할 물품이 없냐고 묻자, "내 천재성 외에는 신고할 게 없다"고 맹랑하게 말하면서도 표정 하나 바꾸지 않았다고 한다. 그는 '예술을 위한 예술'을 주창한 탐미주의의 대표 작가이다. 그는 경쾌하고도 신랄한 필체로 특히 빅토리아 시대 영국 지배 계급의 도덕적·사상적 위선을 벗겨 낸 독설가로 유명하다. 그의 탐미주의 소설 『도리안 그레이의 초상』(1891)에서 나오는 헨리 경은 와일드 자신의 모습에 가깝다. 그의 말 한마디 한마디는 인생과 세상을 향한 지독한 냉소, 풍자, 조롱, 그리고 허영과 쾌락에 대한 집착 등으로 가득 차 있고, 와일드의 냉소적 인간관, 더 나아가 그의 염세적 세계관을 투영한다. 하지만 와일드는 자신의 허영과 쾌락, 조롱에 대해 참담한 대가를 치른다. 그는 실제로 도리안 그레이를 연상시키는 젊은 남자 앨프리드 더글러스에 매혹되어 그와 동성애로 발전하고 결국에는 전 재산을 잃고 감옥에 가는 고초까지 겪는다. "예술이 인생을 모방하는 것보다도 훨씬 더 인생은 예술을 모방한다"고 믿었던 와일드는 결국 자신의 인생을 철저하게 파멸시킴으로써 자신의 삶을 한 편의 아이러니한 비극 작품으로 승화시킨 셈이다. 상대방에 대한 냉소와 독설, 혹은 조롱은 결국은 자신에게 부메랑이 되어 돌아왔다.

『세계문학 브런치』의 저자는 서문에서 이 책을 "전문가들이 흔히 정전이라고 부르는, 서구 문학의 기본이자 표준이라 할 수 있는 텍스트를 중심으로 구성했다"고 밝히고 있다. 그는 "이미 그 저자들의 시대나 국적을 초월하여 세계사적 보편성을 획득한 작품들이니 일단 믿고 보면 후회하지 않을 것이라는 품질 보증 딱지가 붙어 있는 셈이다"라고 말한다. 그의 말에 전적으로 동의하지는 않지만, 저자의 이 서문은 고전 읽기의 이유와 방향, 그리고 출발점을 비교적 명확하게 제시했다고 말할 수 있다. 전문가들 혹은 많은 사람들이 어떤 작품을 훌륭한 작품이라고 평했다고 그 작품이 반드시 훌륭한 것은 아니다. 드물지만 때로는 정반대일 수도 있다. 대신 어느 정도는 검증이 되었기 때문에 문학의 정전에 해당하는 작품들을 읽는 쪽이 안전한 선택이라고 말할 수 있다. 정전에서 출발해 별전, 외전, 혹은 괴전을 읽는 것도 늦지 않다는 저자의 주장에 동감하게 된다. 예컨대 이 책에서도 언급되는 다니엘 디포의 『로빈슨 크루소』(1719)를 읽어야 비로소 존 쿳시의 『포』(1986)나 미셸 트루니에의 『방드리디, 태평양의 끝』(1971)의 의미를 제대로 알 수 있다.

당연한 이야기겠지만 『세계문학 브런치』를 읽었다고 해서 이 책에서 언급하고 있는 모든 책을 읽었다고 결코 말할 수 없다. 이 책을 읽었다면 이제 고전 읽기라는 긴 여정의 출발점에 선 것이다. 혹은 예전에 출발했다가 잠깐 멈추었던 그 여정을 다시 시작하는 것이다. 개인적인 생각에 인문학의 시작과 끝은 '독서'다. 그것도 '자기 독서'다. 이 책은 바로 그 점을 일깨워준다. 그 점 하나만으로도 이 책은 유의미하다. 끝으로 이 책에서 언급하고 있는 고전에 대한 독자들의 해석은 당연히 저자와 다를 것이다. 아니 달라야만 한다. 그게 바로 인문학 공부다.

조금 특이한 **로맨스**

러셀 로버츠, 『보이지 않는 마음』(2001), 김지황 옮김, 연암사, 2017.

지난겨울 『보이지 않는 마음』(2001)이라는 조금 특이한 로맨스 소설을 읽었다. 미국에서 출간된 지는 조금 되었지만 국내에는 뒤늦게 2017년에 번역 출간되었다. 이 책의 저자 러셀 로버츠는 스탠퍼드 대학교수이자, 베스트셀러 작가이자, 경제학 관련 인기 팟캐스트 〈이콘토크〉의 진행자다. 이 책은 MIT를 비롯한 미국대학에서 자본주의 시스템과 자유시장 원리를 이해하는 경제학 교재로 쓰인다고 한다. 하지만 이 작품은 특이하게도 두 남녀의 사랑 이야기가 메인 플롯인 '로맨스' 소설이다. 주인공 샘과 로라는 처음에는 상대방에 대한 오해와 편견으로 티격태격하지만, 서로를 조금씩 이해하고 알아가면서 결국 사랑에 이르게 된다. 당연히 중간에 둘의 사랑을 방해하는 내부적인 혹은 외부적인 어려움이 뒤따른다. 둘은 그 어려움을 극복하면서 서로에 대한 믿음을 확인하고, 자신들의 사랑을 더 단단하게 만들어 간다. 그런데 저자는 어찌 보면 이런 빤한 사랑 이야기 속에 경제학 개념과 원리를 정교하게 배치해 독자들이 자연스럽게 자본주의 시스템과 자유시장 원리에 대해 이해하고 생각할 기회를 제공한다. 그런 이유 때문인지 노벨 경제학상 수상자인 밀턴 프리드먼을 비롯해 월스트리트 저널과 워싱턴 포스트 등 많은 언론매체들도 이 책에 대해 찬사를 아끼지 않았다. 예컨대 프리드먼은 이 책에 대해 "책장이 술술 넘어가는 이 재미있는 사랑 이야기는 경제에 관한 상당한 지식을 가르쳐 준다"라고 평했고, 워싱턴 포스트는 "어려운 개념을 쉽게 풀어서 설명해주는 유쾌한 책이다"라고 논평했다.

먼저 작품의 제목부터 살펴보자. 『보이지 않는 마음』이 경제학과 관련되어 있다는 사실을 염두에 둔다면, 제목에서 자연스럽게 '보이지 않는 손'을 떠올리게 된다. '보이지 않는 손'이라는 표현은 '고전 경제학의 아버지'라 불리는 애덤 스미스의 『국부론』(1776)에 아주 잠깐 등장하는 용어다. 그에 주장에 따르면, "모든 경제 주체가 건전한 사회제도 아래에서 사전 조정 없이 경쟁하면 시장이라는 '보이지 않는 손'에 의해 경제 질서를 가져오고 부와 번영을 이루게 된다." 그는 이 관점을 국가와 정치에 적용하여 국가의 역할은 국방과 치안 등에 국한해야 한다는 '자유방임 원리'로 발전시켰다. 자유방임 원리는 정치적 '민주주의', 사회적 '시민사회', 경제적 '자유기업 제도'를 성립시켰고, 이를 바탕으로 하는 완전한 산업자본주의는 인류역사상 최초의 위대한 생산력을 발휘했다. '자유방임 원리', 다시 말하면 '자유주의 경제학' 이론은 이후 많은 학자들에 의해 발전되면서 경쟁적 균형은 최적 자원 배분을 실현할 수 있다는 신념을 낳았다. 『보이지 않는 마음』은 제목에서부터 경제학에 기반을 두고 있다는 사실을 확실하게 하고 있다.

하지만 『보이지 않는 마음』은 통속적인 로맨스 소설이다. 보수적인 전통의 에드워드 고등학교에서 경제학을 가르치는 샘과 문학을 가르치는 로라는 처음부터 부딪힌다. 둘은 아주 개인적인 문제에서부터 시작해 '국가냐, 시장이냐'와 같은 거창한 정치·경제 문제에 이르기까지 생각이 전혀 다르다. 예컨대 로라는 탐욕적인 자본주의와 자유시장을 신봉하는 샘에 대해 '천박하고 야비하다'고 생각하고, 샘은 국가가 개인의 빈곤을 해결해야 한다고 주장하는 로라에 대해 '현실감각이 없고 위험하다'고 생각한다. 그렇기 때문에 두 사람은 사사건건 충돌한다. 하지만 둘은 토론과 논쟁을 통해 서로에 대해 조금씩 알아간다. 그리고 서로가 상대방에게 오해와 편견으로 대했다는 것을 깨닫고,

마지막에는 서로를 이해하고 더 나아가 사랑하게 된다.

샘과 로라의 사랑 이야기만 떼어 놓고 보면, 『보이지 않는 마음』은 제인 오스틴의 『오만과 편견』(1813)의 현대적 버전으로 읽힐 수 있다. 주지하듯 『오만과 편견』은 겉으로는 무뚝뚝하지만 속정은 깊은 다시와 관습에 얽매이지 않는 재기발랄한 엘리자베스의 사랑 이야기다. 다시와 엘리자베스의 첫 만남은 샘과 로라의 첫 만남처럼 좋지 않았다. 엘리자베스는 다시가 매력적이기는 하지만 '오만하다'고 생각한다. 다시는 엘리자베스가 싫지는 않지만 그녀의 어머니 베넷 부인의 천박함과 그녀의 동생들의 교양 없음에 치를 떤다. 그런데도 다시는 엘리자베스에게 청혼한다. 엘리자베스는 그가 언니 제인과 빙리의 결혼을 방해했다는 사실을 알고 그의 청혼을 거절한다. 하지만 그 뒤 그녀는 경박하고 뻔뻔스러운 콜린스, 태도는 친절하지만 성실하지 못한 위컴과의 만남을 통해 남자의 '첫인상'이 그리 믿을 만한 것이 아니라는 사실을 깨닫는다. 여러 사건과 많은 만남을 통해 다시가 사실은 관대하고 속이 깊은 인물이라는 것을 알게 된다. 다시 역시 빙리에 대한 제인의 사랑이 진실하다는 사실을 알고 두 사람의 결혼을 주선해 준다. 그리고 그와 엘리자베스도 오해와 편견을 넘어 이해와 사랑과 존경으로 서로 맺어진다. 『오만과 편견』에서 엘리자베스와 다시가 서로에게 갖고 있던 오해와 편견을 걷어내고 마침내 사랑에 이르듯이, 『보이지 않는 마음』에서도 로라와 샘은 서로에게 갖고 있던 오해와 편견을 걷어내고 마침내 사랑에 이른다.

『보이지 않는 마음』의 메인 플롯은 샘과 로라의 사랑 이야기다. 하지만 소설의 내용과 주제 면에서 보자면, 이 작품의 본령은 경제를 포함해 논란이 되는 여러 사회적 이슈를 두고 수업 시간에 샘과 학생들이 벌이는 토론, 그리고 그가 로라와 벌이는 열띤 토론과 논쟁이다. 샘은 수업 시간에 학생들에게 석유의 고갈과 피스타치오를 예로 이윤 추구와 성과보수에 대해 논하고, 자동차 에어백 설치 의무화를 놓고 국가가 개인의 삶에 간섭하는 게 과연 옳은 것인지 문제를 제기한다.

샘은 개인의 삶은 개인이 전적으로 책임져야 한다고 주장하는 '자유 지상주의자'로서 국가가 개인의 삶에 간섭하는 것에 대해 반대한다. 그는 비용과 효과 문제를 언급하며 로라와 적정보수에 대해 논쟁하기도 한다. 그녀가 직업의 고결성과 사회적 책임 등을 언급하며 교사의 연봉이 터무니없이 낮지만 연예인이나 운동선수는 엄청난 돈을 번다고 불만을 제기하자, 샘은 적정보수는 시장의 수요와 공급으로 조절되는 것이라고 그녀의 주장을 반박한다. 그들은 자선 행위, 노동조합, 최저임금, 도덕성과 시장, 정부의 환경 정책, 기업의 사회적 책임 등 다양한 주제에 관해서도 토론과 논쟁을 벌인다. 요컨대 샘이 국가가 인위적으로 시장에 개입하거나 개인의 삶에 간섭해서는 안 된다고 주장하는 반면, 로라는 제도가 나쁘면 사람도 나빠지는 법이고, 부패한 사람들이 양심적인 사람들을 밀어내기 때문에 국가가 어느 정도 간섭해야 한다고 주장한다.

『보이지 않는 마음』에서 샘과 로라의 토론과 논쟁은 마치 '경제 토론'을 보는 듯하다. 박종현은 『시장경제를 위한 진실게임: 케인즈 & 하이에크』(2008)에서 [경제를] "시장에 맡길 것인가, 국가가 개입할 것인가?"라는 궁극적인 질문을 통해 경제학의 두 거장이 시장경제를 놓고 벌이는 치열한 공방과 날카로운 통찰을 보여주었다. 『보이지 않는 마음』에서 경제학 전공자인 샘과 문학 전공자인 로라의 경제에 대한 내공의 차이가 워낙 크기 때문에 둘 사이의 대등한 토론과 논쟁을 기대할 수는 없지만, 그럼에도 큰 틀에서 보자면 샘과 로라의 토론과 논쟁은 시장과 국가를 두고 둘러싼 하이에크와 케인스의 토론과 무척 닮았다.

니컬러스 웝숏은 『케인스 하이에크』(2011)에서 케인스와 하이에크의 대결과 논쟁을 생생하고 흥미진진하게 다루었다. 역사상 가장 화려한 조명을 받았던 경제학자 케인스와 그에 맞서 강고한 진지전 끝에 '신자유주의의 아성'

을 구축한 하이에크는 한마디로 '운명적인 라이벌'이었다. 아니 지금도 그들은 여전히 라이벌이다. 그들은 100년 가까이 경제학의 양대 산맥으로 군림했고, 그들의 독자적인 사상은 경제학은 물론 정치학으로까지 번져 여러 나라의 정치, 경제 정책을 좌우했다. 특히 2008년 세계 금융 위기 이후 벌어진 두 사람의 '리턴 매치'는 오늘날 세계가 여전히 그들의 자장 안에서 움직이고 있음을 여실히 보여주고 있다.

케인스와 하이에크는 1930년대 대공황의 시대에 불황의 해법을 놓고 치열한 지상 논쟁을 벌였다. 불황에 대한 대처 방법의 차이는 '국가냐, 시장이냐'라는 경제학 최대의 대결로 수렴된다. 그들이 가장 큰 견해 차이를 보인 부분은 경기 순환의 작동 방식, 즉 불황이 나타나는 원인과 그 해법이다. 케인스는 저축되는 돈이 투자되는 돈보다 많아지면 불황 국면이 출현하고, 그에 동반해 물가가 떨어지고, 경기가 바닥을 치면 만성적인 수요 부족으로 경제 활동이 둔화돼 불필요한 '실업'이 발생한다고 봤다. 따라서 불황을 타개하기 위해 정부는 금리 인하 및 통화 공급량의 증대와 같은 통화 정책, 세금 감면, 공공사업을 수행해야 한다고 주장했다. 반면 하이에크는 불황이란 생산자가 은행 융자로 돈을 빌려 자본재를 더 많이 생산하는 경우 등으로 통화량이 늘어남으로써 신용이 과잉 팽창한 결과라고 봤다. 그에 따르면, 모든 문제는 국가, 즉 중앙은행이 시장에 개입해 금리를 인위적으로 낮추거나 높임으로써 저축과 투자의 관계에 개입하는 것에서 비롯된다. 그는 '국가가 통화 시스템에 개입하지 않는다면 경기 순환도 없어질 것이고 불황도 사라진다'고 단언했다.

케인스는 불황을 타개하고 실업을 없애기 위해서는 "정부가 돈을 빌려서라도 공공사업에 나서야 한다"고 주장했고, 하이에크는 "국가의 인위적인 개입이 없어야 하고 자유시장에 맡겨야 한다"고 케인스의 주장을 반박했다. 또한 케인스는 경제는 전체상을 파악할 때 효과적으로 이해할 수 있다고 보았지만, 하이에크는 경제의 전체상은 쉽게 파악할 수도 없으며 오직 시장에서 행동하는 개인의 상호 작용을 고려해야만 이해할 수 있고, 그것도 일부만을 이해할 수 있을 뿐이라고 확신했다. 이처럼 케인스와 하이에크는 경제 해법을 두고 첨예하게 대립했다.

하지만 세계 대공황에 대한 해법으로 미국의 루스벨트 대통령이 '뉴딜 정책'이라 불리는 케인스식의 경기부양책을 채택함으로써 케인스와 하이에크의 치열한 전쟁은 결국 케인스의 승리로 끝난다. 그리고 케인스는 죽은 후에도 1960년대 후반까지 치세를 누린다. 케인스의 아이디어는 수많은 후계자들의 이론과 정책을 통해 서방 세계의 경제적 번영에 결정적으로 기여했다. 그러나 잘나가던 자본주의 경제가 1970년대 들어 불황을 맞아 실업자가 늘어나고 물가가 상승하는 '스태그플레이션'이 찾아옴으로써 30년간 대세를 이뤘던 케인스의 시대는 저물고 만다. 그리고 바로 이때 하이에크는 1974년 노벨 경제학상을 받으며 인생의 전환점을 맞는다. 2년 뒤에는 그의 든든한 지원군이었던 밀턴 프리드먼까지 노벨상을 받으면서 바야흐로 하이에크의 시대가 도래한다. 거기에 영국에서는 하이에크의 열렬한 신도인 대처의 보수당이, 미국에서는 신보수주의를 주창하는 레이건의 공화당이 정권을 잡고 하이에크가 주장한 '작은 정부'와 '자유시장'을 받아들이자 하이에크는 마침내 정점에 오른다. 1990년 들어 통화주의의 위세가 약해지고 케인스적 사고와 하이에크적 사고를 절충하는 탈케인스주의 시대가 도래하지만, 여전히 공급 측면의 해결을 우선하는 '민물 경제학자'가 수요 견인형 해결책을 중시하는 '짠물 경제학자'보다 우위에 선다.

그러나 하이에크의 '작은 정부'와 '자유시장'을 바탕으로 하는 신자유주의는 2008년 세계 금융 위기가 발생하면서 치명타를 맞는다. 미국의 부시 행정부는 케인스주의적 경기부양책을 편다. 영국도 은행 주식을 매입하는 형태로 은행에 구제 자금을 지급했다. 한마디로 케인스가 화려하게 '부활했다'. 그 후 오바마 행정부가 세금 감면과 실업 급여, 사회 간접 자본에 예산 제출을 승인해 줄 것을 의회에 요청하자, 오래전에 있었던 케인스와 하이에크의 논쟁이 다시 벌어졌다. 의회는 오바마의 경기 부양책을 승인하지만, 2년이 지나도 효과가 없자 이번에는 정부 차입의 중단과 국가 채무의 신속한 상환을 촉구하는 '티 파티 운동'이 일어났다. 즉 케인스에 대한 하이에크의 재반격이 시작되었다.

케인스와 하이에크의 논쟁은 여전히 진행 중이다. 두 자본주의 간의 대결이 어떻게 판가름이 날지 속단하기 어렵다. 둘 중 누구의 승리를 떠나 두 사람의 대결은 오늘을 사는 우리에게 중요한 질문을 던진다. 경기 부양을 위해 정부는 어떤 정책을 펴야 하는가? 정부가 포괄해야 하는 사회 안전망의 범위는 어디까지인가? 위기에 처한 금융 기관이나 사적 기업을 정부는 구제해야 하는가? 아니면 그냥 내버려 둬야 하는가? 전기, 수도, 가스, 철도 등 공공 서비스도 시장에 맡겨야 할 것인가? IT 산업 시대에도 대규모 공공사업이 일으키는 고용 효과, 승수 효과가 있는가? 이러한 질문들은 어쩌면 자본주의 사회의 영원한 주제일지 모른다. 케인스와 하이에크의 대결은 여전히 현재 진행형이다.

케인스와 하이에크는 여러 공통점에도 불구하고 시장에 대한 전혀 다른 관점으로 인해 진정한 화해를 이루지는 못했다. 이들의 사상을 화학적으로 결합한 새로운 사상이나 이론이 출현하지 못하는 이유는 궁극적으로는 그들의 철학적·정치적 입장이 완전히 다르기 때문일 것이다. 하지만 지금은 사회적 약자에 대한 배려와 공공성을 중시하는 케인스 경제와 개인의 창의와 시장경제의 활력을 중시하는 하이에크 경제의 긍정적 측면을 결합해 현실을 변화시키려는 움직임이 그 어느 때보다도 필요하다. 하지만 현실적으로 케인스의 주장과 하이에크의 주장이 합쳐지는 것은 말할 것도 없고 타협하는 것조차 쉽지 않아 보인다.

하지만 『보이지 않는 마음』에서 로라와 샘은 케인스와 하이에크와 달리 어느 정도 화해 또는 의견의 타협점을 찾는다. 그들은 더 좋은 세상을 만드는 방법이 절대적으로 한 가지만 있는 게 아니라는 주장에 동의한다. 시장에 대한 정부의 적극적인 개입을 찬성했던 로라는 샘과의 토론과 논쟁을 통해 시장의 순기능에 대해 깨닫는다. 그녀는 나비의 작은 날갯짓이 지구 어딘가에 거대한 폭풍우를 일으킬 수도 있다는 나비효과 이론처럼, 작은 경제 정책 하나가 사회에 미치는 파급력이 엄청나기 때문에 한 가지 측면만 바라보다가는 크나큰 대가를 치르게 될 수도 있다는 사실을 깨닫는다. 시장 만능 주의를 신봉하던 샘 역시 로라를 통해 사회적 약자에 대한 국가적 관심이 어느 정도 필요하다는 것을 인정하게 된다.

『보이지 않는 마음』에서 샘은 독특한 수업 방식 때문에 학교로부터 부당하게 해고통지를 받지만, 그는 해고 통지를 한 학교, 그의 해고를 요구한 상원의원, 그의 해고의 실마리가 된 학생 에이미 등 그 누구도 비난하지 않고 자신을 항변하지도 않는다. 대신 그는 마지막 수업에서 마치 〈죽은 시인의 사회〉(1989)의 키팅 선생처럼, 학생들에게 "자유로운 시장체제가 사랑과 자비, 공동체 의식을 배제한다고 생각하면 오산이야"라고 말하며 '보이지 않는 마음'의 중요성을 역설한다. 저자는 『보이지 않는 마음』에서 샘을 통해 기업의 목적과 책임, 화폐가치, 인플레이션, 정부의 정책들이 가져오는 결과 등을 언급하며 자본주의를 움직이는 것은 '돈'이 아닌 '마음', 즉 '보이지 않는 손'을 움직이는 것은 '보이지 않는 마음'이라는 것을 역설한다.

약간의 해프닝이 있었던 에드워드 고등학교 졸업식이 있은 지 몇 달 뒤 샘과 로라는 그들이 처음 만났던 지하철역에서 재회한다. 로라는 둘이 처음 만날 때 샘이 그랬던 것처럼 구걸하는 노숙자의 손에 1달러를 올려놓는다. 반대로 샘은 로라의 오빠 앤드루가 노숙자에게 하는 것처럼 그의 손에 영양제를 올려놓는다. 이 장면은 복지 문제에 있어 로라가 샘의 방식을, 샘이 로라(앤드루)의 문제 해결 방식을 어느 정도 인정하고 있음을 보여준다. 그리고 샘은 로버트 번스의 시 「내 사랑은 붉디 붉은 장미와 같아요」(1794)의 한 구절인 "난 바다가 마를 때까지, 태양이 바위에 녹을 때까지 당신을 기다릴 수 있어요, 아가씨"를 인용하며 그녀에게 사랑을 고백한다.

『보이지 않는 마음』의 샘과 로라는 여전히 "물과 기름 같은 사이"지만 서로의 차이를 인정하고 "길고 어두운 에스컬레이터 터널을 지나 햇빛이 밝게 비추는 곳으로 걸어갔다." 이 마지막 장면에서 샘과 로라가 그랬던 것처럼 "물과 기름 같은" 하이에크와 케인스의 경제적 관점도 어느 정도 절충할 수 있다는 즐거운 상상을 해 본다. 만일 그렇게 된다면 논제는 '국가냐, 시장이냐?'에서 영국의 낭만주의 시인 윌리엄 블레이크의 시집의 제목 『천국과 지옥의 결혼』(1793)을 살짝 비튼 '정부와 시장의 결혼'으로 바뀌게 된다.

지식인으로 살아가는 방법

볼테르, 『미크로메가스 캉디드 혹은 낙관주의』(1759), 이병애 옮김, 문학동네, 2010.

최근 들어 한국사회의 가장 큰 변화 중 하나는 정치에 대한 관심이 부쩍 늘었다는 점이다. 많은 사람들이 예전보다 정치 문제에 대해 적극적으로 자신의 의견을 개진하고 활발하게 토론한다. TV를 포함해 인터넷에서도 정치뿐만 아니라 경제, 문화, 사회 등 다양한 주제로 열띤 토론이 벌어진다. 그런데 토론에 참여하는 당사자들은 어떻게 생각할지 모르겠지만 보는 사람으로서는 조금 실망스럽기도 하고 맥이 빠진다. 특히 유명 정치인들이나 논객들이 등장하는 TV 토론을 보면 시쳇말로 '웃프다.' 웃기면서도 슬프다.

토론은 기본적으로 상대방의 말을 잘 듣는 것에서 출발한다. 옳고 그름을 따지는 것이 아니라, 누가 이기고 누가 지는 것을 판정하는 것이 아니라, 특정 주제에 대해 상대방의 의견과 자기 생각을 견주며 자기 생각을 다듬고 정립하는 게 토론의 본령이다. 그러나 TV 토론에 나오는 논객들은 한결같이 상대방의 말은 전혀 듣지 않고 오직 자신의 말, 그것도 미리 준비해 온 말만 한다. 그들의 일방적인 주장에서 상대방에 대한 배려나 인정은 당연히 찾아 볼 수 없다. 기본적으로 그들은 '나는 옳고 너는 틀렸다'는 전제 하에 토론에 임한다. 토론의 전략은 단순하다. 상대방보다 말을 더 많이 하고, 더 크게 하고, 더 세고 자극적으로 하는 것이다. 상황이 그렇다 보니 어떤 이는 그런 토론을 보면서 쓴웃음만 짓고, 어떤 이는 채널을 돌리고, 또 어떤 이는 아예 토론 프로

그램을 보지 않는다. 더 심각한 것은 조금 가까워졌던 정치가 다시 멀어져, 결국 정치에 대한 '불신'과 '희화화'로 이어질 수 있다는 점이다.

다시 말하지만 토론에서 가장 기본적이면서도 가장 중요한 태도는 나와 상대방이 다르다는 것을 인정하는 것이다. 내가 내 생각을 자유롭게 말할 수 있는 것처럼, 상대방도 상대방의 생각을 자유롭게 말할 수 있어야 한다. 이것이 바로 자유다. 즉 진정한 자유란 "내가 하고 싶은 말을 하고 싶은 대로 하는 게 아니라, 내 생각과 다른 생각을 자유롭게 말할 수 있도록 허락하는 것이다"라는 문구가 가슴 깊이 박힌다.

영어로 '톨러런스'(tolerance), 프랑스어로 '똘레랑스'(tolerance)라는 단어가 있다. 우리에게는 똘레랑스가 더 익숙하다. 똘레랑스는 프랑스인의 국민성을 압축하는 단어다. 이 단어는 『나는 빠리의 택시 운전사』(1995)의 저자로 유명한 작가 홍세화를 통해 널리 알려졌다. 똘레랑스는 크게 두 가지 의미로 해석된다. 첫째, "다른 사람이 생각하고 행동하는 방식의 자유 및 다른 사람의 정치적, 종교적 의견의 자유에 대한 존중"을 뜻한다. 둘째, "특별한 상황에서 허용되는 자유"를 의미한다. 간단히 정리하면, 똘레랑스는 상대방과 내가 다르다는 것을 인정하는 태도다. 즉 '틀리다'고 단정 짓는 것이 아니라 '다르다'는 것을 인정하는 태도다. 작가 홍세화는 "한국 사회가 정이 흐르는 사회라면 프랑스 사회는 똘레랑스가 흐르는 사회라고 말할 수 있다"라고 말했다. 요즘 TV 토론을 보면서 똘레랑스라는 단어가 자꾸 머릿속을 맴돌고, 자연스럽게 볼테르라는 인물이 떠오른다.

한마디로 말해서 볼테르는 18세기 프랑스 문학의 '성좌'다. 더 나아가 18세기 프랑스문학으로 국한되지 않고 모든 프랑스문학을 아우르는 프랑스문학의 '이정표'다. 그에게는 시인, 극작가, 역사가, 철학자 등 다양한 칭호가 따랐다. 그런 칭호에 걸맞게 그는 많은 극작품과 서사시를 썼다. 비극에서는 라신의 후계자라는 평가를 들을 정도였고, 서사시의 경우에서도 호메로스와 비교될 정도로 큰 성공을 거두었다. 역사 분야에서도 그는 고대의 역사가 아닌 당대의 역사에 접근하는 새로운 시도를 감행했다. 그뿐만 아니라 그는 프랑스의 사료 편찬관으로서도 많은 자료를 남겼다. 철학의 경우에는 다른 철학자들처럼 인간의 본성이나 세계의 현상을 설명하는 새로운 개념이나 체계를 제시하지는 않았지만, 그는 철학자로서 갖추어야 할 새로운 태도를 제시했다.

그렇다면 볼테르를 가장 잘 설명하는 칭호는 무엇일까? 개인적으로 그에게 가장 어울리는 칭호는 '지식인'이라고 생각한다. 그냥 지식인이 아니라 '행동하는 지식인'이라 부르는 것이 볼테르에게 훨씬 더 어울리는 칭호일 것이다. 그의 생애는 행동하는 지식인이라는 칭호에 고스란히 겹쳐진다. 그는 이전 시대와 동시대, 그리고 후대의 많은 철학자들이 그랬던 것처럼 인간의 본성이나 세계의 복잡한 현상을 해석하고 설명할 수 있는 새로운 개념이나 자신만의 독특한 철학적 사유의 틀을 구체적으로 제시하지 않았다. 대신 그는 철학자의 새로운 전형, 즉 '행동하는 철학자'로서 하나의 상을 제시했다. 그는 '이성'의 고귀한 힘을 인정하며 모든 권위나 신념, 심지어는 종교까지도 시험대에 올려놓았으며 광신과 불의를 고발하고 인류의 보편적 가치를 수호하기 위해 펜으로써 공론화했다. 이러한 그의 반동적이고 불온한 철학적 사유와 행동은 후대의 빅토르 위고, 에밀 졸라, 그리고 미셸 푸코에게 전승된다. 볼테르의 철학적 사유와 행동은 근대 프랑스 철학, 더 나아가 현대 프랑스 철학의 저류를 형성한다.

볼테르의 삶을 가장 압축적으로 묘사하는 단어는 '쓰다'이다. 그렇기 때문에 볼테르의 삶의 철학의 본령은 한마디로 '행동하기 위해 쓴다'로 수렴된다. 볼테르에게 있어 글을 쓴다는 행위는 자체가 목적인 동시에 수단인 셈이다. 글은 자신의 철학적 사유를 논증하는 장이 아니라, 불의로 가득한 사회를 비판하고 교정하려는 재판장이다. 그의 글은 단지 개인적인 사유에 머물지 않고 행동의 실천을 촉발한다. 바로 이 점이 볼테르가 다른 철학자와 변별되는 지점이다.

볼테르의 삶이 처음부터 '실천하고 행동하는 지식인'의 삶은 아니었다. 볼테르는 귀족들이 특권적인 지위를 누리던 시절 부르주아 집안에서 태어났고 그의 꿈은 사교계를 주름잡고 성공한 극작가가 되어 부를 얻는 것이었다. 결국 그는 극작가로서 부침이 있기는 했지만 재능과 열정, 그리고 끊임없는 노력으로 수많은 작품을 썼고 마침내 자신의 세속적 욕망을 달성했다. 하지만 볼테르는 세속적 성공에 안주하지 않았다. 만일 그가 여기에서 멈추었다면 작가 또는 지식인으로서의 볼테르의 명성은 오늘날까지 이어지지 않았을 것이다.

볼테르는 작가로서 얻은 명성을 자신만을 위해 쓰지 않았다. 그는 '칼라스 사건'과 이후의 활동들로 인해 종교적 광신에 희생된 사람들을 위해 헌신한 투사, 행동하는 지식인으로 오늘날 기억된다. 참고로 칼라스 사건은 1761년에 일어난 한 개신교인 청년의 자살과 가톨릭교도들의 부당한 모함으로 장 칼라스의 온 가족이 풍비박산된 비극적인 사건이다. 가톨릭교도들은 청년의 자살을 칼라스의 가족들이 청년의 가톨릭 개종을 막기 위해 청년을 살해했다는 모함을 씌워 가족들을 재판에 회부해 수레바퀴형으로 처형시켰다. 볼테르가 칼라스 일가를 적극적으로 변호하며 이 사건은 세상에 널리 알려졌다. 이 사건을 계기로 볼테르는 종교의 이름으로 자행된 폭력에 맞서서 인간의 보편적 가치와 관용의 원칙을 수호하는 데 앞장서게 된다. 볼테르의 지식인으로서의 삶은 이후의 위고, 그리고 나중에 '드레퓌스 사건' 때 졸라에게까지 반향을 일으킨다.

이처럼 볼테르는 '책상물림'인 보통의 철학자들과는 거리가 멀다. 그는 행동하고 실천하는 철학자로서 장르에 상관없이 수많은 글을 썼다. 그는 '쓰고, 쓰고, 또 썼다.' 그는 글만 쓴 게 아니라 부동산 매입, 시계 수공업, 양잠업 등 다양한 사업도 벌였다. 그의 대표작 「캉디드 혹은 낙관주의」(1758)의 한 장면이 잘 보여주듯이 그는 실용 정신의 소유자였다.

거칠게 정리하면 “볼테르는 사치와 쾌락을 옹호하는 등 있는 그대로의 인간성을 긍정했고 그는 그 인간성의 지리멸렬함도 인정했지만 그래도 전체적으로 조망했을 때 인간성은 이성이 지배하는 이상적 사회를 향해 진보해나간다는 믿음을 지니고 있었다.” 즉 그는 사회 제도의 급격한 변화를 통해 부조리와 모순을 고쳐 나가는 것이 아니라 인간이 이성을 통해 사회를 변혁해 나갈 수 있다고 생각했다. 그런 점에서 볼테르는 보수주의자다. 왜냐하면 그는 현실의 틀을 인정하면서도, 그 안에서 인간의 자성적인 노력, 즉 이성을 통해 더 좋은 사회로 나아갈 수 있다는 신념을 견지했고, 이를 직접 행동으로 보여주었기 때문이다.

‘철학 이야기’라는 부제가 말해 주듯이, 「미크로메가스」(1752)는 자유로운 형식 안에 심오한 철학 이야기를 담고 있다. 외계인의 여행이라는 신선한 소재를 통해 우주 안에서 ‘인간이란 어떤 존재이며, 인간에게는 어떤 지혜가 필요한지, 그리고 인간의 능력과 인간의 오류, 과학의 진보와 행복한 삶에 대해 질문을 던지고 있다. 볼테르의 분신이라고 볼 수 있는 미크로메가스는 시리우스의 궁정에서 추방당해 우주를 여행하며 우주의 다양함에 눈뜬 철인이다. 미크로메가스는 우주에서 자신보다 훨씬 더 열등한 존재와 훨씬 더 우월한 존재를 만나며 여러 대화를 나눈다. 미크로메가스가 떠나기 전 마지막으로 전해준 지혜의 책은 백지 상태인데, 이는 절대적 진리가 없다는 사실을 우의적으로 나타낸 것이라 할 수 있다. 이 장면은 볼테르의 철학을 압축적으로 보여준다. 미크로메가스는 존재의 상대성과 다양성을 깊이 인식하고, 아무도 경멸하지 않고 작은 것에 연민을 느낀다. 또한 그는 형이상학적인 억측이나 상상을 피하고 대화를 중시하며 겸손하고 어떤 것도 섣불리 단언하지 않으며 과학적 지식을 존중한다. 볼테르는 미크로메가스를 통해 자신뿐만 아니라 지구상의 모든 인간들이 미크로메가스의 생각과 행동을 본받아야 한다고 역설한다.

볼테르의 대표작인 「캉디드 혹은 낙관주의」의 화두는 '모든 것이 최선으로 존재하는가', 라는 낙관주의적 명제다. 이 명제에 따르면, 이 세상은 최선의 상태이고 악의 존재마저도 선을 위해서 필요하다. 볼테르는 이 작품에서 낙관주의를 표방하는 팡글로스라는 형이상학자와 순진하지만 제법 판단력이 있는 그의 제자 캉디드를 등장시켜 과연 세상이 최선의 상태인지에 대해 끊임없이 질문을 던진다.

볼테르에게 있어서 다양성과 복잡성 안에서 세계를 이해하는 것은 개인들이 저마다 조화를 이루고 있는 인간성 전체를 인식하고 수용하는 일이다. 그의 주장에 따르면, 인간은 자연의 조물주가 펼쳐놓은 "찬탄할 만한 통일성이 있는 풍부한 다양성" 안에서 "자연이 모든 존재 안에 부여한 여러 경이로운 차이"를 긍정하고 자신의 몫을 받아들여야 한다. 따라서 우주와 비교했을 때 조그만 점 하나에 불과한 지구에 사는 인간들이 저마다 자신의 종교와 사상만이 절대적이라 여기고 다른 종교와 사상을 배척하는 광신주의로 온갖 만행이 자행된다고 볼테르는 비판했다. 그의 비판은 여느 철학자처럼 피상적인 사고의 결과가 아니라 자신의 삶을 통해 얻은 치열한 인식의 산물이기 때문에 호소력이 크다. 볼테르의 철학적 결과물은 '종교 또는 사상적 광신이 불관용을 낳고 불관용이 불의를 낳는다'라는 주장으로 수렴된다.

좁게 보면 볼테르의 작품, 더 넓게 보면 그의 사상 전체를 관류하는 공통적 가치는 바로 '관용'의 태도다. 앞서 말한 오늘날 프랑스 국민성을 대표하는 '똘레랑스' 역시 볼테르의 관용의 태도에서 비롯되었다고 해도 과언이 아니다. 그렇기 때문에 그는 그 누구보다 사상의 자유를 중시하고 토론과 소통을 즐겼다. 그는 자신과 생각이 다르다 할지라도 그것을 배척하지는 않았다. 장 자크 루소와 관련된 볼테르의 유명한 일화가 있다. 볼테르와 루소는 인간과 세상을 바라보는 시각이 좀 달랐다. 볼테르는 루소의 『인간 불평등 기원론』

(1755)에 대해 “당신 책을 읽으면 네 발로 기어 다니고 싶어진다”라며 조롱 섞인 혹평을 했고, 그 때문에 둘의 사이가 험악해졌다. 참고로 루소는 원시적 인간의 본성을 옹호했고, 볼테르는 원시보다는 문명을 옹호하고 긍정했다. 루소 입장에서는 볼테르가 자신을 인신공격했다고 볼 수도 있지만, 볼테르의 입장에서 보면 이것은 자유로운 의사소통 행위의 일면이다. 거듭 말하지만 볼테르는 ‘자신과 다른 상대방의 생각을 인정하는 것’이 진정한 자유라고 보았다.

루소는 18세기 또는 19세기 초 프랑스 철학 사상사를 논할 때 볼테르와 더불어 빼놓을 수 없는 인물이다. 일반적으로 볼테르와 루소는 프랑스의 민주주의의 초석을 다졌다고 평가된다. 그래서 루소와 볼테르 둘 다 프랑스 대혁명의 정신적 토대를 마련해준 선구자들로서 팡테옹에 나란히 안치되었다. 혁명 이후 인간의 ‘감정’을 중시하는 낭만주의가 도래하면서 독일의 괴테를 비롯해 프랑스의 보들레르 등 많은 이들은 루소를 지지했다. 그들은 볼테르의 사상을 낡고 건조한 것으로 간주했다. 그러나 볼테르의 사유가 그릇되거나 비합리적인 것은 결코 아니다. 단지 볼테르의 이성 중심적이고 실질적인 사고방식이 낭만주의의 감성적이고 시적인 인식과 달랐을 뿐이다.

평생토록 글과 행동을 통해 ‘광신’ 또는 푸코의 표현을 빌자면 ‘광기’가 초래하는 맹목과 억압을 이성의 힘으로 고발한 볼테르는 그의 작품을 통해 관용과 상대주의의 중요성을 일깨운다. 타자의 인정과 다양성이 시대의 화두인 지금 이 순간, 그 어느 때보다도 볼테르의 통찰은 더욱 시사하는 바가 크다. 볼테르가 말하는 ‘자유’를 다시 한번 언급하며 글을 마무리하고자 한다. “진정한 자유란 내가 하고 싶은 말을 하고 싶은 대로 하는 게 아니라, 내 생각과 다른 생각을 자유롭게 말할 수 있도록 허락하는 것이다.” 언제 들어도 가슴 깊이 파고드는 문구다. 요즘처럼 나와 생각이 다르다면 무조건 배척하고 비난하는 상황에서 자유에 대한 볼테르의 정의는 많은 것을 일깨운다.

나쁜 남자의 사랑 이야기

어니스트 헤밍웨이, 『킬리만자로의 눈』(1936), 정영목 옮김, 문학동네, 2012.

미국의 작가 존 오하라는 어니스트 헤밍웨이를 "셰익스피어 사후 가장 위대한 작가"로 칭송했다. 오하라뿐만 아니라 오늘날에도 미국의 수많은 작가들은 헤밍웨이를 존경하고 칭송한다. 이처럼 헤밍웨이는 미국 문학 나아가 세계 문학에 끼친 영향이 대단히 크다. 헤밍웨이는 1899년 일리노이주 오크파크에서 태어났다. 그는 고등학교 졸업 후 대학 진학을 포기하고 〈캔자스시티 스타〉지의 수습기자로 일했다. 그는 1918년 제1차 세계대전에 적십자사의 구급차 운전병으로 참전했다. 그는 이탈리아의 전선에 투입됐으나 크게 다쳐 이듬해 귀국했다. 1921년 〈토론토 스타〉지의 해외특파원으로 파리에 가서 프랜시스 스콧 피츠제럴드, 에즈라 파운드 등 유명 작가들과 교유했다.

헤밍웨이는 1923년 『단편 셋과 시 열 편』으로 작품 활동을 시작했고, 1926년 전쟁으로 상처 입은 이들의 상실과 허무감을 그린 『태양은 다시 뜬다』를 발표하며 피츠제럴드, 윌리엄 포크너 등과 함께 '잃어버린 세대'(Lost Generation)의 대표작가로 주목받았다. 이후 『무기여 잘 있거라』(1929), 『누구를 위하여 종은 울리나』(1940)를 발표하며 큰 성공을 거두었고, 『노인과 바다』(1952)를 통해 퓰리처상과 노벨문학상을 받았다. 하지만 그는 신경쇠약과 우울증에 시달리다 1961년 캐첨의 자택에서 엽총 자살로 생을 마감했다. 그의 삶과 죽음은 그의 작품 못지않게, 오히려 그의 작품보다 훨씬 더 드라마틱하다.

많은 사람들은 헤밍웨이를 떠올리면 대단히 남성적이고, 선이 굵고, 분명하고, 강인하고, 자신만만하고, 무엇보다 행동을 중요하게 여기는 작가라고 생각한다. 하지만 『노인과 바다』를 제외하면, 그의 대부분의 소설의 중심 서사는 전쟁이라는 급박한 상황임에도 불구하고, '남녀 간의 연애'다. 하지만 그의 소설에서 그려지는 사랑은 낭만적이고 달콤한 사랑 또는 격정적이고 불타오르는 사랑보다는 서툴고 예측할 수 없는 사랑에 가깝다. 남성적이고 마초적인 그의 이미지를 떠올린다면 잘 연결되지 않는다. 그의 걸작 단편 「킬리만자로의 눈」(1936)에서도 마찬가지다.

「킬리만자로의 눈」의 주인공 해리는 작가다. 그는 킬리만자로산이 보이는 들판에서 치명적인 상처를 입어 꼼짝 못 하고 야전 침대에 누워 있고, 아내 헬렌은 곁에서 그를 정성껏 보살펴 주고 있다. 하지만 그의 머릿속에는 오직 못다 쓴 혹은 쓰다 만 글에 대한 생각뿐이다. 글을 쓸 수 없기 때문인지 그는 삶을 포기하고 마치 죽음을 기다리는 것처럼 보인다. 그래서 그는 헬렌에게 위악적으로 대한다.

다시 말하지만 해리는 사고로 다리에 상처를 입었고 치료를 잘못 해 점점 썩어 가는 상황이다. 그는 책읽기도 글쓰기도 포기한 채 "나는 지금 죽어 가고 있어"라고 계속 소리치고, 헬렌은 "포기하지 않는 한 죽지 않아"라고 말하며 그를 위로한다. 하지만 그는 막무가내다. 심지어 그는 술까지 마신다. 그는 헬렌을 사랑하면서도 사랑하지 않는다고 위악을 부린다. 심지어 "사랑은 똥 더미"라고 말하며 일부러 그녀에게 상처를 준다. 이 장면은 라스 폰 트리에의 〈브레이킹 더 웨이브〉(1996)에서 사고로 병상에 누워 있는 얀이 아내 베스에게 위악적으로 대하는 모습을 떠올리게 한다. 그러나 헬렌이 울자 그는 그녀를 위로한다. 하지만 그는 진정으로 그녀를 위로하기보다는 그녀로부터 위로받기 위해서 그녀를 위로하는 것처럼 보인다. 즉 그는 자기연민에 빠져 있다.

「킬리만자로의 눈」의 해리는 멜로드라마의 남자 주인공과는 거리가 멀다.

그는 멜로드라마의 남자 주인공처럼 상냥하거나 다정하지 않다. 앞서 말했듯이 그는 상대방을 배려하기보다는 오로지 자기감정에만 충실하다. 항상 제멋대로 행동한다. 주변 사람에게 위악적으로 대하다가 언제 그랬냐는 듯 찌질한 모습을 보인다. 홍상수 영화의 남자 주인공을 보는 듯하다. 이처럼 해리는 작가 헤밍웨이의 마초적인 모습과 거리가 멀다.

해리는 자신을 옆에서 보살피고 용기를 북돋워 주는 헬렌을 사랑하고 그녀에게 감사하지만 그녀에게 진실을 말하지 않는다. 사실 헬렌에게만 그런 게 아니었다. 헬레을 만나기 전 만난 수많은 다른 여자들에게도 마찬가지였다. 그가 여자들에게 진실을 말하지 않는 이유는 "진실을 말하는 것보다 거짓을 말하는 것이 잘 먹힌다는 것을 알게 되었"기 때문이다. 그는 딱히 거짓말을 하는 것도 아니다. 단지 진실을 말하지 않을 뿐이다. 의도가 어쨌든 간에 거짓말은 전부는 아니라 할지라도 어느 정도 상대방의 생각을 배려해야 한다. 하지만 그는 그런 노력조차 하지 않는다. 그는 자기 연민에 빠져 자기감정에만 충실할 뿐이다.

해리의 직업은 '작가'다. 하지만 그는 글을 쓰지 않는다. 아니 글을 쓰지 못한다. 사실 그가 글을 쓰지 못하는 이유는 육체적인 이유보다도 정신적인 이유가 더 크다. 그는 "글을 쓰지 않는, 편안한, 자신이 경멸하는 대상이 되는 나날이 그의 일하는 능력을 무디게 하고 의지를 약하게 하여 마침내 전혀 일을 하지 않게 되었기 때문이다"라고 변명한다. 즉 그는 환경이 그의 글쓰기 능력과 의지를 소진했다고 말한다. 또한 "재능은 있었지만, 그는 그것을 제대로 사용하지 않고 악용했다. 그의 재능은 실제로 그가 해낸 적은 한 번도 없고, 늘 그가 앞으로 할 수 있는 어떤 것이었다."

해리는 치명적인 상처를 입어 침상에 누운 다음부터 머릿속으로 여러 가지 생각을 했다. 하지만 그는 실제로 그 생각을 글로 구체화하지 못했다. 그는 죽음이 점점 가까이 다가오고 있다는 것을 인식하고 마지막으로 머릿속으로 글을 쓰려고 하지만 결국 포기하고 만다. 대신 그는 "그 이유가 뭘까?" 하고 궁금해한다. 그의 머릿속은 생각이 꼬리에 꼬리를 물고 계속 이어진다. 마침내 죽음이 그의 눈앞까지 다가왔다. 그때까지 죽음을 기다렸지만 막상 죽음이 눈앞까지 다가오자 그는 죽음의 기운에서 벗어나기 위해 발버둥을 친다. 그는 마침내 죽음의 기운이 물러갔다고 생각한다.

다음날 아침 해리는 잠에서 깨어 비행기 소리를 듣는다. 그는 비행기를 타고 "햇빛을 받아 믿을 수 없을 정도로 하얗게 빛나는" 킬리만자로의 평평한 꼭대기를 내려다본다. 비행기의 최종 목적지가 병원이 아니라 그곳임을 그는 직감한다. 바로 그때 헬렌은 하이에나의 "거의 울먹이는 [울음] 소리"에 잠에서 깬다. 그녀는 불안한 마음으로 해리의 침상으로 가보지만 그가 이미 죽어 있음을 알게 된다.

결국 「킬리만자로의 눈」에서 해리는 침상에 누워 아무것도 하지 않은 채 죽음을 맞이한다. 두려움을 모르고 행동을 중시하는 작가 헤밍웨이를 생각해 본다면 해리의 죽음은 쉽게 이해가 가지 않는다. 하지만 반대로 생각해 보면 이는 강하고 부러지지 않을 것 같은 헤밍웨이의 이면에는 말에 대한 강렬한 욕구가 내재되어 있다는 것을 반증한다. 즉 해리는 겉으로는 죽음 '그까짓 거 아무것도 아니다'라고 말했지만 실제로는 보통 사람처럼 죽음을 두려워했다. 그런 생각을 말로 또는 글로 표현하려 했지만 겉모습 때문에 그렇게 하지 못했다.

해리는 '나쁜 남자'라는 이미지 때문에 사랑하는 헬렌에게 사랑한다는 말도 못하고 죽음을 맞이했다. 헬렌은 그의 마음을 알았을까? 헤밍웨이도 「킬리만자로의 눈」의 해리처럼 겉으로 보이는 모습과 실제 모습이 조금 다르지 않았을까? 헤밍웨이를 우리가 익히 알고 있는 '무뚝뚝하고 남성적인 마초 작가가 아니라 '따뜻하고 섬세한 헤밍웨이'로 상상해보면 어떨까? 머릿속에 잘 그려지지 않지만, 이미지라는 것은 결국은 사람들이 만든 것이기에, 자꾸 상상하다보면 언젠가는 바뀔 수도 있지 않을까, 하는 엉뚱한 상상을 해 본다.

탈식민주의 담론을 통해서 본 『율리시스』

제임스 조이스, 『율리시스』(1922), 김종건 옮김, 범우사, 1997.

영국이 제국주의에 경도되어 동양으로 영토를 확장하고 있을 때 문학 역시 제국주의를 정당화하는 중요한 역할을 담당했다. 즉 19세기 중후반부터 20세기 초에 이르기까지 영국에서는 정치, 경제, 사회, 문화 등 전반에 걸쳐 제국주의가 팽배했고 작가들 역시 영국을 비롯한 서양을 찬양하고 동양인을 열등한 인종으로 묘사함으로써 서양이 동양을 정복하는 것을 정당화했다. 예컨대 에밀리 브론테의 『폭풍의 언덕』(1847)에서 검은 피부를 가진 히스클리프는 백인 사회를 위협하는 악한 존재로 묘사된다. 다니엘 디포의 『로빈슨 크루소』(1719)에서 주인공 로빈슨은 흑인 프라이데이를 교화시키는 것을 서양에 의한 동양의 문명화로 해석한다. 이 외에도 빅토리아 시대의 여러 작가들은 제국주의 담론을 정당화한다는 혐의에서 자유로울 수 없다. 제국주의와 문학의 공모 또는 연관이 영국문학에만 국한되었던 것은 아니다. 정도의 차이는 있지만, 세계문학의 고전으로 평가받는 작품들도 정도의 차이는 있지만 동양인을 비롯한 유색인종을 인종적 편견으로 사악하거나 우스꽝스럽게 묘사하고 있다. 그 결과 백인 중심적 세계를 옹호하는 문학작품을 읽는 영국 또는 서구의 독자들은 힘을 바탕으로 하는 제국주의를 정치적·경제적으로뿐만 아니라 도덕적으로도 정당화하게 되었다.

피지배자들도 제국주의자들이 그런 것처럼 문학을 정치적으로 이용하였다. 그들은 앞으로 태동할 국가가 식민지 지배에서 벗어나기 위해 일련의 정치적 과정이 필요하듯이 문학도 제국주의 지배를 벗어나기 위해 필요한 문학적 전략을 세운다. 어느 평자의 주장처럼, "예술적·문학적 탈식민화는 유럽의 양식을 분해하고 불가피하게 지배적인 유럽 담론의 탈식민주의적 '전복'(subversion)과 '전유'(appropriation)를 포함한다. 그들은 문학을 통해 정복자들에 의해 조작되고 왜곡된 인종적 편견을 파헤치고 거부한다. 탈식민주의 담론이 제국주의 담론의 전복 해체를 특징으로 하듯 탈식민주의 텍스트도 제국주의 텍스트에 나타난 서구의 동양에 대한 편견과 정복의 전복을 주된 특징으로 삼는다. '유럽의 역사적 또는 허구적 기록을 다시 읽고 다시 쓰는 것'은 탈식민주의 글쓰기의 필수 과제다. 더 나아가 탈식민주의 텍스트는 지배민족과 다른 자기 민족의 정체성을 문학을 통해 강조한다.

탈식민주의 글쓰기는 식민지 지배를 경험했던 국가마다 조금씩 다른 양상으로 전개된다. 똑같이 영국의 식민 지배를 받았을지라도 미국의 경우에는 독립을 쟁취한 이후 문학의 황금기를 맞이하면서 탈식민주의 글쓰기가 본격적으로 시작되었다. 즉 미국의 여러 작가들은 영국문학을 모방하는 단계에서 벗어나 미국문학 형식을 만들어 냄으로써 영국인과는 다른 미국인의 정체성을 문학을 통해 보여주려 했다. 반면 아일랜드에서는 정치적인 독립 국가를 이루기 전 먼저 문학에서 민족의 정체성을 찾으면서 정신적인 독립을 쟁취하려 했다. 아일랜드 작가들에게 있어 문학은 영국으로부터 독립하는데 중요한 역할을 담당하는 도구로 인식되었다.

아일랜드 작가들의 탈식민주의 글쓰기는 크게 두 그룹에 의해 서로 다른 방향으로 전개되었다. 첫 번째 그룹은 윌리엄 버틀러 예이츠를 비롯한 '아일랜드 문예부흥'(Irish Literary Renaissance)에 참여한 신교 출신의 작가들로서 기본적으로 문학을 통해 아일랜드의 정체성을 찾으려 했다. 그들은 아일랜드인은 물질주의에 빠져든 영국인과는 달리 정신주의를 표방하는 위대한 민족이라고 주장했다. 또 다른 양상은 가톨릭 작가들에 의해 전개되었다. 그 가운데, 특히 제임스 조이스는 아일랜드 문예부흥 작가들이 높이 평가한 아일랜드 민족의 정체성을 영국의 식민지배 논리의 산물로 규정하고 식민담론을 전복하면서 탈식민주의 글쓰기를 시도했다. 이 글의 목적은 탈식민주의 담론을 통해 조이스의 『율리시스』(1922)를 살펴보는 데 있다. 이를 위해 먼저 아일랜드 문예부흥과 그에 대한 조이스의 태도를 살펴보고 더 나아가 조이스가 『율리시스』의 틀이 되는 오디세이 신화를 어떻게 전복하고 해체하는지 고찰한다.

아일랜드 문예부흥은 아일랜드의 정치적인 독립을 위한 발판으로서, 그 본령은 문화적인 사회운동을 통하여 아일랜드의 민족적인 정체성을 확립하고 국민적 일체감을 조성하는 것이다. 당시에는 탄압에 노출되기 쉬운 정치운동보다는 문화운동을 새롭게 전개하는 것이 독립의 여건 조성에 효과적이라는 기류가 민족주의 진영에 형성되었기 때문이다. 그 결과 1890년대 초부터 전통적인 아일랜드 전설, 신화, 민속에 대한 발굴과 연구, 그리고 이를 바탕으로 한 작품이 쏟아져 나오기 시작했다. 사용자가 거의 없어 사라질 위기에 처한 아일랜드어를 되살려 일상어와 공용어로 쓰자는 운동이 큰 호응을 얻었고, 때를 같이하여 연극 운동도 활발하게 전개되었다.

예이츠를 비롯한 아일랜드 문예부흥을 전개한 이들은 '한 나라의 언어와 문화 사이에는 불가분의 관계가 있다'는 전제하에, 아일랜드의 좋은 말과 풍습을 보존, 부활시키고 영국적인 태도와 풍습의 무분별한 모방은 배격해야 한다고 주장했다. 그들은 영국적인 생활양식과 사고 습성의 모방을 문화적인 약점으로 간주했다. 아일랜드 문예부흥의 본령은 아일랜드 민족 문화의 보존과 영국 문화의 배격으로 요약할 수 있다. 아일랜드 문예부흥은 당시 아일랜드의 지식인 계층뿐만 아니라 노동자 계층에서도 폭 넓은 지지를 얻었다.

반면 조이스는 아일랜드 문예부흥 운동가들이 아일랜드의 전통적인 작품만을 고수하고 유럽 대륙에서 폭발적으로 화제가 되고 있는 사실주의 연극에 전혀 관심을 보이지 않는다고 비판했다. 그는 "예술가가 자기 주변의 비속한 세력으로부터 자유로울 수 없다면 결코 참다운 예술가가 아닌 것처럼" '아일랜드 문예극장'으로 대표되는 근시안적인 문예부흥은 대중의 인기에만 영합하고 집착했기 때문에 예술다운 예술운동을 전개하지 못하고 "진보의 대도에서 벗어나 표류만 거듭하고 있다"고 비판했다. 즉 조이스에게 국제적인 흐름과는 담을 쌓고 있는 아일랜드 문예부흥은 허탈과 좌절, 그리고 분노와 규탄의 대상일 뿐이었다. 그렇기 때문에 『율리시스』에는 조이스의 아일랜드 문예부흥에 대한 비판의식, 혹은 아일랜드 민족주의에 대한 비판의식이 투영된다.

『율리시스』는 제목만 보면 오디세이 신화의 율리시스 혹은 오디세우스 장군 때문에 주인공의 '영웅적인 모험담'으로 예상하지만, 실제로는 이와 정반대다. 즉 이 작품에는 우리가 알고 있는 율리시스와 같은 위대한 영웅은 등장하지 않는다. 작가 조이스는 단지 정복과 모험을 다룬 오디세이 이야기를 전복시키기 위해 『율리시스』라는 제목만을 차용했을 뿐이다. 이처럼 조이스는 탈식민주의적 글쓰기를 위해 오디세이 신화를 도구화한다. 오디세이 신화가 조이스의 『율리시스』의 기본 틀이라는 것은 널리 알려진 사실이다. 민족의 고유한 문화를 잃어버린 식민지 작가에게 서구의 신화 또는 고전은 작품 구상의 좋은 '재료'가 될 수 있다. 그러나 조이스는 신화나 고전의 권위에 의존하거나 굴복하지 않고, 해롤드 블룸의 말처럼, 오히려 창조적인 변형을 통해 그 '영향의 불안'에서 벗어나려 한다. 그는 서구의 제국주의를 비판하고 전복시키기 위해 서구의 신화를 독창적으로 변용하고 있다. 그렇다면 오디세이 신화에 나타난 영웅주의를 해체하기 위해 조이스가 어떤 전략을 구사하고 있는지 『율리시스』를 통해 구체적으로 살펴보자.

조이스가 『율리시스』를 쓰고 있던 당시의 아일랜드와 유럽은 영웅주의가 만연한 사회였다. 「네스토르」장은 20세기 초반기에 등장한 여러 형태의 영웅주의 담론을 보여주고 있다. 스티븐은 그리스의 영웅 피러스의 영웅적인 행동을 생각하다가 갑자기 제1차 세계대전을 떠올린다. 그는 율리시스는 아니지만 율리시스 못지않은 그리스의 영웅인 피러스의 행동을 제1차 세계대전에서 맹목적인 충성심으로 전투에 임하는 군인들의 행동과 연관시킨다. 하지만 그는 둘 사이에서 연관성을 발견하기보다는 "그러고 나면 우리들에게 남는 것은 무엇일까?"라고 질문하면서 고대의 영웅주의뿐만 아니라 현대의 영웅주의에 대해서도 의문을 제기한다. 조이스는 스티븐이 교사로 있는 학교의 교장 디지를 통해 과거의 영웅주의가 유럽에서뿐만 아니라 아일랜드에서도 재현되고 있음을 보여준다. 디지는 북아일랜드의 신교도로서 그의 언행은 연합주의자들의 태도를 대변한다. 그는 영국으로부터 아일랜드의 독립을 외치는 분리주의자에게 맞서 "끝까지 정의를 위해 싸울" 것이라고 말하는 한편, 영국이 계속해서 아일랜드를 지배해야 한다고 주장한다. 그러나 스티븐은 디지의 선조들도 디지처럼 영웅심으로 무장하여 아일랜드를 지배하려 했다는 사실을 상기한다. 즉 「네스토르」장은 영웅주의란 자신의 행동이 공명정대하다는 오로지 주관적인 생각에서 비롯된다는 것을 보여준다. 스티븐은 다지의 영웅주의에 따른 호언장담이 결국 인간을 몹시 불행하게 만든다고 생각하면서 참된 인간의 현실을 보지 못하고 영웅주의로 가득 찬 역사관을 거부한다. 그에게 역사란 악몽이기에 그는 깨어나려 애쓴다. 즉 끊임없이 스티븐에게 승자의 기록인 역사는 "기억의 딸들에 의해 이야기로 꾸며진" 허구에 불과하다. 그럼에도 불구하고 디지는 역사적으로 왜곡된 지식을 나열하며 영웅주의를 칭송한다. 한마디로 말해 디지는 자신의 논리를 정당화하기 위해 사실을 왜곡하는 정복자들의 그릇된 역사 인식의 전형적 인물이다.

앞에서 말했듯이 영국 제국주의자들뿐만 아니라 아일랜드 민족주의자들에게도 영웅주의는 중요한 담론이었다. 예이츠를 비롯한 아일랜드 민족주의자들은 아일랜드의 과거를 찬양하면서 아일랜드도 영국 못지않은 위대한 역사를 가졌다고 주장했다. 그들은 아일랜드의 과거를 이상화하기 위해 아일랜드 서사시를 썼다. 반면 조이스는 『율리시스』에서 이를 의식적으로 거부하기 위해 호머의 이야기를 쓰면서도 호머와 전혀 다른 '반영웅'을 주인공으로 다루고 있다. 「키클롭스」장에서 조이스는 아일랜드의 영웅주의를 강조하는 민족주의 담론을 조롱하고 비판한다. 시민은 아일랜드에서의 영국인의 만행을 폭로하는 영웅적인 인물이다. 하지만 그는 유대인 블룸을 멸시하는 인종차별주의자이며, 여성을 차별하는 성차별주의자이며, 어떤 소작인의 토지소유권을 짓밟는 반민중적인 인물이기도 하다. 그의 허리에 매달려 있는 보석 위에는 고대 아일랜드 남녀 영웅들의 이름이 새겨져 있다. 하지만 영웅들의 이름은 그의 위대함을 부각하기 보다는 오히려 그를 희화화한다. 즉 조이스는 실제로 역사상 실재했던 영웅들 사이에 사실과 다른 터무니없는 사람들의 이름(골리앗, 크리스토퍼 콜럼버스)을 시민의 허리 장식에 넣음으로써 과거 영웅숭배 태도를 조롱한다. 조이스는 이처럼 아일랜드 민족주의자를 대표하는 시민을 우스꽝스럽게 묘사함으로써 아일랜드 민족주의자들에 대한 자신의 불편한 태도와 그들에 대한 비판의식을 보여준다. 또한 그는 에멧과 같은 영웅의 처형장면에서, 한편으로는 영웅의 순교를 찬양하면서도 다른 한편으로는 모든 일을 너무나 쉽게 잊어버리는 아일랜드인들의 영웅숭배에 담긴 허위의식을 비판한다.

다른 장에서도 아일랜드인들의 영웅숭배는 풍자의 대상이 된다. 「배회하는 바위들」장에서 커넌의 의식은 아일랜드의 애국자를 생각하다가도 총독의 행렬을 보지 못한 실망감으로 급선회한다. 「키르케」장에서 까까머리 소년이 순교하면서 정액을 방사하자, 앵글로—아이리시 귀족 부인들은 이를 갖기 위해 서로 다투는 우스꽝스러운 모습을 보인다. 조이스는 이 장면을 통해 아일랜드인들의 영웅숭배를 더욱 희화화한다. 또한 스티븐이 영국군 카 일병과 실랑이를 벌이는 장면에서도 국가를 위한 영웅적인 행동은 주된 쟁점이다. 영국 군인들의 애국심의 근원은 돌리 그레이와 같은 영국을 상징하는 여성으로서, 그들은 "뒤에 두고 간 [조국을] 그리워하면서" 조국을 위한 영웅적인 임무를 자랑스럽게 수행한다. 아일랜드 사람들도 아일랜드를 상징하는 인물, 여기에서는 이빨 빠진 늙은 할멈으로부터 아일랜드를 해방시키기 위해 영웅적인 행동을 할 것을 요구받는다. 그러나 스티븐은 자신의 조국을 위해 죽는 것을 거부하고, "나의 조국은 나를 위해 죽어 달라"고 말하면서 영웅적인 죽음을 거부하고 '삶'을 긍정한다. 즉 『율리시스』에서 조이스는 스티븐을 통해 아일랜드 민족주의자들의 영웅주의를 비판한다.

이처럼 아일랜드 민족주의자들의 영웅숭배는 아일랜드 문예부흥 주창자들의 영웅숭배와 비슷하고, 영국인의 영웅숭배와도 비슷하다. 「키클롭스」장에서 시민의 "힘에는 힘으로 대결할 것"이라는 언명은 영국인의 힘에 의한 세계지배 원리를 아일랜드 민족주의자들도 답습하고 있음을 보여준다. 그들은 영국 제국주의자들이 식민지 지배의 필요에 따라 만들어낸 원리인 남성적 힘이 지배하는 사회를 그대로 수용하고 있는 셈이다. 즉 아일랜드 민족주의자들은 한편으로는 영국의 제국주의에 저항하면서 다른 한편으로는 영국인의 세계를 그대로 모방하고 있다. 결론적으로 아일랜드 민족주의자들은 영국에 대항하면서 그들의 행태를 답습하며 그들과 닮아간 것이다.

반면 블룸과 스티븐은 아일랜드 민족주의자들과는 상반되는 태도를 보인다. 블룸은 "힘과 증오, 역사 같은 것은 소용없는 것"이라고 말하며 아일랜드 사람들의 저항방식을 거부한다. 그는 연적인 보일런을 물리칠 때도 물리적인 힘과 폭력에 의존하지 않는다. 그는 보복적인 "암살"이나 "결투에 의한 투쟁"도 엄연히 악행이며, "두 개의 악행을 합하더라도 한 개의 선을 낳을 수 없다"고 생각한다. 스티븐도 블룸과 다르지 않다. 그는 카 일병이 폭력으로 위협하자, "난 행동을 혐오해"라고 말하며 폭력을 거부한다. 조이스는 블룸과 스티븐을 통해 영국인의 저항 방식을 따르는 아일랜드 민족주의자들의 영웅주의를 비판하고, 영웅주의에 근간을 두고 있는 오디세이 신화를 해체하고, 궁극적으로는 제국주의 담론에 저항한다.

조이스는 『율리시스』에서 사회적 강자(남성)에 의한 약자(여성)의 지배를 정당화하는 논리를 거부하면서, 특히 여성적인 것에 각별한 의미를 부여하고 있다. 작품의 결말을 몰리에게 맡기는 것이 그 예다. 그렇다고 남녀의 대결 혹은 갈등 관계를 조장하거나 전도하지 않는다. 즉 조이스는 기존의 논리를 바꾸어 '여성에 의한 남성의 지배'를 강조하는 것이 아니라 오히려 남성/여성이라는 이분법 자체를 해체한다. 즉 남성과 여성은 이분법적으로 존재하는 것이 아니라 한 사람 또는 한 민족에게 양성이 존재할 수 있다는 새로운 개념을 제시한다. 「키르케」장에서 블룸을 "양성을 가진 변종" 또는 "여성적 남성"으로 규정하고 있다. 즉 조이스는 남성/여성이라는 이분법을 해체함으로써 설정된 규칙에 따라 지배자를 흉내 내면서 남성성을 회복하려 하지 않고 피지배자가 약해 보이지 않는 또 다른 평가 기준을 발견하려고 한 것이다.

조이스의 오디세이 신화 해체는 권위에 대한 도전이라는 양상을 띤다. 오디세이 신화뿐만 아니라 대체로 신화의 세계는 아버지와 아들의 위계질서가 확실하며, 아버지의 권위를 존중하는 사회이다. 『율리시스』는 오디세이 신화처럼 '부자 관계'가 핵심 주제이지만 양상은 전혀 다르다. 스티븐은 『젊은 예술가의 초상』(1916)에서 생물학적인 아버지를 거부하고 정신적인 아버지를 찾기 위해 파리로 떠난 것처럼 『율리시스』에서도 아버지를 거부한다. 「스킬라와 카립디스」장에서 그는 생물학적인 아버지인 사이먼을 거부할 뿐만 아니라 부성을 "법적인 허구"로 규정하며 정신적 부성까지도 거부한다. 스티븐과 블룸은 "둘 다 본능적으로 의미 있는 미소를 교환"하고 코코아를 나누어 마시면서 정신적인 부자 관계를 형성하지만, 스티븐은 블룸의 자고 가라는 청을 거절한다. 왜냐하면 그는 사이먼을 대신할 또 다른 권위에 지배받는 것을 혐오하기 때문이다. 따라서 오디세이 신화에 나타난 텔레마코스와 율리시스와 같은 진정한 부자 관계는 스티븐의 권위에 대한 거부로 인해 『율리시스』에서는 이루어지지 않는다.

『율리시스』에는 구세대와 신세대의 갈등이 표면화되기도 한다. 「세이렌」 장의 공간적 배경이 되는 오몬드 바에는 과거에 몰두해 있는 사람들로 가득 차 있다. 그중 스티븐의 아버지 사이먼은 과거에 가장 집착하는 인물이다. 그는 연신 "과거가 좋았어"라고 말하며 지나간 세월을 그리워한다. 스티븐은 자기 아버지의 직업을 "지금은 과거의 찬미자"라고 말하면서 과거에 묻혀 사는 그를 비판한다. 스티븐은 과거가 아닌 지금, 현재의 삶의 중요성을 주장하면서 "현재, 여기를 꼭 붙들어요"라고 말한다. 또한 지금까지 거부의 대상이었던 더블린을 새롭게 인식하며 "더블린, 나는 배울 것이 많아"라고 말한다. 이렇게 조이스는 과거와 부성을 거부하는 스티븐을 통해 젊은 세대가 기성세대의 무기력한 모습을 떨쳐버리고 새롭게 시작해야 함을 역설한다.

조이스는 아일랜드의 고대신화에 대해 동시대의 아일랜드 작가들과는 다른 태도를 견지했다. 아일랜드 민족주의 작가들이 과거와 과거의 영웅들은 여전히 그들에게 중요하며 현재도 그 찬란한 역사는 반복된다고 보았다. 반면 조이스는 과거에 큰 관심을 두지 않고 영웅적인 과거가 현재에 다시 재현되는 것은 불가능하다고 보았다. 다시 말하지만 『율리시스』의 각 장은 오디세이 신화와 일대일 대응을 이루지만, 오디세이 신화는 단지 『율리시스』의 각 장의 구성적 틀만 제공해 줄 뿐 율리시스라는 이름을 가진 주인공조차 등장하지 않는다. 그리고 현대판 율리시스라고 볼 수 있는 블룸은 자신을 율리시스와 같은 영웅으로 인식하지 않는다. 그의 행동은 신화의 영웅적인 모습을 비웃기라도 하듯 너무나 평범하고 때로는 보잘것없어 보인다. 율리시스 장군의 영웅적인 모습은 그에게 아무런 의미가 없고 현재 자신에게 닥친 걱정거리는 몰리와 보일런의 정사일 뿐이다.

『율리시스』는 오디세이 신화가 그런 것처럼 한 민족을 위해 몸과 마음을 바쳐 영웅적인 삶을 살아가는 인물의 이야기가 아니다. 오히려 전쟁과 분쟁의 원인이 된 민족주의를 비판하고 민족의 구분을 해체하는 작품이다. 조이스는 『율리시스』의 주인공 블룸을 유대인으로 설정하여 타민족이 아일랜드에서 배척받고 있는 현실을 보여줌으로써 민족주의의 배타성을 공격한다. 「키클롭스」장에서 블룸은 시민과 그의 동료들로부터 인종차별을 당하자, "세계 역사는 박해로 가득 차 있고 민족 간의 증오를 영속화한다"고 주장한다. 그는 민족을 "같은 지역 안에 살고 있는 백성"이라고 정의함으로써 민족의 개념이 다소 유동적임을 강조한다. 이 정의에 따르면, 블룸은 "아일랜드에서 태어났기 때문에" 아일랜드 국민인 것이다. 조이스는 블룸을 예로 영국인이 아일랜드인에게 가진 인종적 편견을 그대로 모방하고 있는 아일랜드인을 비판한다. 즉 조이스는 민족 간 증오를 양산하는 사회를 거부하고 있다.

국가 간의 증오 또한 조이스의 비판 대상이다. 『율리시스』의 여러 장에서 아일랜드 민족주의자들은 아일랜드가 영국보다 모든 면에서 우월하다고 주장한다. 조이스는 이런 주장이 민족적 자부심을 고취하기보다는 오히려 국가 간의 증오만을 양산한다고 여기며 국가 간의 새로운 관계를 제시한다. 예컨대 블룸은 "영국과 아일랜드가 양극단처럼 다르지만, 상호 존중하려고 애쓰는 것이 (…) 현명하다"고 말한다. 또한 그는 "서로의 우월성을 자랑하는 것도 좋지만, 서로의 평등성"도 존중하면서 두 나라가 평화롭게 공존해야 한다고 주장한다. 이러한 블룸의 국가관은 궁극적으로 오디세이 신화에 나타난 국가 간의 대결 구도와 상반된다. 스티븐 또한 국가와 개인과의 관계를 새롭게 정의한다. "자신이 아일랜드에 속해 있기 때문에 자신이 중요한 것이 아니라", "아일랜드가 자신에게 속해 있기 때문에 아일랜드가 중요하다"는 그의 주장은 개인이 국가의 한 부분으로써 충성을 바쳐야 한다는 오디세이 신화의 국가관을 해체한다. 조이스는 『율리시스』에서 오디세이 신화에 나오는 영웅과 영웅담을 거부하면서 평범한 때로는 사람들로부터 조롱을 받는 블룸을 주인공으로 내세워 탈식민주의적 글쓰기를 시도했다.

조이스는 『율리시스』에서 오디세이 신화와의 일대일 대응 관계를 모색하여 똑같은 현대판 율리시스를 만들려고 한 것이 아니다. 또한 T. S. 엘리엇이 말한 것처럼 고대 정복 신화를 통해 혼란한 현대 세상에 질서를 부여하기 위하여 신화를 사용한 것도 아니다. 기본적으로 조이스는 "고대는 영웅적이고 현대는 허무와 무질서로 가득 차 있다"는 엘리엇의 염세적 세계관을 거부한다. 대신 오디세이와 같은 정복신화가 원동력이 되어 만들어진 서구 영웅주의 문학이 제국주의를 가능하게 했다는 것을 인식하고 이를 비판하기 위해 『율리시스』를 썼다. 즉 조이스의 탈식민주의적 글쓰기는 서구 정복신화의 원형인 오디세이 신화의 제국주의 담론을 파헤치고 이를 전복시키는 데 역점을 두고 있다. 그는 오디세이 신화에서 강조되는 민족과 국가를 위한 영웅주의와 가부장적 권위를 해체하고 거부한다. 또한 제국주의를 가능하게 했던 영웅주의를 모방하고 찬미하는 아일랜드인을 신랄하게 비판한다.

대신 조이스는 『율리시스』에서 기존의 영웅주의와는 다른 새로운 영웅주의를 탐구하고 있다. 그는 현대에 고대의 영웅보다 더욱 유의미하고 가치 있는 영웅이 존재할 수 있음을 시사한다. 그는 블룸과 같은 평범한 인물들의 영웅적인 면모를 찬양한다. 블룸의 행동은 보통 영웅들의 그것과는 다르다. 영웅들의 행동에 비추어보면 블룸은 영웅적 행동을 하는 경우가 거의 없고 대부분 심정적으로 '동정'에 머문다. 그는 가난에 찌든 스티븐과 그의 여동생들에게 연민의 정을 느낀다. 산고를 겪고 있는 퓨어포이 부인에 대해서도 동정심을 느낀다. 심지어는 거리의 매춘부를 불행한 여인이라고 생각하고 "그녀를 현재와 같이 만들어 놓은 것은 결국 어떤 남자에게 책임이 있다"고 말하며 그녀의 처지를 이해하려 한다. 블룸이 동정을 넘어 행동을 취하는 경우라 하더라도 길에 쓰러져 있는 스티븐을 돌보는 정도에 불과할 뿐이다. 이처럼 블룸의 행동은 신화에 등장하는 영웅들의 그것과 비교해 볼 때 사소하고 보잘

것없어 보인다. 그러나 조이스는 블룸을 비롯한 보통 사람들의 사소한 행동에서 인간의 영웅적인 면을 발견한다. 그는 평범한 사람의 일상적인 삶을 오늘날의 영웅적인 삶이라고 정의하며 블룸을 그리스도나 엘리야에 비유하고 있다. 블룸은 비록 "정복하는 영웅"인 보일런에게 아내를 빼앗겼지만 여전히 "정복당하지 않은 영웅"이다. 결론적으로 말해 조금 거창할 수도 있겠지만 조이스는 『율리시스』에서 평범한 사람의 작은 영웅적인 행동을 통해 서구의 영웅주의를 거부하고 올바른 형태의 영웅주의를 제시함으로써 전쟁과 침략으로 가득 찬 세상에 평화의 메시지를 전하고 있다.

홀든, '성난 젊은이' 혹은 '날개 잃은 천사'

제롬 데이비드 샐린저, 『호밀밭의 파수꾼』(1951), 공경희 옮김, 민음사, 2001.

영화 〈죽은 시인의 사회〉(1989)의 시공간적 배경은 1959년 미국 뉴잉글랜드 지방의 명문 사립학교 웰튼 아카데미다. 영화 속 웰튼 아카데미는 설립된 지 100년이 지났고, 졸업생 중 대다수는 아이비리그 대학에 진학한다. 놀란 교장이 개학식에서 학생들에게 교칙을 묻자, 학생들은 모두 일어서서 '전통', '명예', '훈련', '탁월'이라고 화답한다. 하지만 그들은 자기들끼리 있을 때 네 개의 교칙을 각각 '익살', '공포', '타락', '배설'로 희화화한다.

개학식이 끝난 후 마치 신입생처럼 긴장한 전학생 토드는 부모에 의해 교장에게 소개된다. 교장은 토드에게 웰튼 아카데미의 졸업생인 형을 본받으라고 격려하고, 토드는 마지못해 알겠다는 표정을 짓는다. 토드는 부모와 헤어진 후 룸메이트 닐을 비롯해 동급생들과 인사를 나누지만 여전히 긴장된 상태다. 그는 웰튼에서 '탁월한' 업적을 남긴 형 때문에 주눅이 들어 있다.

웰튼 아카데미 졸업생 출신으로 웰튼에 새로 부임한 영어 교사 키팅은 기존의 웰튼의 교육 철학과는 전혀 다른 독특한 수업으로 학생들로부터 폭발적인 호응을 얻는다. 그는 학생들에게 정해진 길을 따르기보다는 사물을 "다른 시각에서 봐야 한다", "너희들의 삶을 특별하게 만들어라", "현재를 즐겨라" 등과 같은 말로 학생들을 끊임없이 격려한다. 그 결과 또는 그 때문에 닐을 필두로 찰스, 녹스, 스티븐, 제러드, 캐머런, 그리고 마지막으로 토드는 '죽은 시인의 사회'라고 불리는 모임을 재결성하고 키팅의 가르침에 부응한다. 토드는 키팅의 독특한 가르침과 '죽인 시인의 사회' 모임 덕분에 숨겨왔던 자신의 자아를 차츰 발견하고, 닐은 원래 하고 싶었던 연극에 출연하고, 녹스는 크리스 노엘이라는 소녀와 연애를 한다. 찰스는 아예 '죽인 시인의 사회' 모임에 여학생을 데려오고, 스티븐과 제러드는 학교에서 금지한 라디오를 만들어 음악을 듣고 춤을 춘다.

하지만 닐의 죽음으로 '죽은 시인의 사회'의 모든 것은 산산조각이 난다. 닐의 연극 출연을 알게 된 그의 아버지는 그를 웰튼 아카데미에서 자퇴시키고 군사학교에 보내려 한다. 결국 닐은 권총으로 자살하고, 닐의 아버지와 학교 측은 닐의 죽음의 책임을 키팅에게 떠넘긴다. 키팅은 어쩔 수 없이 학교를 떠나게 되고, 그가 교실을 떠나는 순간 교장의 협박과 만류에도 불구하고 토드를 필두로 많은 학생들은 책상에 올라 "오 선장님 나의 선장님"을 외치고, 이 모습을 흐뭇하게 바라보던 키팅은 "얘들아, 고맙다. 고맙구나"라고 말하며 영화는 끝난다.

그런데 영화 〈죽은 시인의 사회〉에서 이 감동적인 마지막 장면만큼은 아니지만 기억할 만한 장면이 하나 있다. 마지막 장면 바로 직전 장면, 학교 측에서 닐의 죽음을 키팅의 책임으로 떠넘기자, 영화 내내 자유분방하고 반항적이었던 찰스는 이를 받아들일 수 없다고 주장한다. 반면 그때까지 친구들 사이에서 거의 '왕따'에 가까웠던 캐머런은 징계를 피하기 위해서는 학교 측에 적극적으로 협조해야 한다고 강력하게 주장한다. 사실 캐러먼은 '명예규칙'이라는 허울로 '죽은 시인의 사회'에 대해 이미 모든 것을 교장 놀란에게 털어놓았다. 찰스는 캐러먼에게 폭력을 행사하고 그 때문에 학교를 자퇴한다. 죽은 닐과 학교를 그만둔 찰스를 제외한 나머지 다섯 명은 결국 학교 측의 협박과 부모님들의 회유로 '키팅이 닐의 죽음에 책임이 있다'는 서류에 서명한다.

만일 〈죽은 시인의 사회〉 속편이 만들어진다면 어떤 내용일까? 아마도 키팅이 떠나고 토드를 비롯해 교실에 남은 학생들이 웰튼 아카데미에서 겪는 이야기가 영화의 중심 서사일 것이다. 닐이 자살하자 그의 죽음의 책임을 키팅에게 떠넘긴 웰튼 아카데미는 틀림없이 예전보다 훨씬 더 엄격한 규율을 학생들에게 요구할 것이다. 학교 측은 아주 사소한 자유조차 학생들에게 허용하지 않을 것이다. 그런데 토드를 비롯한 몇몇 학생들은 키팅의 가르침과 '죽은 시인의 사회'라는 모임을 통해 잠깐이나마 자유를 맛보았다. 자유를 맛본 그들이 과연 예전 그대로 아무 일 없었던 듯이 돌아갈 수 있을까? 특히 룸메이트의 죽음을 겪었고 이제 막 자아를 찾기 시작한 토드의 경우 웰튼에서 과연 잘 적응할 수 있을까? 만일 토드가 웰튼 아카데미를 스스로 그만두거나 아니면 어쩔 수 없이 그만두었다면 그는 어떤 행동을 할까? 자못 궁금해진다.

조금 엉뚱해 보일 수도 있지만, 제롬 데이비드 샐린저의 『호밀밭의 파수꾼』(1951)을 영화 〈죽은 시인의 사회〉의 속편으로 읽어 보려 한다. 『호밀밭의 파수꾼』은 작가 샐린저의 자전적인 경험을 바탕으로 한 '자전 소설' 혹은 '성장 소설'로 알려졌다. 〈죽은 시인의 사회〉의 웰튼 아카데미처럼 펜시라는 명문 고등학교를 다니던 주인공 홀든 콜필드는 시험에서 다섯 과목 중 영어를 제외한 나머지 네 과목에서 낙제해 퇴학 위기에 처한다. 그는 〈죽은 시인의 사회〉의 토드가 그랬던 것처럼 펜시에 입학한 게 아니라 다른 학교에 다니다가 펜시로 전학 왔다. 홀든은 이전 학교에서처럼 펜시에서도 학교생활에 잘 적응하지 못한다. 결국 그는 위선적인 어른들의 세상과 속물투성이인 중산층 삶에 반발하고, 퇴학 통지서가 부모님에게 전달되기까지 뉴욕에 머물기로 한다. 『호밀밭의 파수꾼』은 홀든이 뉴욕에서의 3일간 홀로 지내며 집에 돌아올 때까지 겪은 일들을 독백 형식으로 담고 있다.

사실 홀든은 시험에서 낙제점을 받았지만 학습 능력보다도 "전혀 공부에 의욕을 보이지 않"아, 즉 '학습 의지'가 결여되어 학교로부터 여러 차례 퇴학 경고를 받았다. 때문에 그는 실제 퇴학 통지서를 받고 난 뒤에도 학교의 처분을 담담하게 받아들인다. 대신 그는 "슬픈 작별이든, 기분이 좋지 않은 이별이든 간에, 내가 그곳을 떠난다는 사실을 알고 싶"어한다. 그는 먼저 자신에게 낙제점을 준 스펜서 선생을 찾아간다. 하지만 스펜서 선생과 이야기를 나누면서 그가 대단히 '속물적'이고 '위선적'인 인물이라고 느낀다. 그 뒤 마음에 들지는 않지만 그래도 함께 기숙사에서 생활하는 친구들인 애클리와 스트라드레이터에게 마음의 위로를 받으려 하지만 그 역시 여의치 않다. 그들과 함께 있으면 있을수록 그들에 대한 혐오감만 커졌고, 결국 스트라드레이터와는 질투와 시기 때문에 주먹다짐으로 끝나고 만다. 그는 기숙사 친구들이 나이는 어리지만 '허위'로 가득 찬 어른들의 세계에 이미 발을 들여놓았다고 결론을 내리고 짐을 싸서 기숙사를 나온다.

홀든은 기숙사에서 나와 역으로 향한다. 그는 그곳에서 형인 D. B., 동생 피비, 샐리 헤이즈, 칼 루스 등 누구에게 전화를 걸까 고민하다가 결국 아무에게도 전화를 걸지 못한다. 택시를 타고 집으로 가려 했지만 이내 포기하고 시내 호텔로 향한다. 고독감과 상실감을 달래기 위해 호텔 안의 나이트클럽, 호텔 밖의 나이트클럽 등을 전전하지만, 그러면 그럴수록 상실감과 절망감만 더욱 커졌다. 그는 "내 주위에는 온통 얼간이들뿐이었다"라고 자책한다. 그는 호텔 벨 보이와 그와 한패인 매춘부와 실랑이를 벌이다가 결국 매만 맞고 돈도 빼앗긴다.

홀든은 오래 알고 지내는 샐리 헤이즈에게 전화를 걸어 다음 날 만나기로 약속한다. 그는 호텔에서 나와 그랜드센트럴역에 짐을 맡긴다. 아침 식사 중에 만난 수녀들에게 10달러를 기부하고, 동생에게 줄 레코드판도 사고, 샐리와 함께 볼 연극표도 산다. 샐리를 기다리는 동안 그는 지나가는 사람들, 그때까지 그가 알던 모든 사람들에 대해 불평을 늘어놓는다. 그는 그 주변 사람뿐만 아니라 모든 게 마음에 들지 않는다.

홀든은 샐리를 만나고 싶어 그녀에게 전화해 약속을 잡았지만, 막상 만난 후에는 그녀에 대해 실망한다. 특히 스케이트를 잘 타지도 못하면서 스케이트 스커트를 빌려 입기 위해서 스케이트장에 가자고 한 그녀를 혐오한다. 사실 그는 "늘 어떤 일을 하지 않으면 엉망이 될지도 모른다는 불안감을 느끼고 있다." 그래서 그는 한시도 가만히 있지 못한다. 그러나 막상 어떤 일을 하면 모든 것을 지겨워하고 쉽게 싫증낸다. 주변 사람들 역시 그를 쉽게 이해하거나 그를 받아들이지 못한다. 예컨대 홀든이 샐리에게 함께 뉴욕을 떠나자고 제안하자, 그녀는 여러 가지 현실적인 이유를 들어 홀든의 제안을 거절하고, 심지어 그의 계획이 불가능하다고까지 말한다.

홀든은 샐리와 헤어진 뒤 이번에는 제인에게 전화하려 한다. 홀든은 제인과 있었던 여러 가지 일들을 생각하다가 여자들은 "이상한 점이 있다"고 결론을 내린다. 제인과 전화 통화가 안 되자 예전 학교에서 알고 지내던 칼 루스에게 전화를 걸어 약속을 잡는다. 그는 칼 루스를 만나 그에게 위로를 받으려 하지만, 그와의 대화를 통해 단지 의견이 다르다는 것만 확인한다. 칼 루스는 조금 더 있다 가라는 홀든의 제안을 뿌리치고 자리를 나선다. 홀든은 취한 상태에서 다시 샐리에게 전화를 건다.

홀든은 술에 취해 피비를 위해 산 레코드판을 길바닥에 떨어뜨린다. 그는 부모님 몰래 집에 들어가 잠든 피비를 깨워 그녀에게 깨진 레코드판을 건넨다. 홀든이 계속해서 불평을 하자 피비는 "오빠는 모든 일을 다 싫어하지? (…) 정말로 좋아하는 것을 말해봐"라고 그를 달랜다. 홀든은 한참 생각한 뒤에 엉뚱하게도 "호밀밭의 파수꾼이 되고 싶다"라고 답한다. 그는 피비에게 약간의 돈을 받아 예전 학교 영어 교사였던 앤톨리니에게 전화를 걸어 그를 방문한다. 그는 앤톨리니 선생에게 펜시 학교를 그만두게 된 사정을 이야기한다.

앤톨리니 선생은 홀든에게 "세상을 살다 보면, 인생의 어느 순간에 자신이 가지고 있는 환경이 줄 수 없는 어떤 것을 찾는 사람들이 있기 마련이다. (…) 미성숙한 인간의 특징이 어떤 이유를 위해 고귀하게 죽기를 바라는 경향이 있다는 것이다. 반면 성숙한 인간의 특징은 동일한 상황에서 묵묵히 살아가기를 원한다는 것이다"라고 말한다. 게다가 그는 "가장 먼저 해야 할 일이 학교에 들어가는 일이어야 할 거"라고 충고한다. 즉 앤톨리니에게 "학교 교육이란 자신이 가지고 있는 사고의 크기를 알게 해주고, 거기에 맞게 이용하게 해주는" 제도다. 앤톨리니 선생은 홀든에게 "기존 체제에 순응하고 참고 견디"라고 말한다. 하지만 홀든에게 현실적이고, 윤리적이고, 도덕적인 충고를 해준 앤톨리니 선생은 홀든이 잠든 사이 그를 성추행한다. 홀든이 집을 나서려 하자 그는 양심의 가책을 느끼기는커녕, 홀든에게 "넌 정말, 정말 이상한 아이야"라고 말한다. 홀든은 더욱 혼란스러워한다.

홀든은 앤톨리니 선생 집에서 나와 그랜드센트럴역으로 향한다. 그는 서부로 떠나기로 결심하고, 떠나기 전 피비를 만나 그녀에게 빌린 돈을 돌려주려 한다. 그는 피비에게 박물관에서 만나자는 내용의 편지를 써서 그녀가 다니는 학교에 전달한다. 하지만 약속 장소에 나온 피비가 홀든과 함께 서부로 떠나겠다고 떼를 쓰자 홀든은 서부로 떠나겠다는 계획을 철회하고 피비를 놀이동산에 데리고 간다. 그는 "호밀밭에서 아이들이 뛰다가 넘어지려 하면 얼른 잡아주는 일", 다시 말하면 "추락하려는 순수함을 잡아 일으키고 싶은 지킴이"가 되고 싶어 했다. 하지만 그는 순수한 아이들을 지키기는커녕 자기 자신도 지킬 준비도 안 되었고 지킬 능력도 없다. 바꿔 말하면 그는 아직 '넓은 호밀밭', 즉 세상에 나갈 준비가 덜 되었다. 오히려 동생 피비가 그를 지켜주는 그의 '파수꾼'이다.

홀든은 자신의 고백을 마치며 그 이후로 집에 돌아가서 무엇을 했고, 병에 어떻게 걸렸고, 병원에서 퇴원한 후 어느 학교에 가기로 되어 있는지에 대해서는 말하고 싶지 않다고 말한다. 대신 그는 "실제로 해보기 전에 무엇을 어떻게 하게 될지 어떻게 할 수 있단 말인가?", "말을 하게 되면, 모든 사람들이 그리워지기 시작하니까"라는 알 수 없는 말들을 늘어놓는다.

짐작컨대 홀든은 정신병원에 입원한 것으로 보인다. 정신병원에서 완치 판정을 받아야 그는 퇴원할 수 있다. 그리고 병원에서 완치 판정을 받아 퇴원한다면 그는 펜시와 비슷한 혹은 그보다 훨씬 더 권위적이고 억압적인 또 다른 기숙학교에 갈 것이다. 그런데 완치 판정이 과연 무엇인가? 세상에서 말하는 완치란 인간의 '영혼의 치유'가 아니라 '세상의 허위에 대한 적응'의 또 다른 말이다. 그렇다면 홀든에게 완치란 결코 있을 수 없는 일이다.

홀든은 백혈병으로 죽은 남동생과 귀여운 여동생 피비처럼 순순한 아이들의 세계를 지키는 '호밀밭의 파수꾼'이 되기를 원하지만 현실은 그의 소망을 허락하지 않는다. 학교에서는 그를 '패배주의자'로 낙인찍고, 부모를 비롯한 어른들은 그를 '문제아'로 여기고, 친구를 포함한 주변 사람들은 그를 시쳇말로 '호구'로 간주한다. 그렇기 때문에 그는 주변 사람들에게 쉽게 분노하고 위악적인 모습을 보인다. 그는 부모와 학교 선생님, 친구라고 생각했던 사람들로부터 끊임없이 마음의 상처를 받는다. 심지어는 처음 보는 사람들로부터도 마음의 상처를 받는다. 그 상처는 생각보다 훨씬 깊다. 하지만 그 누구도 그의 상처에 관심을 두지 않는다. 사람들은 그의 '내면의 상처'보다는 '겉으로 드러나는 이상한 모습'에만 천착할 뿐이다. 영화 〈죽은 시인의 사회〉에서 키팅 선생이 교실을 나설 때, 그리고 룸메이트 닐의 죽음을 알게 되었을 때 토드가 드러내는 흔들리는 눈빛과 『호밀밭의 파수꾼』의 '상처받은 영혼' 홀든의 축 처진 뒷모습이 자꾸만 머릿속에 떠오르고 겹쳐진다. 홀든 앞에 펼쳐진 세상에는 희망이 들어갈 조금의 틈도 없어 보인다.

조금 엉뚱해 보일 수도 있지만 홀든은 센트럴 파크의 연못에 사는 오리들이 겨울에 수면이 얼면 어디에 가게 될지 걱정할 정도로 마음이 따뜻한 사람이다. 하지만 택시 운전사도, 그 누구도 그런 것에는 관심이 없다. 부모님, 형과 여동생, 학교 선생님, 기숙사의 친구들, 심지어 그의 여자 친구조차도 그런 그를 이해하지 못한다. 다시 말하면 그의 말에 귀를 기울이지 않는다. 홀든은 그런 사람들과 그런 사람들로 가득 찬 세상을 견딜 수가 없다. 그는 지옥 같은 학교를 나왔지만, 그에게 학교 밖은 학교 안과 다름없는 또 다른 지옥일 뿐이다. 그렇기 때문에 홀든이 더욱 더 안타깝다.

『호밀밭의 파수꾼』은 앙투안 드 생텍쥐페리의 『어린 왕자』(1943)가 그런 것처럼 '어른들이 읽어야 할 이야기'다. 『어린 왕자』가 그런 것처럼 『호밀밭의 파수꾼』은 '허위'로 가득한 지금 세상에 사는 우리에게 여전히 삶의 본질에 대해 많은 생각할 거리를 던져준다. 그렇기 때문에 읽을 때마다 씁쓸하고 가슴이 뭉클해진다. 사실 조금만 둘러보면 우리 주변에 수많은 홀든이 있다. 그들은 끊임없이 화를 내고 있다. 그럼에도 불구하고 사람들은 그들을 쳐다보지 않는다. 그들은 왜 화를 내고 있을까? 아마도 그들은 화를 내며 "제발 나를 봐줘"라고 절박하게 부르짖는지 모른다. 이처럼 그들은 힘들다고 계속해서 신호를 보내고 있다. 그런데 지금 그들의 신호에 지금 얼마나 응답이 이루어지고 있을까?

제3부

다시 읽은
인문사회과학

들뢰즈, 모든 것을 다 거부한 긍정주의자

장-자크 르세르클, 『들뢰즈와 언어』(2002), 이현숙·하수정 옮김, 그린비, 2016.

프랑스의 저명한 언어학자이자 영문학자인 장-자크 르세르클은 언어철학과 문학이론에 대한 광범위한 연구를 수행해 왔다. 특히 그는 난해하다고 악명이 높은 들뢰즈 철학을 '언어'를 매개체로 일관되게 연구해왔는데, 『들뢰즈와 언어』(2002)는 바로 그 산물이다. 옮긴이의 설명처럼, 저자는 이 책에서 "일관된 자료가 부재한 들뢰즈 언어의 복잡한 차원을 세분화하고 이를 상세히 분석하고 있다." 주지하듯 들뢰즈는 구조주의 등 1960년대 서구 근대 이성의 재검토라는 큰 흐름 속에서 철학사에 대한 광범위하고 심층적인 이해를 바탕으로 서구의 양대 지적 전통인 경험론과 관념론이라는 사고의 기초형태를 비판적으로 검토했다.

들뢰즈의 이런 철학적 검토는 그의 언어학 연구에서도 나타난다. 기본적으로 들뢰즈는 언어(학)를 불신한다. 그의 언어에 대한 불신은 자신의 철학의 원형이라 할 수 있는 베르그송의 영향에서 찾을 수 있다. 베르그송은 구조주의에 반대하고 구조주의의 실증주의적 전통에 의해 무시되었던 철학자들을 부활시켰다. 베르그송의 후예로서 들뢰즈 또한 언어에 대해 상당히 '불신'했고, 그에 병행하는 '망상'을 동시에 택했다.

들뢰즈가 언어학을 반대하고 불신한다고 해서 모든 언어학을 반대하고 불신하는 것은 아니다. 들뢰즈가 반대하고 불신한 것은 '구조주의 언어학'이다.

구조주의 언어학은 소쉬르에 의해 시작되어 20세기 전반 언어학을 지배했던 언어철학 및 연구방법론이다. 이에 따르면, 언어는 하나의 체계, 즉 '구조'로 존재하기 때문에 개별적인 문법 요소보다는 요소 간의 관계를 통해 설명되어야 한다. 구조주의 언어학은 기표와 기의의 안정적 관계를 중시한다. 하지만 들뢰즈는 이를 부정한다. 대신 그는 언어의 중심에서 이탈하려는 명확한 욕망을 지니고 있다고 파악한다. 그에 따르면, 언어학에서 기표를 강조하는 것은 우리에게 재현과 해석에 근거한 언어의 개념을 지향하도록 강요하는 것이다. 더 나아가 들뢰즈는 기표와 기의, 그리고 '메타포'에 대해서도 극단적인 반감의 태도를 견지한다. 왜냐하면 메타포는 궁극적으로 언어의 보편성과 추상성을 지향하기 때문이다.

들뢰즈가 구조주의 언어학을 반대하는 가장 큰 이유는 구조주의 언어학이 언어에 부과하는 꽉 짜인 규율이 자연어의 작용에 빈약하고 혹은 종종 완전히 반대되는 관점을 부여하기 때문이다. 구조주의 언어학은 언어의 중요 기능을 '정보 전달'과 '소통'이라는 관점에서 언어를 다루기 때문에 본질적으로 추상과 보편이라는 한계를 가진 채 '언어학의 건축학'이라는 형식화로 귀결된다. 반면 들뢰즈는 언어학을 '지도제작'과 비슷하다고 파악한다. 즉 건축학에서는 건축의 각각의 요소가 독립적인 중요성을 갖지만, 지도제작에서 각각의 요소는 그 자체로는 중요성을 갖지 못하고 오직 전체적인 '맥락'에서만 중요성을 획득한다. 다시 말하면 들뢰즈의 언어학에서 언어는 하나의 면으로 간주될 뿐이고, 서로 다른 면들이 혼효되고 새로운 맥락을 형성할 때야 비로소 의미를 획득한다. 이처럼 들뢰즈는 언어의 보편성과 추상성보다는 언어의 이질성과 다양성에 방점을 두고 있다.

들뢰즈는 구조주의뿐만 아니라 구조주의와 상반되는 영미화용론과 하버마스의 소통철학에도 반대한다. 그가 생각하기에, 영미화용론의 경우에는 너무나 많은 개념을 차용한다는 점이 문제고, 소통철학의 경우에는 소통의 결핍이 아니라 오히려 소통의 과잉이 문제다. 다시 말하면 들뢰즈는 언어의 본질에 있어서 소통 행위나 문답과 대화를 강조하는 소통이론도 반대하고, 방법론적 개인주의, 이상주의적 의미 이론, 대화적인 상식과 보편적인 윤리적 격률에의 보편적 의존을 바탕으로 하는 영미화용론도 반대한다. 따라서 그의 이런 반어학적인 전회의 결과는 칸트적 용어로 평가될 수도 있다. 하지만 그는 칸트 철학과도 거리를 둔다. 요컨대 들뢰즈는 어떤 특정한 철학적 사조나 철학적 경향을 반대한다기보다는 사고의 틀을 가두는 형식 또는 구조와 그것의 추상화와 보편화를 경계한다. 바로 이점이 들뢰즈 언어학, 더 나아가 들뢰즈 철학의 본령이라 할 수 있다.

거듭 말하지만 들뢰즈는 구조주의 언어학을 불신한다. 그는 촘스키의 유물론적 언어학도 거부한다. 촘스키는 인간은 유한한 규칙에 따라 무한한 문장을 만들 수 있다고 주장하였으며 그러한 규칙을 수학적인 엄밀성으로 정식화하려 한다. 들뢰즈는 대신 '의미의 존재론적 혼합', 혹은 '특이성들의 분포적인 내재면을 추구하는 선들의 존재론적 혼합'을 선호한다. 그렇기에 들뢰즈의 언어철학의 중심에는 '텍스트의 규칙 파괴적 창조성'이 위치한다. 따라서 그의 철학적 지향점은 푸코와 유사해 보인다. 그래서인지 들뢰즈 자신도 푸코 철학을 어느 정도 환영했다. 왜냐하면 푸코 철학의 본령은 들뢰즈와 마찬가지로 문제에 대한 해답을 밝히는 것이 아니라 끊임없이 문제를 제기하는 것이기 때문이다. 주지하듯 푸코는 '근대적 이성'을 비판하고, 역사주의 방식, 다시 말하면 고고학적 방법을 통해 '권력'이라는 문제에 접근했다. 그리고 푸코는 권력이 중앙집권적이지 않고 오히려 탈중심적이라고 파악했다.

푸코에 따르면, 고전 시대에는 비정상으로 규정되는 존재를 사회적으로 배제해 질서를 유지하는 것을 본령으로 삼았다. 반면 근대는 비정상으로 규정되는 존재를 교육, 교정하는 것을 목표로 삼았다. 학교, 병원, 교도소 등과 같은 훈육 기관은 근대의 대표적 산물이다. 이곳에서는 '지식'과 '인간'이 몸과

성을 관리한다. 근대의 권력 전략은 사회 질서를 훼손하는 사람들을 배제 또는 격리하거나, 사회질서에 어긋나는 행동을 금지하는 것으로 축소되지 않는다. 따라서 근대 권력은 사회질서를 훼손하는 인간을 정상인으로 복구하는 것을 목적으로 한다.

푸코의 권력을 들뢰즈의 언어로 바꾸어도 맥락은 크게 다르지 않다. 즉 근대 권력이 인간을 제어하고 훈육한다는 푸코의 주장과 구조주의를 비롯한 언어학이 인간의 언어를 추상과 보편의 한계에 가두었다는 들뢰즈의 주장은 공명한다. 그렇다고 해서 들뢰즈 철학과 푸코 철학이 완전히 겹치는 것은 아니다. 푸코의 철학적 본령이 '차이'의 부정이라면, 들뢰즈 철학의 본령은 '차이'의 긍정이라는 점에서 둘의 철학적 지향점은 대별되기 때문이다. 다시 말하면 들뢰즈의 철학적 방점은 '파괴'가 아니라 '창조성'에 찍힌다. 따라서 역설적으로 들리겠지만 들뢰즈는 '모든 것을 거부하면서도 거부하지 않은 긍정주의자'로 규정될 수 있다.

들뢰즈는 기존의 언어학을 불신하고 반대하는 동시에 새로운 언어학을 제안한다. 그의 언어철학의 궁극적 목표는 언어를 원래의 자리에 돌려놓는 것이다. 즉 그의 언어비판은 무엇보다 보편적 문법 개념에 근거한 '과학적 언어학'의 형식에 대한 비판이지 언어 자체를 거부하는 것은 아니다. 따라서 그의 새로운 언어학은 '다른 언어철학', '새로운 화용론'으로 명명된다. 그가 주장하는 새로운 화용론은 언어의 '의도'와 '소통'에 방점을 두는 화용론이 아니라 언어의 '힘'을 강조하는 화용론이다.

들뢰즈의 언어 철학적 관심은 언어가 가진 '힘'과 '흥미'다. 그에 따르면, 세계를 구성하는 사물들은 힘들의 표현이며 그들과 상호작용하는 주체들은 '힘들의 차이적인 요소들'이다. 결국 힘은 서로 충돌하고 '흥미'를 유발한다. 철학적 입장에서 보면 명제의 의미는 진리를 말하는 능력이 아니라 그 참신함이나 흥미로움과 관계되어 있기 때문에 흥미는 진리를 대체한다. 들뢰즈가 주류 언어학의 방법론적 개인주의에 감화되지 않으면서 언어의 재구성 단위로 삼는 것은 개별적인 화자와 개별적인 발화가 아닌 언표의 '집단적 배치'고, 이는 '기계'의 개념으로 나타난다. 즉 그의 언어철학에서 기계가 주류 언어학의 구조를 대신한다. 기계의 개념이 중요한 이유는 기계가 역학의 의미, 물질성의 의미, 사회적 실천으로서 언어의 중요성의 의미, 그리고 체계의 추상적인 관념성에 대립되는 언어의 구체적인 '작용'과 '기능'을 강조하기 때문이다.

들뢰즈의 기계적 개념은 '배치'의 개념으로 확장 발전한다. 배치는 능동적 과정이며, '메타포'(은유)가 아닌 '메타모르포시스'(변형)이다. 배치를 구성하는 것은 사물과 사건의 상태, 과정과 결과의 두 의미에서 언표와 언표행위, 욕망이 순환하는 영토로서의 공간, 그리고 그 공간의 운동, '탈영토화'와 '재영토화'다. 이 가운데 탈영토화와 재영토화는 들뢰즈의 언어학뿐만 아니라 더 나아가 들뢰즈 철학의 핵심어다. 탈영토화란 중심으로부터 벗어나려는 운동, 재영토화는 다시 중심으로 향하는 운동으로 간단히 규정할 수 있다. 그리고 탈영토화는 다시 상대적 탈영화토화와 절대적 탈영토화로 구분된다. 절대적 탈영토화란 상대적 탈영토화의 물꼬를 트는 반시대적 역능이라 할 수 있다.

들뢰즈의 언어학에서 배치는 항상 욕망의 기계적 배치와 언표의 집단적 배치라는 이중적 성격을 갖는다. 배치가 새로운 화용론에서 중요한 이유는 그것이 기표의 제국주의를 탈피하고 주체를 제거했다는 점 때문이다. 새로운 화용론에서 언어의 배치는 수직적이거나 위계화되어 있지 않고 합류하고 교차하는 평행한 두 면 위의 흐름의 형식 속에서 전개된다. 결국 들뢰즈에게 있어, 언어의 핵심적인 문제는 '단어 또는 발화가 무엇을 의미하는가'보다는, '발화가 어떻게 작동하는가', '그것이 어떤 배치에 삽입되었는가', '언표의 집단적 배치의 일부로서 그것이 어떻게 욕망의 기계적 배치에 연결될 것인가'이다. 간단하게 정리하면 들뢰즈의 언어 철학은 재현이 아닌 기능, 로고스가 아닌 신체, 기호가 아닌 절단, 기호화가 아닌 강도이며 주체가 아닌 배치, 정보가 아닌 힘으로 나타난다.

들뢰즈의 철학적 관심사는 중심이 아니라 주변부이고, 수직적 위계가 아니라 수평적 분산이다. 또한 자기중심적 정체성을 주장하는 것, 그리고 소수자 이기를 멈추지 않는 것이다. 그렇기 때문에 그는 '소수자 문학' 혹은 '문학적 소수화'를 지향한다. 그는 문학적 소수화를 '스타일'의 개념으로 설명하고 있다. 언어가 이질적이고 변주되는 실재라면, 스타일은 언어의 각각의 요소들을 택하여 그것을 연속적 변이에 복속시켜 새로운 언어학적 가능성을 실험하고 추출하는 것이다. 언어를 그 한계까지 밀어붙여 더 이상 언어적이지 않은 무엇까지 끌어당기는 것 역시 스타일을 통해서다. 그에 따르면, 예술가는 스타일을 통해 윤리적이고 정치적인 비평을 수행하고 예술가로서의 개별화의 가능성을 타진해야 한다. 즉 스타일은 예술가 자신의 독창적이고 근본적이고 차이적인 세계관을 전달하는 매개체다. 그렇기 때문에 들뢰즈가 생각하기에, 위대한 예술가 혹은 철학자는 자신만의 고유한 스타일을 창조하는 사람이다. 이처럼 스타일은 들뢰즈를 평생 사로잡았던 문제로서 그의 언어철학 최고의 긴장 지점에 있다. 옮긴이의 설명처럼, 스타일은 철학자로서 창조성과 예술가로서의 '정체성'의 문제로 귀결된다. 따라서 평생 스타일에 천착한 들뢰즈는 창조적 파괴를 추구한 '긍정주의 예술가 혹은 철학자'로 규정될 수 있다.

구조주의 언어학자들은 언어학을 과학으로 한정시켰다. 그들은 언어를 체계 또는 구조로 파악하며 언어의 동질성과 균형을 추구했다. 그렇기 때문에 그들에게 언어는 세계를 재현하는 도구와 다름없다. 반면 들뢰즈는 언어학을 철학, 문학, 더 나아가 예술의 영역으로 확장시켰다. 따라서 들뢰즈 언어학에서 언어는 탈영토화와 재영토화를 통해 무한히 변주되어 이질성과 다양성을 획득하게 되고, 그 과정에서 또한 언어의 불균형이 발생한다. 하지만 여기에서 발생하는 언어의 불균형은 혼란 또는 혼동과 같은 부정적 개념이 아니다. 오히려 언어는 외부와의 소통 속에서 흐름과 차이, 그리고 그것들의 반복을 통해 새로운 의미를 생성하며 긍정성을 획득한다. 그리고 언어의 새로운 의미는 새로운 예술적 가능성으로 발전한다. 거듭 말하지만 들뢰즈는 모든 것을 거부하며 긍정하고, 모든 것을 파괴하고 새롭게 창조하는 '긍정주의자'다.

민주주의는 어떻게 지켜지는가

스티븐 레비츠키·대니얼 지블랫, 『어떻게 민주주의는 무너지는가』(2018), 박세연 옮김, 어크로스, 2018.

민주주의(democracy)는 어원상 '민중(demos)에 의한 지배(kratos)'를 뜻한다. 즉 민주주의는 어느 한 사람이 다수를 지배하는 것이 아니라 민중의 합의에 따라 지배되고 의사 결정이 이루어지는 정치 체제다. 그렇기 때문에 누군가는 민주주의가 '가장 완벽한 제도는 아니지만 가장 덜 나쁜 제도'라고 일컬었다. 그래서 오늘날 대부분의 국가는 형식상 민주주의 국가다. 즉 국체가 공화정과 왕정으로 다르더라도 정체는 대부분 민주주의를 택한다. 심지어 우리가 독재 국가로 알고 있는 나라들도 명목상으로는 민주주의 국가다. 그런데 조금 깊이 들어가면 민주주의에 대해 생각이 서로 다른 것 같다. 어느 나라를 막론하고 집권당은 모든 일을 '민주적인' 절차에 따라 처리한다고 말한다. 반면 야당은 그런 여당의 처사를 '반민주적'이라고 말한다. 만일 상황이 정반대로 바뀌면, 즉 집권당이 야당이 되고 야당이 집권당이 되면 자신들이 했던 말을 뒤집는다.

그런데 곰곰이 생각해보면 이는 그 정도로 민주주의에 대한 토대가 약하다는 방증일 수도 있다. 즉 사람이 민주주의라는 제도를 따르는 것이 아니라, 민주주의라는 제도가 사람에 의해 자의적으로 운용될 수 있다는 뜻이다. 그래서 "민주주의가 죽었다", "민주주의가 위기다"라는 말들이 심심치 않게 떠다닌다. "문제는 경제야, 바보야"라는 한때 유명했던 말이 있는데, 현 상황에서는 이 말을 "문제는 정치야, 바보야"로 비틀어 읽을 수 있다. 아니 그렇게 읽어야 한다. 정치는 보통 우리의 일상과 관계없는 일이라 생각하기 쉽지만, 정치는 다른 어떤 영역보다도 우리의 일상과 밀접과 관련되어 있다. 어찌 보면 우리가 가장 중요하다고 생각하는 경제도 어차피 정치와 관련되어 있다. 왜냐하면 경제를 운용하는 사람은 어차피 정치적 결정에 의해 선출되기 때문이다. 정치적 결정은 민주주의 절차에 따른다. 자연스럽게 출발점은 민주주의다. 따라서 지금이야말로 민주주의에 대해 제대로 고민할 때다.

너무나 시의적절하게 하버드대의 교수이자 저명한 정치학자이기도 한 스티븐 레비츠키와 대니얼 지블랫은 『민주주의가 어떻게 무너지는가』(2018)라는 책에서 민주주의의 위기 사례와 그에 대한 해법을 고민하게 한다. 이 책의 목적은 민주주의에 대한 정답을 주는 게 아니다. 그보다는 '모든 민주국가에 던지는 경고'라는 서문이 말하듯, 독자들에게 민주주의에 대해 다시 한번 생각하도록 독려하는 것이다. 표면적으로 그들은 트럼프의 대통령 당선으로 미국의 민주주의가 무너지고 있다고 주장한다. 하지만 단지 트럼프를 비난하는 것에 머물지 않고, 왜 트럼프가 그런 행동을 하는지, 트럼프의 그런 행동으로 민주주의가 어떻게 무너지는지, 민주주의를 어떻게 살릴 수 있는지를 방대한 지식과 데이터를 바탕으로 민주주의의 위기에 대해 진단하고 그에 대한 방법적 대안을 고찰한다. 즉 저자들이 제기하는 민주주의의 문제는 미국에 국한되지 않는다. 어느 시대에도, 어느 나라에서도 일어날 수 있는 일이다.

『민주주의가 어떻게 무너지는가』의 저자들은 일단 칠레와 베네수엘라 예를 통해 '민주주의의 위기, 혹은 민주주의의 죽음은 어디에서 시작하는가?'라는 질문에서 시작한다. 주지하듯, 칠레의 민주주의는 피노체트 총사령관의 쿠데타로 아옌데 정권이 무너지면서 죽었다. 실제로 냉전 기간 전 세계에서 일어난 민주주의의 죽음 가운데 75퍼센트가 칠레의 경우처럼 쿠데타에 의한 것이다. 베네수엘라는 칠레와 조금 양상이 다르다. 베네수엘라의 우고 차베스 전 대통령은 원래 부패 정권에 맞서 싸운 정치 아웃사이더였다. 그는 베네수엘라의 풍부한 석유 자원을 가난한 이들을 위해 활용하는 '진정한 민주주의'를 건설하겠다고 약속했고, 1998년 대통령에 올랐다. 하지만 2003년부터 차베스 정권은 독재를 향한 행보를 시작했다. 겉으로 보기에 베네수엘라의 민주주의 형태는 그대로 유지했지만, 실제로는 언론사를 폐쇄하고, 야당 정치인, 판사, 비우호적인 언론인을 체포하거나 추방하는 등 전제적 행보를 강화해 나갔다. 차베스가 살아 있을 때 혹은 그가 세상을 떠난 후 치러진 선거는 의심스러웠다. 의회 선거에서 야당이 압승하자, 차베스의 뒤를 이은 마두로 정권에 의해 새로운 일당 제헌국회가 의회를 무력화하는 일까지 벌어졌다. 아주 오래전에 있었던 일 같은데, 2017년에 있었던 일이다. 차베스가 대선에서 처음으로 승리한 지 20년 만에 베네수엘라의 민주주의는 이렇게 '완전히' 죽었다.

오늘날 파시즘과 공산주의, 혹은 군부 통치와 같은 노골적인 형태의 독재는 전 세계적으로 점차 종적을 감추고 있다. 최근에는 군사 쿠데타를 비롯하여 다양한 형태의 폭력적인 권력 장악은 찾아보기 힘들다. 그렇다면 폭력적인 권력 장악은 사라졌나? 저자들은 그렇지 않다고 말한다. 오늘날 민주주의의 붕괴는 다름 아닌 투표장에서 일어나고 있다. 다시 말하면 합법적으로 민주주의가 죽어가고 있다.

민주주의의 위기는 어디에서 시작되는가? 민주주의의 위기는 '잠재적 독재자가 권력을 잡으면서' 시작된다. 민주주의의 기반이 아무리 튼튼하다 해도 극단주의 선동가, 즉 포퓰리스트는 어느 사회에서나 등장하기 마련이다. 포퓰리스트가 주목을 받는 방식은 동서고금을 통해 똑같다. 바로 '정치의 혐오'를 부추기는 것이다. 포퓰리스트는 모든 정치인을 '싸잡아' 욕한다. 그리고 현실성이 없는 허황된 주장을 자신의 공약이라고 내세운다. 대중적으로 인기 있는 극단주의자를 정치적으로 고립시키기 위해서는 정치인들의 결단이 필요한데, 기성 정당은 두려움과 기회주의 혹은 판단 착오 등으로 인해 극단주의자와 손을 잡고, 이때 민주주의는 무너진다. 히틀러와 무솔리니, 차베스 모두 비슷한 과정을 거쳐 권력에 자리에 올랐다.

잠재적인 독재자가 권력을 잡으면, 민주주의는 두 번째 중요한 시험대에 오른다. 그 독재자가 민주주의 제도를 전복할 것인가, 아니면 민주주의 제도가 그를 통제할 것인가? 그런데 제도만으로는 선출된 독재자를 실질적으로 통제할 수 없다. 그런 예는 히틀러를 비롯해 너무나 많이 봐왔다. 오히려 선출된 독재자가 민주주의 제도를 정치 무기로 삼아 마음껏 권력을 휘두른다. 선출된 독재자는 사법부를 비롯한 중립 기관들을 자신의 입맛대로 바꾸거나, 무기로 활용하고, 언론과 민간 영역을 매수하고, 정치 게임의 규칙을 바꿔서 경쟁자에게 불리하게 운동장을 기울인다. 선거를 통해 권력을 장악한 독재자의 시나리오에서 가장 비극적인 역설은 그가 민주주의 제도를 미묘하고 점진적으로, 그리고 심지어 합법적으로 활용함으로써 민주주의를 죽인다는 사실이다.

결국 민주주의자와 극단주의자의 치명적 동맹으로 극단주의자가 정치 전면에 나서는 끔찍한 결과가 초래되었다. 노련한 정치인들은 인기 회복을 위해 극단주의자를 이용한다고 생각하지만, 결국에는 그들보다 더욱 교활하고 탐욕스러운 극단주의자들에 의해 이용당하고 버려진다. 사실 극단주의적 독재자를 막는 것은 국민이 아니라 정당이다. 정당은 민주주의의 '문지기'(gatekeeper)가 되어야 한다. 정당이 문지기로서 제대로 된 기능을 하지 못할 때 극단주의자는 대중의 입에 오르내리며 인기를 얻는다. 인기를 얻으면 얻을수록 그는 더욱 비민주주의적인 가치로 민주주의의 가치에 도전한다. 요컨대 정당이 문지기의 역할을 하지 못하면서, 정당은 약화되고 프라이머리(primary)는 강해진다. 참고로 프라이머리는 미국 대통령 선거에서 정당별 후보를 선출하는 예비 경선의 한 방식이다. 등록된 당원만 참여하는 코커스(caucus)와 달리 당원이 아니라도 참여할 수 있다. 그리고 프라이머리를 통해 극단주의자가 민주주의자를 몰아내고 그 자리를 차지한다.

사실 프라이머리는 양날의 검이다. 프라이머리에서는 다양한 정치인들이 새로운 환경에서 경쟁한다. 대중들에게 인기가 없는 기성 정치인들은 대중들에게 인기 있는 잠재적 독재자의 인기를 이용하기 위해 그들의 비민주적 언행을 방조한다. 즉 그들은 잠재적 독재자를 진정한 경쟁자로 여기지 않고 불쏘시개로만 생각한다. 그런데 문제는 잠재적 독재자가 그렇게 생각하지 않는다는 점이다. 그들은 기성 정치인들과 똑같은 운동장에 있다고 생각한다. 자신들이 기성 정치인들보다 더 뛰어나다고 생각하고, 대중들은 기성 정치인들보다도 그들의 말에 귀를 기울인다.

도널드 트럼프의 충격적인 정치 성공에는 다양한 요인이 작용했겠지만, 대통령에 당선되기까지 공화당 또는 이를 방조한 민주당의 문지기 기능의 마비가 가장 중요한 역할을 했다. 예상했던 것처럼 혹은 예상했던 것 이상으로 트럼프는 전제주의 행동을 보이고 있다. 전문가들은 그의 전제주의 행동을 가리키는 네 가지 신호로 '민주주의 규범에 대해 거부', '정치 경쟁자에 대해 부정', '폭력의 조장과 묵인', '언론 및 정치 경쟁자의 기본권을 억압하려는 성향'을 꼽았다. 그렇다면 기성 정치인들이 경쟁자가 아닌 독재자에게 권력을 넘기는 이유는 뭘까? 그 이유는 의외로 간단하다. '내가 가질 수 없다면, 너도 가질 수 없다'라는 의식이다. 그런 의식은 다른 정당을 넘어서서 그리고 같은 정당 내에서 작동한다.

그렇게 해서 권력을 잡은 독재자에 의해 민주주의는 합법적으로 전복된다. 선출된 독재자는 처음부터 독재자가 아니라 대중선동가에서 독재자로 탈바꿈한다. 선출된 독재자가 민주주의를 어떻게 허물어뜨리는가? 어떤 독재자는 단번에 무너뜨리지만 대부분의 독재자들은 점진적인 공격으로 민주주의를 서서히 무너뜨린다. 그러므로 시민들 대부분은 민주주의가 무너지는지 알지 못한다. 사실 알아도 합법적으로 선출되었기 때문에 제어할 방법이 없다. 선출된 독재자는 민주주의를 무너뜨리기 위해 크게 심판을 매수하거나, 경쟁자를 매수하거나 탄압하거나, 아니면 경기장을 기울인다. 원인과 결과가 반대일 수도 있다. 아무튼 민주주의는 무너진다. 그리고 선출된 독재자는 항상 국가위기를 즐긴다. 위기가 없으면 스스로 위기를 만들어내기도 한다. 시대와 장소가 서로 다름에도 페루, 독일, 러시아, 터키 등에서 비슷한 일들이 벌어졌다. 지금 이 순간에도 그런 일들이 벌어지고 있다. 도대체 민주주의가 이렇게 쉽게 허물어질 수 있는가?

"미국인들은 수 세대에 걸쳐 그들의 국가가 신의 뜻을 따르는 선택받은 나라이며, 세상의 희망과 가능성의 상징이라는 믿음 한가운데 미국 헌법이 자리 잡고 있다고 생각했다." 미국인들은 헌법에 대한 믿음이 굳건하다. 그렇다면 헌법이라는 보호 장치는 그 자체로 민주주의를 지키기에 충분한가? 『민주주의가 어떻게 무너지는가』의 저자들은 그렇지 않다고 말한다. 그들에 따르면, 아무리 잘 설계된 헌법이라고 해도 때로는 실패한다. 다시 말하면 아무리 잘 설계된 헌법도 그 자체로 민주주의를 보장하지는 못한다. 헌법이 모든 것을 담을 수 없거니와 헌법은 여러 다양한 뜻으로 해석될 여지가 농후하다. 이것은 헌법만 그런 게 아니라 모든 법이 그럴 수 있다. 또한 헌법 조항의 문구를 있는 그대로 기계적으로 해석할 경우 법의 취지를 훼손할 위험도 있다. 요컨대 모든 헌법은 모든 것을 담을 수도 없고 완벽할 수도 없다. 그렇기 때문에 모든 성공적인 민주주의는 비공식적인 규범에 의존한다. 비록 규범은 헌법이나 법률에 명시적으로 규정되어 있지는 않지만 시민사회에서 널리 존중받는다. 민주주의가 제대로 작동하는데 가장 혁신적이면서도 놀라운 규범은 '상호관용'이다. 또한 오래된 전통의 규범 가운데 '제도적 자제'도 있다. 상호관용과 제도적 자제는 밀접하게 연결되어 있어 서로를 강화한다. 즉 정치인이 상대를 정당한 경쟁자로 받아들일 때 그들은 자제의 규범도 기꺼이 실천하려

든다.

처음부터 상호관용과 제도적 자제가 정착되지는 않는다. 규범이 강화되었을 때 양극화는 약화된다. 반대로 규범이 해체되면 양극화가 가속화된다. 원인과 결과가 바뀔 수도 있다. 즉 양극화가 가속화되어 규범이 파괴되거나 해체될 수도 있다. 규범의 파괴 또는 해체는 정치적 비극을 초래한다. 미국에서는 2008년 버락 오바마가 대통령에 당선되면서 규범 파괴가 가속화되고 있다. 상호관용의 부재와 자체 규범의 파괴 또는 해체는 인종, 종교에 따른 당파적 양극화, 궁극적으로 공동체의 해체를 가져온다. 2012년의 미국 대선에서 이런 양상은 더욱 심화되었다.

당파적 양극화가 더욱 가속화되는 가운데 미국 정치판에 트럼프가 등장했다. 2016년 미국 대선에서 대통령에 당선된 후 그는 선출된 독재자가 취하는 방식, 즉 '심판 매수', '경쟁자 매수 또는 탄압', '경기 규칙의 변경을 통한 경기장 기울이기'를 어김없이 시도했다. 그는 국가기관을 장악하고, 경쟁자와 반대자를 처벌하고, 투표를 억제하려 했다. 그가 민주주의 제도를 직접적으로 허물어뜨리지는 않았다고 해도, 그의 규범 파괴는 분명히 민주주의를 허물어뜨렸다. 취임 후 이어지는 트럼프의 규범 파괴는 미국 사회가 용인할 수 있는 대통령의 행동 범위를 넓히고 있다. 거짓말과 속임수, 탄압 등 예전에는 절대 받아들일 수 없다고 여겨졌던 행동들이 트럼프에 의해 점차 정치인의 전술적 공구함으로 들어가고 있다.

사실 대통령의 규범 파괴 그 자체가 나쁜 것은 아니다. 몇몇 규범 파괴는 아무런 피해를 주지 않는다. 때로는 규범 파괴가 민주주의에 기여하기도 한다. 그러나 트럼프의 규범 파괴는 민주주의 존립에 중요한 규범을 포함하여 여러 다양한 불문율에 도전하려는 강력한 의지다. 예컨대 친족을 공직에 등용하지 않는 것처럼 공사를 엄격하게 구분하는 것 역시 오랜 불문율에 해당한다. 또한 대통령이 자신의 이해관계가 달린 사안에 개입해서는 안 된다는 규범도 있다. 트럼프는 이 모든 규범을 깨뜨렸다. 게다가 선거 결과의 정당성에 공식적으로 의문을 제기함으로써 민주주의의 핵심 규범을 파괴했다. 그는 정치 예의라고 하는 기본적인 규범도 저버렸다. 그러나 무엇보다도 가장 악명 높은 규범 파괴는 아마도 그의 '거짓말'이다. 대통령이 공식 석상에서 진실을 말해야 한다는 생각은 미국 정치에서 이론의 여지가 없다. 사실 리처드 닉슨이 대통령에서 물러나게 된 것은 도청보다도 거짓말 때문이었다. 하지만 트럼프의 거짓말은 대선 전에는 말할 것도 없이 대통령 취임 후에도 계속되었다. 그는 자신이 했던 어떤 거짓말에도 대가를 치르지 않았다. 하지만 국민이 선출된 지도자를 신뢰하지 않을 때 대의 민주주의의 근간이 허물어지고, 그들이 선택한 지도자를 믿지 못할 선거제도의 가치는 사라진다. 트럼프는 언론에 대한 존경이라고 하는 기본적인 규범을 저버렸고, 이로 인해 대통령에 대한 신뢰의 상실은 더욱 심각해졌다.

트럼프의 규범 파괴의 사회적 용인은 끔찍한 결과를 낳을 수 있다. 규범, 즉 불문율에 대한 위반이 계속해서 일어날 때 사회는 '일탈의 범위를 축소하는', 다시 말해 하향 조정하는 경향이 생기고, 그런 경향은 대중에게 확산되고 점점 익숙해진다. 그런 흐름은 미국 민주주의에 끔찍한 결과를 몰고 올 것이라고 저자들은 말하는데, 그것이 비단 미국만의 문제는 아닐 것이다.

지금까지 민주주의가 무너지는 원인과 과정을 살펴보았다. 그렇다면 마지막으로 '민주주의는 어떻게 살아남을 수 있는가?'라는 질문을 던질 차례다. 『민주주의가 어떻게 무너지는가』의 저자들은 미래의 미국의 민주주의의 방향을 크게 세 가지로 예측한다. 미국의 민주주의로 국한했지만, 개인적인 생각에 꼭 미국의 민주주의로만 국한되지는 않고, 전 세계 민주주의에 보편적으로 적용될 수 있다. 첫째, 민주주의가 신속하게 회복하는 경우다. 그렇게 되기 위해서는 트럼프는 정치적으로 실패해야 한다. 즉 그가 재선에 실패하거나 탄핵당하거나 둘 중의 하나다. 아니면 닉슨이 했던 것처럼 사임인데, 트럼프에게는 예상할 수 없는 선택지이기에 사실 둘 중에 하나다. 많은 이들이 원하는 미래지만 저자들은 이에 대한 가능성을 낮게 본다. 왜냐하면 규범 파괴와 정치의 양극화가 트럼프 이전부터 이루어졌다는 점을 고려할 때, 트럼프의 실패 후에도 민주주의가 원래대로 되돌아갈 가능성은 낮기 때문이다. 둘째, 더 어두운 전망으로 트럼프와 공화당이 백인 민족주의를 내세워 선거에서 승리를 계속 이어나가는 경우다. 마찬가지로 이 역시 가능성은 높지 않다고 저자들은 말한다. 왜냐하면 그럴 경우 트럼프 행정부는 진보 진영, 소수민족, 그리고 다양한 민간 영역을 아우르는 광범위한 세력의 저항에 직면하기 때문이다. 그렇다고 이를 완전히 배제할 수는 없다. 셋째, 트럼프 이후 미국이 더욱 뚜렷한 양극화 사회로 접어들면서 성문화되지 않은 정치 관습에서 더 멀어지고, 제도 전쟁이 더욱 치열해지는 경우다. 즉 트럼프는 정치적으로 실패하지만 민주주의는 원래로 돌아가지 않고, 양극화는 강화되고, 규범 파괴는 일상적으로 이루어진다. 이럴 때 정치는 본래의 목적과는 정반대로 보통 사람들의 삶을 더 힘겹고 고통스럽게 할 것이다.

민주주의가 제대로 작동하기 위해서는 앞서 언급한 상호관용과 제도적 자제가 무엇보다도 중요하다. 즉 상대를 적이 아닌 정당한 경쟁자로 인정하고 자신에게 주어진 제도적 특권을 페어플레이 정신에 근거해서 신중하게 활용해야 한다는 규범은 사실 미국 헌법뿐만 아니라 그 어느 나라 헌법에도 명문화되어 있지 않다. 이를 명문화하지 않은 이유는 보편적인 상식이기 때문이다. 즉 너무나 당연하기 때문에 헌법에 포함하지 않았다. 그러나 그 규범이 무너지고 있고, 이럴 때 정치는 엄청난 비극을 초래한다. 실제로 트럼프에 의해 상호관용과 제도적 자제라는 규범은 이미 무너졌다.

그럼 이제 어떻게 해야만 하나? 누군가는 트럼프에 맞서기 위해서는 트럼프와 똑같은 방식으로 그와 싸워야 한다고 주장한다. 즉 "지저분하게 싸워라"라고 말한다. 그런데 『민주주의가 어떻게 무너지는가』의 저자들은 그 방법에 대해 회의적이다. 왜냐하면 그런 전면주의 전략은 중도 진영을 위협함으로써 야당의 지지도를 떨어뜨리고, 친정부 세력을 집결시키고, 정부의 야당 탄압에 대한 정당성을 부여하기 때문이다. 그런 전략은 승리를 거두기 어려울 뿐만 아니라, 그렇게 해서 승리를 거둔다고 하더라도 그것은 상처뿐인 영광에 불과하다는 것이 그들의 지적이다. 대신 트럼프의 반민주주의에 대항하는 민주주의를 지지하는 광범위한 연합 전선을 형성해야 한다고 주장한다. 종교, 인종적 벽을 뛰어넘는 이질적인 요소 간의 연합 전선이야말로 민주주의를 회복할 수 있고, 종국에는 극단적인 정치 양극화를 해소할 수 있다.

『민주주의가 어떻게 무너지는가』의 저자들은 효과를 장담할 수는 없지만 선거구 조정 중단, 오픈프라이머리, 투표 의무화 등이 정치 양극화에 대한 제도적인 해결책이 될 수 있다고 말한다. 하지만 그들은 미국의 정치 양극화를 근본적으로 해결하기 위해서는 정당이 바뀌어야 한다고 강변한다. 그들에 따르면, 당파 갈등에 책임이 큰 공화당은 먼저 기존 체제를 회복해야 한다. 즉 공화당은 부유한 외부 집단과 우파 매체에서 벗어나 재정, 풀뿌리 조직, 메시지 전달, 후보 공천에서 당 지도부가 권한을 되찾아야 한다. 정치 양극화에 책임이 덜한 민주당은 이민자 정책에 우선순위를 두는 '정체성 정치'에서 한발 뒤로 물러나 백인 노동자 계층과 대학 교육을 받지 않은 백인 유권자의 마음을 얻는 일에 집중해야 한다. 그런데 그들은 이 방법의 위험성도 동시에 지적한다. 즉 민주당이 백인 노동 계층의 표를 얻기 위해 이민자 수용과 소수민족 문제에 소극적인 태도를 보일 때, 동시에 그들은 다민족 민주주의라는 자신들이 내세웠던 미국적 이상 또는 미국적 대의에서 후퇴하거나 멀어지게 된다.

인종적 접근이 아닌 경제적 접근을 생각해 볼 수도 있다. 사실 현재 가속화되는 미국 사회의 뚜렷한 당파적 적대감은 민족 다양성의 증가는 물론 경기 침체, 하위 계층의 임금 정체, 그리고 점점 심각해지고 있는 경제 불평등이 합쳐져 나타난 결과물이다. 이렇게 형성된 당파적 적대감은 정치 양극화를 강화한다. 따라서 심화하는 정치 양극화를 완화하기 위한 한 가지 방안은 민족을 떠나서 오랫동안 소외당한 하위 계층의 생활고를 해결해주는 것이다. 물론 사회적, 경제적 불평등을 해소하기 위한 이러한 정책을 실행에 옮기는 것은 정치적으로 대단히 힘든 일이다. 그럼에도 불구하고 사회적 불평등을 해소하는 것은 시대적 과제이자 사회정의와 관련되어 있다. 더 나아가 민주주의의 생존과도 관련되어 있다. 정치의 본령은 '사람들이 더욱 잘 살 수 있게 만드는 일이다.' 힘들어도 방법을 찾아야 한다. 방법을 찾았으면 실행하기 어렵더라도 시도해야 한다. 시도해야 또 다른 방법을 찾을 수 있다. 민주주의는 정답을 고르는 게 아니라, 정답을 찾아가는 것이다. 정답을 찾아가는 과정이 곧 민주주의를 살아남게 하는 방법이다.

보이지 않는 **경계선**

조은, 『사당동 더하기 25』, 또하나의문화, 2012.

언제부터인가 습관적으로 책 제목보다도 책날개 또는 책의 맨 뒷면에 있는 저자의 프로필을 먼저 보게 된다. 『사당동 더하기 25』(2012)의 저자는 사회학자 조은이다. 정확하게 기억은 안 나는데 조은이라는 이름은 몇 년 전에 들어보았던 것 같다. 그때는 사회학에 별다른 관심이 없고 문외한이라서 그냥 넘어갔다. 그런데 얼마 전부터 사회학 관련 책을 조금씩 읽으면서 조은이라는 이름을 다시 들었고 그의 저서를 우연히 접하게 되었다. 아마도 그의 저서를 제대로 읽은 것은 이번이 처음이다. 그리고 이 독서는 자발적인 독서가 아닌 철저히 '비자발적인 숙제로서의 독서'다.

저자의 프로필을 보다가 특이한 점을 발견했다. 저자는 2003년도에 『침묵으로 지은 집』이라는 소설을 출간했다. 읽어보지는 못했지만 그냥 생각해보아도 상당히 특이한 경력이다. 소설가가 교수를 하는 경우는 최근에는 특이한 일이 아니지만, 학자이면서 동시에 소설가인 경우는 흔치 않다. 그것도 문창과나 국문과 교수가 아니라 '차가운' 학문인 사회학을 전공하는 교수라면 더욱 그렇다. 교수 사회에서는 논문이 아닌 다른 형태의 글을 쓰지 않는다. 글의 질이나 글에 들인 공력과 관계없이 그런 글들은 대개 '잡문'이라고 폄하된다. 그 이유는 당연히 대학 사회에서 '업적'으로 평가되지 않는 게 가장 큰 이유이고, 또 다른 이유라면 그런 글을 쓰면 학자로서의 '격'이 떨어진다고 생각하는 관념이 팽배해 있기 때문이다. 모든 것을 차지하고 『사당동 더하기 25』는 일단 저자의 경력이 특이했다.

저자 조은에 대해 또 다른 특이한 점은 미국에서 학위를 마친 주류 학자인데도 불구하고, 학문적 주된 관심사가 '도시 빈민 문제'라는 것이다. 1980년대 말 혹은 1990년대 초 대한민국에는 사회학을 비롯해 인문학에서는 말 그대로 프랑스 철학 열풍이 거세게 불었다. 지금 불어 닥치고 있는 인문학 열풍의 시작도 장담할 수는 없지만 아마도 그때쯤이었던 것 같다. 누가 먼저고 나중인지 잘은 모르겠지만, 라캉, 데리다, 푸코 등이 그때 우리나라에 본격적으로 소개되기 시작했다. 거의 모든 사회학자들과 인문학자들은 맥락과 상관 없이 책과 논문에 이들을 인용했다. 그런 탓인지 당시에 출간된 많은 책들은 직접적으로 이들 철학자와 관련이 없음에도 불구하고 책 제목에 그들의 이름이 들어갔다. 그러나 정작 이들의 철학의 요체는 얼마간 시간이 흐른 후 제대로 소개되었고, 또 얼마간 시간이 흐른 후 우리나라의 상황과 접맥되는 본격적인 연구가 이루어졌다. 이런 상황에서 또 한 번의, 아니 이전보다 파괴력이 더 큰 광풍이 불어 닥쳤다. 들뢰즈, 가타리, 바디우, 최근의 랑시에르에 이르기까지 듣기만 해도 머리가 아픈 프랑스 철학자들이 한꺼번에 대거 몰려왔다. 조금 지나치게 말하자면, 그들은 지금도 우리나라 인문학의 '유령이 되어' 여기저기를 떠돌고 있다. 많은 학자들은 무슨 까닭인지 자신이 해왔던 연구와는 상관없이 본능적으로 최신 경향을 따른다.

이처럼 대부분의 아니 거의 모든 사회학자 현대 프랑스, 독일 철학을 따르고 있는 상황에서 사회학자 조은은 전혀 동떨어진 '도시 빈민' 문제에 관심을 두고 있다. 그것도 일회적인 관심이 아니라 20년 넘게 비주류 연구 테마에 천착하고 있다. 그의 프로필로 판단해 본다면, 그는 주류로서 손색이 없는, 아니 주류 안에 머물러 있는 게 당연할 텐데도 말이다.

『사당동 더하기 25』는 그의 사회학적 연구의 최종 결과물이라고 부를 수 있다. 저자는 자신 혼자만의 작업이라기보다는 여러 연구자들과의 협업을 통해 이 책을 냈다고 겸손하게 말하지만, 그의 오랜 기간에 걸친 학문적 열정과 피연구자들에 대한 인간적인 '애정'이 없었다면 이 책은 세상의 빛을 보지 못했을 것이다. 책의 서두에서 저자의 가장 큰 관심은 "빈곤의 세대 재생산"이라고 밝히고 있다. 그리고 사당동의 한 가족, 책에서는 여러 가족이 언급되지만 주로 언급되는 한 가족의 구성원들의 사반세기에 이르는 삶의 궤적을 따라가고 있다. 목차에서도 언급되듯 저자 조은의 사회학 연구 방법론은 '밑으로부터의 사회학 하기'로 귀결된다. 그는 한 가족의 역사를 때로는 현미경으로 때로는 망원경으로 본다. 그리고 그렇게 본 장면을 때로는 객관적인 시각으로 때로는 주관적인 시각으로 써 내려가고 있다. 저자는 궁극적으로 가난이 세대를 거듭하면서 재생산되는지, 아니면 가난의 고리와 매듭이 개인의 노력으로 끊어질 수 있는지를 통시적으로 공시적으로 고찰한다.

한풀 꺾인 것처럼 보이지만 여전히 그 힘을 발휘하고 있는 신자유주의에서는 가난을 구조적인 모순이라기보다는 개인의 문제로 파악한다. 신자유주의자들은 경제적 빈부는 개인의 노력으로 결정된다는 논리를 반복하고 있다. 그들은 계속해서 부자의 생산하는 파이가 더 커져야 빈자에게 돌아갈 몫이 더 커진다는 일명 '낙수효과'를 외친다. 덕분에 '낙수효과'라는 용어는 이제 거의 모든 국민들이 다 알고 있는 상식 용어가 되었다. 자신들이 예상한 경제적 효과가 나오지 않자 그들은 이론에 문제가 있기보다는 운용에 문제가 있다며 보다 체계적이고 확고한 신자유주의 경제 설계안을 꺼내든다.

그러면서 다른 한편으로는 보다 쉽고 '친근하고 익숙한'(?) 속담이나 시중에 나도는 이야기를 통해 기술적으로 접근한다. "가난은 국가도 해결하지 못한다." "가난하고 부자가 되는 모든 책임은 개인에게 있다", "공짜 점심은 없다", "물에 빠진 사람 구해주면 보따리 내놓으라고 한다." 신자유주의를 설파하는 사람들이 언제나 내놓는 레퍼토리이다. 처음에는 아니라고 생각했으나 세뇌 효과 탓인지 정말 그렇다고 생각하게 된다. 그러면서 가난은 나의 문제가 아니라고 생각하게 된다. 이는 가난의 문제에 국한되는 것은 아니다. 비정규직 문제는 언제라도 그들만의 문제가 아니라 나의 문제, 우리의 문제가 될 수 있다.

그렇기 때문에 『사당동 더하기 25』를 읽는 내내 마음은 점점 무거워지고 불편해졌다. 때로는 부끄러웠다. 혹시 나 또한 그런 논리에 암묵적으로 동의해 왔고, 나의 문제가 아니라고 외면해왔고, 그들에게 직간접적으로 폭력을 행사한 게 아닌가, 하고 계속 자책하면서 책을 읽어 나갔다. 그리고 읽어가면서 금선 할머니 가족들이 가난의 사슬을 끊고 행복한 삶을 살아가길 바랐다. 그렇지만 그 마음 역시 그들의 진정한 행복을 빌기보다는 그들이 행복해야만 나의 죄책감을 조금이나마 덜 수 있다는 얄팍한 이기심에서 비롯되었다. 책을 읽는 내내 부끄러움은 더욱 커져만 갔다.

『사당동 더하기 25』의 마지막 부분에서 저자는 서두에서 제기했던 문제, 즉 "실제적이고 구체적인 관심이 가난한 가족에게 주거 공간이 제공되면 빈곤이 어느 정도 완화될 수 있을까"라는 문제에 대해 회의적인 답을 내린다. 그들 가난의 모든 책임이 사회의 구조적 모순과 그들에게 가한 폭력이라고 단정하지 않는다. 그렇다고 그들의 빈곤의 문제를 개인적인 문제, 즉 일상화된 폭력, 알코올 중독, 혼전 동거, 성적 문란, 도박 등에서 모든 원인을 찾지도 않는다. 이 책에서 언급되고 묘사되는 가난의 수많은 사례들을 통해 저자는 그들에게 측은지심을 갖거나 그들에게 따뜻한 손길, 즉 금전적인 기부를 해야 한다고 설파하지 않는 다. 저자의 진짜 의도는 '가난의 현실'을 직시해야 한다는 일침으로 읽힌 것이다.

우리는 본성적으로 누구나 미를 추구하려 한다. 그래서 어렸을 때부터 아름다운 동화를 읽고, 아름다운 음악을 듣고, 아름다운 그림을 보고, 아름다운 가족을 갖기를 원하고, 아름다운 동네에서 사는 꿈을 꾸고 이를 실현하려 한다. 반대로 아름다움과 거리가 먼 추한 것은 그냥 외면하려 한다. 나와는 상관없는 일이라고 생각해 그냥 피하거나 못 본 체 한다. 그리고 이런 태도는 학습을 통해 관성화되고 고착된다.

피에르 부르디외는 『구별짓기』(1979)에서 학력 자본, 상징 자본, 사회관계 자본으로 구분해 계층별로 불평등하게 분배되고 차별적으로 소비되는 현 사회를 비판한다. 이런 차별 또는 구별짓기는 빈부의 격차를 가져오고 사회적인 계급과 계층을 형성하게 된다. 그리고 한번 형성된 계급의 구분선은 쉽게 붕괴되지 않는다.

통상적으로 다이아몬드 구조를 이상적인 사회구조로 꼽는다. 다이아몬드 사회구조에서는 최상위 계층과 최하위 계층이 적고 중간 계층이 다수를 차지한다. 그러나 실제 사회구조는 다이아몬드가 아니라 피라미드 구조에 가깝다. 여기에서 시간이 더 지나면 피라미드 사회구조는 모래시계 사회구조로 바뀌고, 더 극단화되면 '8자형 경제 구조'를 이루게 된다. 이 단계에 이르면 상하 또는 경계의 안과 밖으로 나뉜다. 이 구조에서는 계층이동이 거의 불가능하다. 특히 밖에서 안으로의 진입이 불가능하다. 한번 안에서 밖으로 밀려나면 재진입은 영원히 불가능해진다. 그렇기 때문에 경계의 안에 있는 사람은 밖으로 내몰리지 않기 위해 발버둥칠 수밖에 없다.

조금 잔인한 이야기를 하면서 글을 끝마치려 한다. 예컨대 100명의 모집단이 있다. 그런데 이 중 50명에게만 어떤 혜택이 돌아간다고 하자. 이럴 경우 상위 30명 정도는 안정권에 들어간다. 편의상 그룹 A라고 하자. 그렇다면 나머지 70명은 20명에 들기 위해 치열하게 경쟁해야만 한다. 나머지 20명을 그룹 B라고 하자. 이때 30등에서 50등에 포함될 가능성이 있는 성원들은 그룹 A에 들기 위해 더 노력하기 보다는 나머지 50명을 배제하고 그들과 자신들을 구별하려 한다. 이때 바로 차별의 기제가 동원된다. 따라서 그들 사이에서 '연대'(solidarity)라는 단어는 추상에 그치고 만다. 추상정도가 아니라 아예 없는 단어가 된다.

조르조 아감벤이 『호모 사케르』(1995)에서 역설하듯이, 현대인은 경계의 선상에 서 있기 때문에 누구나 언제든지 호모 사케르가 될 수 있다. 그리고 경계의 선상에서 밖으로 밀려나면 다시는 안으로 들어갈 수가 없다는 공포를 안고 있다. 그 공포는 실제적 공포보다도 심리적 공포가 더욱 크다. 심리적 공포를 완화하기 위해 또는 다른 이에게 투사하기 위해 앞에서 언급했듯이 차별의 기제가 불가피하게 작동한다. 그런 이유 때문인지 『사당동 더하기 25』를 읽는 내내 마음이 무거웠다. 적나라한 대한민국의 현실을 직면할 수밖에 없기 때문이다. 저자는 독자에게 이 책을 통해 대한민국의 불편한 현실을 외면하지 말고 마주하라고 다그친다. 더 나아가 현실은 언제나 불편할 수밖에 없다는 사실을 끊임없이 일깨운다. 만일 그것이 저자의 의도가 그렇다면 이미 그 목적을 충분히 달성했다. 읽는 내내 대한민국의 현실을 계속 곱씹었으니까.

사랑도 **연습**이 필요하다

홍재희, 『그건 혐오예요』, 행성B잎새, 2017.

민주주의는 나와 다르다는 이유로, 약자고 소수란 이유로 처벌되거나 억압받지 않는 사회다. 반면 전체주의는 하나의 프레임을 강요하는 사회, 고정된 프레임으로 사고하는 사회다. 그렇기 때문에 전체주의 사회에서는 "나는 옳고 나머지는 틀렸다", "나는 정상이고 너는 비정상이다"라는 주장이 가능하고, "혐오는 독버섯처럼 증식한다." 그렇다고 혐오가 꼭 전체주의 사회에서만 증식하는 것은 아니다. 형식적인 민주주의 사회에서도 혐오는 가능하고 증식한다. 바야흐로 혐오의 시대다. 미국에서는 아무렇지도 않게 혐오로 가득한 발언을 쏟아내던 이가 대통령이 되었고, 영국에서는 브렉시트(Brexit) 투표 이후 증오범죄가 급격히 증가했다고 한다. 멀리 갈 것 없이 현재 우리나라에서도 '혐오발언'과 더 나아가 '증오표현'이 버젓이 행해지고 있다.

개인적으로 누군가를 싫어할 수도, 혐오할 수도 있다. 그러나 타인에게 자신의 편견을 투사하고 물리력을 행사해 직접 혐오를 드러내는 것은 전적으로 다른 문제다. 혐오를 직접 드러내는 것은 그 사람이 비상식적이고 교양이 없는, 한마디로 상종 못 할 인간이라는 것을 만천하에 드러내는 꼴이다. 그럼에도 현재 우리나라에서 '자기표현'이라는 이름 아래, 장애인 혐오를 비롯한 온갖 혐오발언과 증오표현이 공공연하게 행해지고 있다.

현재 표현의 자유가 충분히 자리 잡지 않은 상황에서 혐오표현 문제가 불거진 탓에 문제는 더욱 꼬여있다. 진보 진영에서는 '표현의 자유 절대 불가침론'을 펼치다가 혐오표현이 등장하자 갑자기 '혐오표현 규제'를 외치고 있고, 평소 표현의 자유에 그다지 관심이 없던 보수 진영에서는 느닷없이 '표현의 자유'를 외치며 혐오표현을 옹호하는 자기모순에 빠져 있다. 즉 진보와 보수 모두 혐오표현에 대한 정확한 이해와 인식의 부족으로 때에 따라 다른 태도를 보이다 보니, 정작 가장 중요하고 본질적인 쟁점인 혐오표현의 피해자들과 그들이 겪는 고통은 관심 밖이다.

'답답하고 절망적인' 상황에서 홍재희의 『그건 혐오예요』(행성B 잎새, 2017)라는 '작지만 나름 유의미한' 책을 읽었다. 이 책은 저자가 각각 여성, 장애인, 이주노동자, 양심적 병역거부자, 성 소수자, 비인간 동물 문제에 오랫동안 천착해 왔고, 또한 혐오표현의 피해의 '최전선'에 서 있는 독립영화 감독 여섯 명을 만나서 나눈 이야기를 바탕으로 쓴 책이다. 영화감독이자 시나리오 감독이기도 한 저자는 머리말에서 "감독들의 의도를 충분히 담아내기엔 내 필력이 모자란다는 사실을 깨달았다"라고 겸손하게 말한다. 하지만 저자는 이 책에서 "존재하지만 보이지 않는 존재들, 소외당하는 존재들, 우리 옆에 있지만 외면당하거나 알려지지 않았던 존재들, 즉 사회적 약자들의 이야기를" '따뜻하면서도 차갑게' 들려준다.

상식적으로 말해 민주주의는 기득권을 가진 자들이 아니라 '나'로부터 내 일상에서부터 시작된다. 따라서 제대로 된 민주주의를 실현하기 위해서는 자아를 소중하게 생각해야 하고, 내 안에서 나를 지킬 힘을 기르는 것이 중요한데, 그 힘이 바로 '개인주의'다. 전체보다는 개인을 우선하는 개인주의는 민주주의의 토대다. 그렇다고 개인주의가 이기주의의 동의어는 아니다. 이기주의가 자신의 이익을 위해 타인의 이익을 침해하는 부정적 함의를 갖는다면, 개인주의는 나의 이익과 자아가 소중한 만큼 타인의 이익과 자아도 소중하다는 전제가 깔려있기 때문이다. 즉 개인주의는 인간의 존엄성을 최우선의 가치로 간주하기 때문에 사실 개인주의와 상대방에 대한 비하 또는 혐오는 양립할 수 없다.

그럼에도 불구하고 혐오와 혐오표현은 개인주의에 틈입해 각 개인의 인간의 존엄성을 산산조각내고 그를 하찮게 여기도록 한다. 혐오는 차별을 낳고, 차별은 혐오를 낳는다. 그리고 혐오는 다시 차별을 낳는다. 이 과정이 반복되면서 결국 '차별과 혐오의 악의 시스템'이 형성된다. 한번 형성된 시스템은 점점 굳건해지고, 그 시스템에 걸려들면 그 누구도 빠져나갈 수 없다. 현재 우리나라에서 차별과 혐오의 시스템에 노출되어 가장 큰 고통을 받는 계층 혹은 집단은 다름 아닌 『그건 혐오예요』에서 다루어지는 여성, 장애인, 이주노동자, 양심적 병역 거부자, 성 소수자, 비인간 동물이다.

2016년 5월 17일 강남역 부근에서 남성이 휘두른 흉기에 이십 대 여성이 목숨을 잃었다. 이 사건은 한국 사회에서 여성 혐오가 위험 수위에 이르렀음을 알리는 경종이 되었다. 그럼에도 많은 이들은, 주로 남성들은 이 사건을 여성 혐오보다는 한 정신이상자의 일탈적 행동으로 간주했다. 그러면서 그들은 예전과 비교했을 때 여성의 사회적 지위가 높아졌다고 주장한다. 그리고 그 주장에 대한 근거로 경제, 정치, 사회, 문화 등 여러 방면에서 활발하게 활동하고 주체적으로 발언하는 여자가 예전보다 훨씬 더 많아졌다는 점을 든다.

하지만 전체 여성 노동 인구 중 실제로 고소득 임원, 전문직 여성은 여전히 극소수이고, 이런 성공한 여성 한두 명 정도만이 언론에서 크게 주목을 받고 노출된다. 지금은 잘 쓰이지 않지만 불과 얼마 전까지만 하더라도 여성 정치인, 여의사, 여교수라는 말이 언론에서 아무렇지도 않게 유통되었다. 이처럼 겉으로 보았을 때 여성의 지위가 크게 향상되고, 직장 내에서 기회가 균등해진 것처럼 보이지만, 사실은 그렇지 않다. 우리 사회에는 엄연히 '유리천장'이 존재한다. 여전히 TV 드라마에서 여성이 백마 탄 왕자 만나서 팔자 고치는 신데렐라 스토리가 확대 재생산되고 있다. 이는 여성의 인권이 여전히 남성과 비교하면 열악하고 사회적으로 여성 차별, 더 나아가 여성 혐오가 자리하고 있다는 방증이다.

사실 여성은 언어적·물리적 폭력에 노출되어 있다. 아내나 애인을 구타하는 남자, 사진이나 동영상으로 여성을 협박하는 남자, 인터넷상에서 여성에 대해 비하와 혐오발언을 일삼는 남자, 여자가 어디 감히 길거리에서 담배를 피우냐며 못마땅하게 꼬나보는 남자 등등이 모두 여성 폭력의 가해자다. 더 나아가 여자는 일보다 가정에 충실해야 한다고 믿는 남자, 조남주의 『82년생 김지영』(2016)이 잘 보여주듯이, 자신은 집안일을 도와주는 진보적인 사람이라고 믿는 남자 역시 큰 틀에서 보면 여성 폭력의 가해자다. 조남주와 함께 여섯 명의 여성 작가가 함께 쓴 페미니즘 소설집 『현남 오빠에게』(2017)는 현재 대한민국에서 여성으로서 감당해야만 하는 다층적이고 복잡한 양상을 더 깊고 보다 폭 넓게 보여준다.

우리 사회에서 여성에서 가하는 가장 모욕적인 비난은 바로 '창녀' 혹은 '걸레'라는 말이다. 가부장제는 인간의 생물학적 성을 사회적 성, 즉 젠더로 구별해야 작동되고 유지된다. 남자다움과 여자다움이라는 고정관념으로 남성과 여성을 가른다. 무엇보다도 가부장제 사회에서는 여성의 성적 욕망을 억압한다. 남성은 말할 것도 없고 대부분 여성 또한 사랑 없는 섹스는 금기로 여긴다. 따라서 여성이든 남성이든 한국 사회에서 '여성 성 노동'과 '여성 성 노동자'에 대해 극단적인 혐오와 반감을 갖는다. 현실에 엄연히 존재하고, 그 존재를 모두 알고 있음에도 불구하고 인정하지 않는다. 즉 대부분 사람에게는 여성 성노동과 여성 성노동자는 도저히 가능하지 않은 상상력이다.

사실 여성 혐오는 남성에게는 여성 멸시, 여성에게는 자기혐오를 주입한다. 가부장제의 일차적인 피해자는 물론 여성이다. 그러나 기득권을 쥐고 있는 남성 또한 가해자인 동시에 피해자다. 즉 차별과 배제로 억압당하는 여성과 불안과 강박 탓에 분열하는 남성 역시 여성 혐오의 희생자다. 남성들은 이를 인식해야 한다. 페미니즘은 여성과 남성이라는 성별을 넘어선 인간다움이 무엇인가에 대한 자기 '인식'이다. 그렇기 때문에 페미니즘은 단순히 양성평등이 아니라 성평등의 문제로까지 확장된다. 성평등이라는 과제는 결코 여성만의 문제가 아니다. 사실 성평등은 여성보다도 남성에게 진실로 이롭다.

TV 뉴스를 통해 이주 노동자들의 범죄를 가끔 접할 때면, 우리는 대부분 뉴스에서 보도하는 대로 이주노동자의 증가가 살인, 강도와 마약 중독과 같은 범죄의 증가로 연결된다는 비논리적 사실을 마치 상식처럼 아무렇지도 않게 받아들인다. 제작 의도는 전혀 없었겠지만 최근 들어 〈청년경찰〉(2017)이나 〈범죄도시〉(2017)와 같은 영화들도 그런 분위기 형성에 일조했다. 그러나 사실 전체 범죄 중 이주노동자의 범죄가 차지하는 비중은 아주 작다. 범죄 대부분은 한국인에 의해 벌어지고 있다. 그럼에도 소수자인 이주민이 범죄를 저질렀을 때 우리는 더 큰 불안과 공포에 사로잡힌다. 그 공포와 불안은 다름 아닌 타자에 대한 무지와 편견에서 비롯된 것이고, 무지와 편견은 차별, 배제, 경계로 이어진다. 즉 우리는 곁에서 자주 접하지 못한 사람, 이웃으로 친구로 한 번도 만난 적이 없는 낯선 사람일수록 편견을 갖게 되고 더욱 경계한다. 그리고 편견과 경계는 종종 이주민 전체에 대한 혐오로 발전한다.

존 버거는 『제7의 인간』(1975)에서 "다른 사람의 경험을 이해하려면, 어떤 세계 안에 들어 있는 사람의 입장에서 바라본 그 세계의 모습을 해체하여 자기 시각으로 재주립해 볼 필요가 있다"고 말힌다. 즉 그에 따르면, 이주노동자가 온 곳, 그리고 그가 사는 세계와 그가 존재하는 조건을 알지 못한다면, 한 인간을 온전히 이해하는 것은 불가능하다. 그를 이해한다고 말하지만 이해하는 것은 자신이 아는 세상에서 그를 바라본 행위일 뿐이다. 그가 있는 세상에서 그가 선택한 그가 아니다. 따라서 타인을 이해하기 위해서는 '연민'이나 '동정'보다도 '공감'이 우선해야 한다. 연민이나 동정이 강자인 내가 약자인 그를 위에 있는 내가 아래에 있는 그를 내려다본 것이라면, 공감은 그의 시선으로 나를, 내가 사는 세상을 바라보는 것이다. 동등한 시선으로 서로 마주 보고 느껴야 비로소 타인에 대한 이해가 가능하다.

병원에 잠깐이라도 입원해본 사람은 공감하겠지만 우리는 언제든지 그리고 누구든지 장애인이 될 수 있다. 그렇기 때문에 장애인의 고통과 불편함에 대해 공감해야 한다. 이주민에 대해서도 마찬가지다. 우리도 언제든지 그리고 누구든지 이주민이 될 수 있다. 그렇기 때문에 그들의 고통과 불편함에 대해 공감해야 한다. 그런데 자신이 겪어 본 적도 없고, 들은 적도 없고, 배운 적도 없고, 더구나 자신이 겪어 보지 못한 삶을 사는 타인을 과연 자기 자신처럼 이해할 수 있을까? 누군가를 이해하기 위해서는 공감이 필요하다. 공감 능력을 타고난 사람도 있지만, 대부분은 그렇지 않다. 공감도 연습이다. 역시 배워야 한다. 타인에게 공감하려면 타인의 처지에 서서 그의 삶을 상상해 봐야 한다. 내가 알지 못하는 낯선 대상에 대한 불안과 공포는 이런 상상력의 부재에서 비롯된다.

사실 '이주'와 '이민'은 우리에게 낯선 말이 아니다. 구한말부터 시작된 한국인의 이주와 이민 역사는 20세기 내내 계속되었다. 대부분은 피와 눈물의 역사다. 그럼에도 언제부터인가 우리는 이주와 이민의 역사를 잊고 있는 듯하다. 아니 의도적으로 잊으려 한다. 방어기제로 이주노동자들을 차별하고, 배제하고, 혐오한다. 그런데 우리 사회에서 모든 이주민을 혐오하거나 차별하는 건 아니다. 통일을 염원하면서도 탈북민은 멸시하고, 한민족이라면서 미국·서유럽 교포는 환대해도 중국·러시아 교포는 차별한다. 부유한 선진국에서 왔다면 비굴하게 추종하면서 열등감을 느끼고, 가난한 개발도상국에서 왔다면 깔보고, 경멸하고, 상대적으로 우월감을 느낀다. 인정하고 싶지 않지만 우리가 마주하고 있는 엄연한 현실이다.

대부분의 혐오발언은 논리와 상식으로 설명되지 않는다. '종북 동성애 김정은 반대 예수 천국 애국 할렐루야'라는 문구가 대표적인 예다. 도무지 논리적 맥락이 읽히지 않는다. 이런 해괴한 논리가 우리 사회에서 여전히 힘을 발휘한다는 사실이 한편으로는 무섭고 또 다른 한편으로는 답답하다. 사람들은 혐오발언이 저열하고, 비논리적이고, 비상식적이라서 대꾸할 가치조차 없다고 생각한다. 상대하지 않으면 다들 제풀에 조용해질 것으로 생각한다. 오히려 혐오발언을 하는 사람들이 사회적 지탄을 받을 것으로 생각한다. 정말 순진한 생각이다. 전술했듯이, 혐오와 혐오발언은 저항하지 않으면 "독버섯처럼 증식한다."

개인적으로 혐오란 사적으로 뒤에서 보이지 않는 곳에서 남들 몰래 하는 것으로 생각했다. 자신이 누군가를 혐오한다는 사실이 겉으로 드러나면 부끄럽고 창피한 일로 여겼다. 생각 있는 사람이라면 자신이 남을 혐오했다는 사실에 수치심을 느끼고 당사자에게 사과하고 용서를 구하는 게 상식이라고 믿었다. 하지만 틀렸다. 최근 들어서 몇몇 혐오발언자들은 자신의 정체성을 밝히고 혐오를 당당하게 밝힌다. 그들은 극렬한 혐오발언을 내뱉고서도 그것을 개인의 자유로운 의사 표현이라고 당당하게 여긴다. 전혀 부끄러워하지도 않으니 그들로부터 당연히 사과나 반성도 기대할 수 없다.

최근 들어서 '종북 게이'라는 신조어가 등장했다고 한다. 이 조어는 시쳇말로 혐오 발언의 '끝판왕'이다. 오랜 반공주의 탓인지 대부분의 한국인은 자신에게 종북 또는 빨갱이라는 딱지가 씌워지는 것에 극도의 공포감이 있다. 그런데 거기에 사회적인 차별과 편견이 불 보듯 뻔한 동성애자라는 딱지가 더해진다면 그 공포감은 상상할 수 없을 정도로 크다. 비논리적인 조어이기 때문에 논리적 반박은 처음부터 불가능하다. 할 말을 잃게 만드는 극단적인 혐오발언이고 그 밑에 흐르는 혐오와 적대감이 너무 커서 섬뜩할 정도다.

합리적인 사고와 이성적 판단을 멈추는 순간, 약자의 입장에서 공감하지 않는 순간, 인간이 인간이기를 포기하는 바로 그 순간, 혐오는 극렬해진다. 그리고 그 혐오와 혐오발언에 침묵하거나 외면할 때 그 결과는 끔찍하다. 누구든지 사회에서 내몰릴 수도 있다. 마르틴 니묄러의 시 「그들이 처음 왔을 때」(1976)가 잘 보여주듯이, 자기의 일이 아니라서 침묵하면 나중에 자신이 혐오 또는 혐오발언의 피해자가 되었을 때 그 누구도 나서지 않는다. 즉 개인은 아무런 보호도 받을 수 없는 삶의 가장자리로 내몰리게 된다. 그렇기 때문에 우리는 혐오발언에 적극적으로 저항해야 한다.

또한 의심 없이 받아들여지는 소위 보편적인 시각에 대해 의구심을 가져야 한다. 원래 보편적 시각은 대부분 사람들의 의견이라는 것을 함의한다. 그러나 실제로는 그렇지 않다. 지금의 보편은 '자본주의 — 가부장제 — 중산층 — 대졸 — 군필자 — 이성애자 — 남성'이다. 여성의 시각은 보편 또는 일반으로 인정되지 않는다. 동성애자를 비롯한 성 소수자, 병역거부자, 이주노동자, 장애인 등 사회에서 특수하거나 하찮은 존재, 열등한 존재로 치부되는 사회적 약자들의 시각에 대해선 더 말할 필요도 없다.

혐오에 잠식되지 않고 싸워 이길 수 있는 방법은 타자에 대한 공감뿐이다. 공감이란 내 주변에 항상 있지만 보이지 않았던 사람들에게 주의를 기울이는 것이다. 다시 말하면 내가 혐오하는 사람들이 낯선 타자나 이방인이 아니라 실은 나의 '다른 얼굴'이라는 사실을 단지 '인지하는' 것에 그치지 않고 이를 '감각하는' 것이다. 공감할 수 있다면 소통할 수 있다. 그리고 소통하면 이해할 수 있다. 이해하면 더 이상 혐오할 수 없다. 공감하기 위해서는 상대방을 알고 이해하려는 노력이 선행되어야 한다.

상대방을 이해하기 위해서는 상대방의 입장에서 바라보고 생각해야 한다. 내 입장에서 상대방을 바라보는 것이 아니라 상대방의 입장에서 바라봐야 그를 온전히 이해할 수 있다. 지금 우리에게는 내가 옳다고 확신하는 '앎'을 내려놓고 다르게 생각해 보는 시간, 한 번도 의심해 보지 않았던 것을 향해 '왜'라고 질문하는 시간, 미처 몰랐고 알려고 하지 않았던 진실에 마음을 열고 귀를 기울이는 시간이 필요하다. 무엇보다 타자가 되어 보는 상상과 경험이 중요하다. 그럴 때 우리는 민주주의가 진정 도래했다고 말할 수 있다.

혐오에 맞서는 방법이 따로 특별하고 전문적인 게 아니다. 단지 상대방의 처지에서 그의 편에서 새로운 시선으로 바라볼 수 있도록 계속 연습하는 것이다. 그리고 연습을 계속하면 익숙해지고, 익숙해지면 습관이 된다. 개인의 습관이 모이면 사회의 관습이 된다. 그렇다면 연습이 혐오에 맞서는 첫걸음이다. 개인의 습관, 사회의 관습이 될 때까지 연습해야 한다.

다소 식상하지만, 21세기가 지향해야 할 가치는 '다양성'이다. 주류라는 다수의 시각, 기득권의 시선은 더 이상 새롭지 않다. 새로움은 남과 다르게 생각하기, 다르게 보기에서 출발한다. 새로운 사회는 다양한 사회적 소수자를 이해하고 그들의 말과 행동에 공감하는 것으로부터 출발한다. 그렇다면 마땅히 그들에게 가해지는 혐오와 혐오발언에 '저항'해야 한다. 아니 '분노'해야 한다. 그래야 좋은 사회가 만들어진다.

소설은 진짜다

르네 지라르, 『낭만적 거짓과 소설적 진실』(1961), 김치수 옮김, 한길사, 2001.

'시(詩)와 소설(小說)의 차이'라고 인터넷 검색 창에 치면 제법 많은 설명이 나온다. 그 가운데 꽤 납득이 가는 설명도 있고, 조금 고개를 갸우뚱하게 하는 설명도 있다. 대체로 시는 운문으로 된 서정 장르고, 소설은 산문으로 된 서사 장르다. 즉 시는 '감정'이 중심이고 소설은 '이야기'가 중심이다. 길이 면에서도 항상 그렇지는 않지만 보통 시는 비교적 짧고 소설은 길다. 그 외에도 시와 소설은 여러 면에서 차이가 난다. 시는 대체로 시인, 또는 작중 화자의 심정이 중요하기 때문에, 김인환은 『문학 교육론』(1979)에서 시 교육의 첫 단계를 "그 시 안에 담긴 체험을 학습자 자신의 체험과 연관시키는 활동"이라고 정의했다. 반면 소설은 "작중 화자가 느끼는 불만과 심리적 갈등을 제시하고 형상화"하는 것으로 규정했다. 즉 소설은 인간이 살아가는 당대 현실을 얼마나 사실에 가깝게 묘사하느냐가 예술적 본령이다. 프랑스의 문예비평가 뤼시앙 골드만은 발생론적 구조주의에 입각해 '소설 문학과 사회상황의 상관관계'를 소설 연구의 핵심 주제로 삼았다. 대상을 구조주의적으로 파악한다는 것은 그것을 이루는 요소들 사이의 관계양상으로 파악한다는 것을 뜻한다. 즉 뤼시앙에게 있어 소설에서 중요한 것은 표면적인 내용이 아니라 작품 안의 '구조'와 '형식'이다.

골드만의 발생론적 구조주의의 이론적 토대는 크게 죄르지 루카치의 『소설의 이론』(1916)과 르네 지라르의 『낭만적 거짓과 소설적 진실』(1961)에 빚지고 있다. 그 중 지라르는 『낭만적 거짓과 소설적 진실』에서 소설 속 인물의 '욕망'에 천착해 그 욕망의 구조를 규명한다. 즉 그는 세르반테스의 『돈키호테』(1605), 스탕달의 『적과 흑』(1830), 귀스타브 플로베르의 『보봐리 부인』(1857), 마르셀 프루스트의 『잃어버린 시간을 찾아서』(1913~1927), 표도르 도스토옙스키의 『영원한 남편』(1871) 등 소설 속 인물들이 실제 대상을 욕망하는 게 아니라, 제3자의 중개를 통해 그 대상을 욕망한다는 것을 밝혀낸다. 여기에서 제3자는 『돈키호테』에서처럼 아주 뛰어난 전설상의 인물일 수도 있고, 『적과 흑』의 레날 시장과 발르노, 도스토옙스키의 『영원한 남편』의 경우처럼 자신과 처지가 비슷한 가까운 사람일 수 있다. 결국 소설 속 인물들은 자기 스스로 어떤 대상을 욕망한다고 믿고 있지만, 사실은 제3자의 중개에 의해 욕망하기 때문에, 제3자는 욕망의 중개자가 되며, 그 욕망은 낭만주의자가 믿는 것처럼 '자발적 욕망'이 아니라 타인에 매개에 의해 일어나는 '비자발적 욕망'이 된다. 자신의 욕망의 비자발성, 또는 모방성을 인정하기를 거부하면서 자신의 독창성을 애써 주장하는 태도를 지라르는 '낭만적 거짓'으로, 반대로 자신의 욕망의 비자발성을 인정하고서 그 실상을 보여주는 태도를 '소설적 진실'로 명명했다.

소설 속 인물들은 자기 의사에 따라 독창적으로 어떤 대상을 욕망한다고 믿지만, 사실은 중개자라는 모델이 욕망하는 것을 보고 그대로 따르고 있는 것에 불과하다. 결국 그들은 자신이 욕망을 추구한 것이 아니라 모델의 욕망을 모방한 것이다. 그들의 끝없는 욕망 모방은 그 모델이 욕망 주체와 가까운 사이에 있을 때 주체와 중개자 사이에는 은연중에 경쟁 관계가 생겨나면서 질투, 원한, 선망과 같은 미묘한 감정을 낳게 한다. 이렇게 너무나 가까워서 욕망 주체와 거의 같은, 그래서 거의 분신 같은 중개자를 지라르는 '짝패'(double)라고 부른다. 그러므로 이 짝패는 욕망 주체의 욕망을 생겨나게 하는 욕망의 유발자인 동시에 그 실현을 막는 경쟁자 혹은 방해자로 여겨진다. 현대에서처럼 개인 사이의 차이가 점점 더 없어지는 상황에서는 숨은 원한, 질투, 숨겨져 있는 선망, 시기 등의 짝패 갈등은 더 심해지게 된다.

짝패 갈등은 아니지만 거짓 욕망이라는 차원에서 보면, 지라르의 욕망 모방은 소스타인 베블런이 『유한계급론』(1899)에서 언급한 '베블런 효과'와 비슷하다. 주지하듯 베블런 효과는 "상류계급의 두드러진 소비는 사회적 지위를 과시하기 위하여 지각없이 행해진다"라는 구절에서 비롯되었다. 베블런은 물질만능주의를 비판하면서 상류층 계급이 자신의 성공을 과시하고, 허영심을 만족시키기 위해 사치를 일삼는다고 꼬집었다. 즉 상류층은 필요하기 때문에 그 물건을 소비하는 것이 아니라 허영심을 만족시키기 위해서, 또는 자신과 타인을 구별하기 위해 소비한다. 그리고 그보다 낮은 계층은 상류층의 소비 욕망을 모방한다. 그보다 낮은 계층은 낮은 계층의 소비 욕망을 모방한다. 즉 계층을 거치면서 욕망 모방이 반복된다.

다시 원점으로 돌아가자. 지라르에 따르면, 『돈키호테』의 주인공들의 욕망은 간접화한 욕망이다. 다시 말하면 한 개인이 무엇을 욕망한다는 것은 그 개인이 지금의 자기 자신으로 만족하지 못해 자기 자신을 초월하고 하는 것인데, 이때 초월은 자기가 욕망하게 되는 대상을 소유함으로써 가능해진다. 예컨대 이상적인 기사도에 도달하고자 하는 돈키호테의 욕망은 아마디스라는 중개자에 의해 간접화되고 있으며, 주체와 대상 사이에는 간접화 현상이 일어난다. 즉 '주체'의 욕망이 수직적으로 상승하는 것이 아니라 비스듬히 상승하여 '중개자'를 거쳐 '대상'에 이르게 된다. 욕망하는 주체와 욕망하는 대상과 그 욕망의 중개자가 삼각형의 구조를 갖게 되고, 이처럼 간접화한 욕망을 '삼각형의 욕망'이라고 부른다.

지라르는 현대인의 욕망은 이처럼 삼각형의 구조로 되어 있다고 보면서 소설의 주인공이 지니고 있는 욕망의 왜곡되고 비진정한 속성을 분석하고 있다. 이로써 시장경제체제 사회 속에서 개인은 그 욕망마저 자연발생적인 것이 아니라 중개자에 의해 암시된 욕망을 소유하게 되었음을 제시한 셈이 되었으며, 그렇게 함으로써 주인공의 욕망의 구조와 주인공을 태어나게 한 사회의 경제구조 사이에 구조적인 동질성을 발견하게 하는 데 크게 기여한다.

하지만 지라르는 하나의 삼각형으로 모든 작품의 모든 등장인물의 욕망을 설명할 수 없다고 말한다. 그에 따르면 삼각형의 구조에서 주체와 중개자 사이의 거리는 고정된 것이 아니라 때에 따라 달라지기 때문에 분석에서 가장 먼저 고려되어야 하는 것은 그 둘 사이의 거리이다. 『돈키호테』에서 주인공인 돈키호테가 욕망하는 아마디스는 가상의 인물이다. 따라서 주체와 중개자의 거리는 극복될 수 없을 만큼 멀리 떨어져 있다.

간접화는 주체와 중개자의 경쟁 관계 여부에 따라 '내면적 간접화'와 '외면적 간접화'로 나뉜다. 예컨대 『적과 흑』에서 레날 씨는 쥘리엥을 가정교사로 초빙하는 문제를 두고 발르노와 경쟁한다. 사실 레날 씨가 쥘리앵을 가정교사로 들이려 하는 것은 그의 자식 공부 때문이 아니라 경쟁자 발르노에게 쥘리앵을 빼앗길 수도 있다는 두려움 때문이다. 이처럼 주체와 중개자 사이에 경쟁 관계가 있는 것을 내면적 간접화라고 한다. 반면 『돈키호테』나 『보봐리 부인』에서는 주체와 중개자 사이에 경쟁 관계가 없는데 이를 외면적 간접화라 부른다.

이처럼 경쟁 관계라는 내면적 간접화 현상은 바로 '가짜 욕망'에 해당하며 골드만의 표현에 따르면 교환가치에 해당한다. 또한 우리의 욕망마저 간접화시켜버린 오늘의 사회에서 소설 주인공의 욕망이 더욱 심한 간접화 현상을 일으키는 것은 너무나 당연하다. 따라서 지라르는 욕망의 간접화 현상을, 다시 말하면 삼각형의 욕망을 스탕달, 프루스트, 그리고 도스토옙스키의 작품을 분석함으로써 그 주인공에게서도 발견한다. 스탕달의 작품에서 드러나는 허영심과 프루스트의 작품에 드러나는 속물근성은 동류항이다. 그리고 스탕달의 작품에서 가정교사를 두고 벌어지는 친구 사이의 경쟁과 허영심은 도스토옙스키의 작품에서는 한 여인을 두고 벌어지는 부자 사이의 그것으로 심화된다.

타인을 모방하고자 하는 욕망은 타인이 되고자 하는 욕망이며, 그 욕망의 강도는 대상이 소유하고 있는 '형이상학적 위력'에 달려 있고, 그 위력은 대상과 중개자 사이의 거리가 가까울수록 강하다. 즉 욕망의 삼각형이 이등변 삼각형이라는 것을 전제로 하면 주체와 중개자 사이의 거리가 멀면 대상과 중개자 사이의 거리도 멀고, 주체와 중개자 사이의 거리가 가까우면 대상과 중개가 자시의 거리도 가까워진다. 따라서 중개자가 주체에 가까이 접근할수록 간접화한 형이상적 욕망은 더욱 강렬해진다. 그것은 중개자와 주체 사이의 거리가 가까워지면 대상과 중개자를 구분할 수 없게 되고, 그만큼 욕망도 강렬해진다.

지라르는 『낭만적 거짓과 소설적 진실』의 결말 부분에서 '종교적 구원'을 마지막 목표로 삼고 있다. 하지만 골드만을 비롯한 많은 문학 연구자들은 지라르의 마지막 결론에 중요성을 두지 않고, 대신 인간의 욕망이 간접화하여 주체와 중개자와 대상 사이에 삼각형의 구조를 형성하는 그 상호관계의 역동성에 주목하여 문학작품의 분석틀로 활용하고 있다. 그들이 생각하기에 시장경제체제에서는 대부분의 사람들이 진정한 가치인 사용가치를 추구하는 것이 아니라 비진정한 가치인 교환가치를 추구함으로써 가짜 가치의 지배를 받는다. 그것은 소설의 주인공이 자연발생적인 욕망의 지배를 받는 것이 아니라 중개자에 의해 암시된 욕망을 품는 것과 동일한 구조이며, 작가가 처음에는 진정한 가치를 추구하여 소설을 쓰지만 그것이 시장에서 교환가치에 따라 평가됨으로써 교환가치를 추구하는 결과를 가져오는 것과 동일한 구조이다. 그래서 앞에서 말했듯이 골드만은 소설이란 "타락한 사회에서 타락한 방법으로 진정한 가치를 추구하는 장르"라는 결론을 도출한다.

지라르는 소설이 "문제적 주인공을 통하여 타락한 세계에서 타락한 방법으로 진정한 가치를 추구하는 이야기"라는 점에서 골드만과 의견을 같이하지만, 소설가가 소설을 씀으로써 타락한 세계로부터 수직적인 초월을 통해 진실에 도달한다는 점에서는 그와 의견을 달리한다. 소설이란 타락한 세계에서 진정한 가치를 추구하는 현상이지 초월 자체가 아니라는 유물론자 골드만과 소설이란 타락한 세계에서 작가 자신이나 소설 주인공의 마지막 순간의 전환을 통하여 초월을 가져오는 것이라고 보는 기독교적인 지라르 사이에서 우리는 삶과 세계를 바라보는 전망의 차이를 읽을 수 있다.

지라르의 '삼각형의 욕망' 이론은 한편으로는 지금 우리가 살고 있는 사회의 욕망의 성질과 그 구조를 드러내고 있으며, 다른 한편으로는 이를 통해 과거의 소설들을 다시 분석해볼 수 있음을 예거한다. 우리가 아직 인간적인 사회에 살고 있다는 환상을 지니고 있는 사이에 우리 자신의 욕망마저 이처럼 간접화되고 사물화된 현실에서, 이에 관한 올바른 인식에 도달하는 길은 문학작품을 새로이 분석하고 해석하려는 우리의 노력 속에서 가능하다. 또한 문학작품의 총체성에서 우리가 이미 알고 있는 것이란 극히 한정되어 있기 때문에, 그 총체성을 밝히는 작업은 문학 연구의 영원한 과제가 아닐 수 없다.

시가 필요한 시간

조르조 아감벤, 『불과 글』(2014), 윤병언 옮김, 책세상, 2016.

작가는 사전적으로 "문학작품, 사진, 그림, 조각 등 예술작품을 창작하는 사람"이다. 글을 쓰는 문인으로 좁혀서 보면, 작가라는 범주에는 좁게는 시, 소설, 수필, 희곡 등 문학 작품을 쓰는 문인이 포함되고, 넓게는 문학 작품이 아니더라도 글을 쓰는 모든 사람들이 포함된다. 전문 작가 또는 전업 작가뿐만 아니라 일기나 편지, 일상적인 글을 쓰는 사람들도 더 넓은 의미에서 작가에 포함된다. 작가는 "기본적으로 글을 매개로 자기 생각을 쓰고 독자에게 전하는 사람"이다. 조르지오 아감벤은 『불과 글』(2014)에서 작가 또는 글쓰기에 대해서 다음과 같이 말한다.

> 글을 쓴다는 것은 언어를 응시한다는 것을 의미한다. 자신의 언어를 관찰할 줄 모르고 사랑하기만 하는 사람, 자신의 언어 속에 숨어 있는 애가를 참을성 있게 읽지 못하고 깊은 곳에서 울려 퍼지는 송가를 들을 줄 모르는 사람은 작가라 할 수 없다.

아감벤의 생각을 거칠게 정리하면, 작가는 충분한 시간을 두고 사건이나 사물을 관찰하고 그에 대한 느낌을 쓰는 사람이다. 작가에 대한 아감벤의 정의를 따를 때, 작가로서 가장 잘 어울리는 사람은 시인일 듯하다. 왜냐하면 소설가는 예리하고 날카로운 시선을 견지하면서 우리가 살아가는 세상의 모습을 '보여주는' 데 반해, 시인은 순수한 동심으로 우리가 어떻게 살아가야 할지를 '말해주기' 때문이다. 사실 작가가 되는 것보다 작가로 남는 게 훨씬 어렵다. 좋은 작가, 특히 좋은 시인으로 남기 위해서는 순수한 마음을 잃지 않기 위해 부단히 노력해야 한다.

그런데 아감벤은 철학 또한 시처럼 해야 한다고 주장한다. 즉 그에 따르면 좋은 시인이 그렇듯, 좋은 철학자가 되기 위해서는 충분한 시간을 두고 사건이나 사물을 관찰하고 자신의 느낌을 쓰고 사람들에게 질문을 해야 한다. 원래 철학자는 답을 하는 사람이 아니라 질문하는 사람이다. 그런데 요즘에는 철학자들이 질문을 하지 않고, 오히려 사람들에게 답을 하려 한다. 심지어 몇몇 철학자들은 자신들이 하는 말이 정답이라고 단언한다. 철학자만 그런 게 아니라 적지 않은 작가들도 그렇다. 문학평론가 김인환은 『문학교육론』(1979)에서 작가에 대해 이렇게 말했다.

> 글을 지으려는 사람은 무엇보다 먼저 일상의 평범하고 용이하고 명백한 생활에 깃들어 있는 맛을 음미하는 법을 배워야 한다. (…) 여유를 가지고 삶에 공들이는 사람에게는 모든 순간이 놀랍고 새로운 사건이 된다.

작가에 대한 이 말을 철학자에게 그대로 돌려줘도 전혀 이상하지 않다.

작가는 언어의 기계적이고 도구적인 기능에 천착해 특별한 대상의 특별한 점을 묘사하는 사람이라기보다는, 하이데거의 말처럼, 일상적으로 스쳐 지나가는 대상에서 평범한 '경이'를 발견하는 사람이다. 예컨대 우리가 이름 모르는 들풀이나 꽃을 비롯한 자연에서 경이를 느끼는 이유는 그 사물이 갖는 어떤 특별한 속성 때문이 아니라, 단지 각각의 존재 자체에서 비롯하는 경이를 느끼기 때문이다. 즉 사물은 우리를 위해 존재한다고 말하는 것이 아니라, 우리가 함부로 할 수 없는 고유한 존재를 갖는다고 말한다. 그리고 존재자들이 갖는 이러한 고유한 존재를 경험하는 것을 하이데거는 '존재 경험'이라고 일컫는다. 그 존재 경험을 일깨워주는 이가 바로 작가다.

하이데거가 말하는 경이는 어떤 특별한 것을 보고 놀라는 것이 아니라, 우리가 평소에 자명하고 진부한 것으로 보아 넘겼던 것들에 대해 놀라는 것이다. 다시 말하면 음악, 미술, 무용, 스포츠 등의 분야에서의 뛰어난 공연이나 감탄을 자아내는 '기예'(feat)를 보고 놀라는 것보다도, 아무도 관심을 두지 않은 채 들판에 피어 있는 이름 모를 들꽃이나 구르는 돌에서 느끼는 새로움이 바로 경이다. 그리고 이런 일상적인 것을 특별하게 만드는 것이 바로 '시'고 '시의 언어'다. 예컨대 윌리엄 워즈워스, 로버트 프로스트, 문태준 등의 시적 소재는 지극히 평범하고 시 언어 역시 마찬가지로 소박하고 담백하다. 하지만 그들의 시는 깊은 울림을 전한다. 다시 말하면 그들의 시는 평범한 일상어로 개인적인 경험을 보편적인 정서로 끌어올린다. 그게 가능한 이유는 김인환이 『문학교육론』에서 말했듯이, 독자로 하여금 "시의 각 부분에 나타나 있는 체험에 대하여 떠오르는 자기의 체험을 자유롭게 말하게 하"기 때문이다.

우리가 일상적으로 주로 배우고 접하는 언어는 '정보 언어'다. 정보 언어는 시쳇말로 '돈 버는 데 도움이 되는 언어'다. 반면 시의 언어는 우리에게 전혀 새로운 정보를 제공해주지 않는다. 따라서 삶에 아무런 도움이 되지 않는 것처럼 보일 수 있다. 하지만 시의 언어는 오히려 사물이나 인간의 고유한 존재, 우리가 함부로 할 수 없는 신비스러운 존재를 보게 해준다.

영국문학에서 낭만주의의 문을 열어젖힌 워즈워스는 시를 가리켜 "강렬한 감정의 자연발생적인 넘쳐흐름"이라고 정의했고, "시의 소재는 특별하지 않고 일상적이어야 하고, 언어는 일상어이어야 한다"라고 말했다. 사실 하이데거가 말하는 시어도 워즈워스의 그것과 크게 다르지 않다. 그에게 시어란 특별한 언어가 아니라 인간의 본래적인 언어를 가리킨다. 인간의 언어는 마땅히 시적인 언어이어야만 한다. 그러나 우리의 일상어는 대부분 사물과 세계를 불러낼 수 있는 힘을 상실하고 진부한 정보 언어가 되었다. 원래 시의 언어였던 인간의 언어가 정보 언어가 됨으로써 경이가 사라졌다.

경이의 기분은 모든 존재자의 고유한 존재가 열리는 존재의 소리와 인간의 말 사이에 일어나는 화음이다. 하이데거는 "근본 기분"을 존재의 소리가 인간에게 전해지는 통로라고 보았다. 그리고 시란 항상 근본 기분에서 출발한다. 따라서 시를 이해한다는 것은 단순히 그 시를 머리로 이해하는 것이 아니라 그것을 지배하는 근본 기분에 사로잡히면서 그 시에서 말해지는 존재의 소리에 귀를 기울이는 것이다. 그 소리를 잘 듣기 위해서는 눈과 귀뿐만 아니라 마음의 문과 창도 열어 놓아야 한다.

아감벤에 따르면, 우리가 언어 속에서 살아간다는 것을 이해하는 일은 말들의 의미, 말들의 모든 모호함과 미묘함을 파악하는 것과는 거리가 멀다. 그보다 중요한 것은 오히려 왕국, 즉 하늘나라가 우리의 눈으로는 알아보기 힘들 정도로 세상과 너무 가깝고 비슷하다는 것을 알아차리는 일이다. 왕국의 근접성은 하나의 요구이며 세상과 왕국의 유사성은 우리가 결코 간과할 수 없는 특징이다. 말이 우리에게 비유로 주어진 것은 사물로부터 멀어지는 대신 좀 더 가까운 곳에 머물도록 하기 위해, 예를 들어 우리가 어떤 사람의 얼굴에서 닮은 점을 발견하거나 누군가의 손이 우리를 스치고 지나갈 때처럼, 좀 더 가까이 머물도록 하기 위해서다.

언어는 단순히 의사소통의 수단이 아니다. 언어의 본질은 세계와 사물의 내밀한 통일을 불러내는 것이다. 그런 의미에서 하이데거는 시가 바로 '진정한 언어'라고 말한다. 시인은 침묵 속에서 존재의 소리에 귀를 기울이고, 시어를 통해 존재의 소리를 구체화한다. 시는 사물을 사역으로서의 세계를 모으는 것으로서 드러내지만 그렇다고 해서 사물에서 그 고유성과 독자성을 박탈하지는 않는다.

아감벤에 따르면, 시가 말의 잠재력을 통해 이룩하는 것을 정치와 철학은 행동의 잠재력을 통해 이뤄야 한다. 정치와 철학은 경제적·사회적 활동을 무위적으로 만들면서 인간이 무엇을 할 수 있는지 보여주고 새로운 가능성을 보여주고 새로운 가능성을 열어 보인다. 정치와 철학은 현재의 상황을 불완전한 것으로 파악하고, 우리로 하여금 더 나은 세상을 만들라고 명령한다. 하지만 아무리 노력해도 우리가 처한 상황을 완전한 것으로 만들 수 없다. 단지 완전할 것이라는 가능성만 존재할 뿐이다. 인간은 완전한 세상을 꿈꾸지만 결국 실패하고 그에 대해 절망한다.

명명이라는 소용돌이 속에서 언어 기호는 자신을 향한 회전과 침몰을 통해 극단적으로 치열해지는 지점에까지 도달한 뒤, 무한한 압력이 가해지는 순간 빨려 들어가며 자취를 감추었다가 다른 편에서 다시 순수한 이름으로 등장한다. 시인이란 바로 모든 것이 그를 위해 변신하는 소용돌이 속으로 뛰어드는 사람이다. 그는 담론의 흐름에서 의미 있는 말들을 취해 소용돌이 속으로 집어 던지고 이들을 시라는 명료한 언어 속에서 이름을 발견해낸다.

'문학이란 무엇인가'라는 질문은 너무나 식상하다. 문학에 대한 정의는 셀 수 없을 정도로 많다. 정의가 그렇게 많다는 말은 바꿔 말하면 그 어느 것도 완전치 않다는 것을 의미한다. 대신 '무엇이 문학답게 만드는가'라는 질문에는 보다 쉽게 답할 수 있을 것 같다. 문학성의 가장 중요한 속성은 바로 '창의성'일 것이다. 다시 말하면 창조적 잠재력의 불이 완전히 꺼진 작품은 작품이라고 할 수 없으며 오히려 작품의 재나 무덤이라고 불러야 할 것이다. 우리가 책이라고 하는 이 궁금한 대상을 정말로 이해하기 원한다면, 우리는 잠재력과 행위, 가능성과 현실, 재료와 형식 간의 관계를 보다 복잡하고 끈끈하게 만들고 현실에서만 나타나는 잠재력과, 반대로 잠재력이 되기를 절대 포기하지 않는 현실을 떠올릴 수 있어야 한다.

예술의 목적은 사실상 예술적인 것, 기술적인 것의 생산이며 이러한 작품들이 인생의 목적을 구축하는 것은 아니다. 이것들이 어떤 식으로든 인간을 위해 사용될 목적으로 만들어진 만큼, 인간이 작품의 목적이지 그 역은 성립하지 않는다. 인간의 궁극적인 행복은 신을 관조하는 데 있다. 그러나 예술 활동을 포함한 인간의 활동이 고유의 활동 목적과 일치하는 신의 관조에 귀결되는 만큼, 예술 활동과 행복 사이에는 필연적인 연관성이 존재한다고 봐야 한다.

진정한 의미에서의 연금술사란 작품 속에서 그리고 작품을 통해, 작품이 생산해낸 잠재력 외에는 아무것도 관찰하지 않는 사람이다. 훌륭한 시는 우리를 어떤 근본 기분으로 끌어들이는 강력한 힘이 있으며, 이를 통해 독자로 하여금 세계와 사물을 그 전과는 완전히 다르게 보게끔 한다. 그리고 관찰은 '짓기'로 갈무리된다. 즉 "자기의 체험 가운데 기억에 깊이 남이 있는 내용을 일정한 율격을 갖추고 은유를 구성해 가며 기록해 보는 것이다."

지금 우리에게는 '시가 필요한 시간'이다. 꼭 시가 아니어도 좋다. 조금 더 넓히자면, 지금 우리에게는 '문학이 필요한 시간'이다. 끝으로 『문학 교육론』을 다시 인용하면서 글을 맺으려 한다.

> 보편적인 생각이 특수한 느낌과 결합될 때 상상력이 나타난다. 생각과 느낌이 서로 분리할 수 없도록 종합된 상태가 상상력이 활동하는 상태이다. 문학 작품에 표현된 생각은 누구나 알 수 있는 쉬운 내용이지만, 그것이 단순한 생각이 아니라 느낌과 결합된 상상력이기 때문에 작품을 읽은 사람은 깊은 정서적 체험을 겪게 되는 것이다.

의심하고 또 **의심하자**

우석훈, 『국가의 사기』, 김영사, 2018.

개인적인 생각에 인간은 성향상 기본적으로 보수적이다. 여기서 말하는 '보수'란 정치적 입장으로서 '진보'의 반대의 보수가 아니라, 새로운 것을 싫어하고 변화를 거부하는 인간의 기본적인 본능과 태도를 의미한다. 사실 우리는 초등학교 입학하기 전부터 철저히 도덕 교육을 받는다. 어른을 공경하고, 친구들과 사이좋게 지내고, 어려운 사람은 도와주고, 나쁜 일은 하지 말라는 말을 수도 없이 듣는다. 학교에 입학해서도 도덕 교육은 그치지 않는다. 초등학교 때부터 중학교와 고등학교에 걸쳐 수도 없이 도덕 또는 윤리 교육, 더 나아가 법은 반드시 지켜야 한다는 준법 교육까지 철저히 받는다.

그런데 언젠가부터 우리는 도덕과 윤리에 어긋나는 행동을 하고, 심지어는 크고 작게 위법 행위를 한다. 그런 비도덕적이고 비윤리적인 행동, 법을 위반한 행동에 대해서 '남들도 다 하는데'라고 말하며 자신을 정당화한다. 자신의 행동을 정당화할 뿐만 아니라, 다른 사람의 그런 행동도 관례 또는 관습이라는 이름으로 묵인한다. 왜냐하면 오히려 도덕과 윤리에 맞는 행동을 하고, 준법을 이야기하면 '고지식하고 융통성이 없다'라는 핀잔을 듣기 때문이다. 그런 핀잔을 듣지 않기 위해서 혹은 도덕과 법을 지키지 않는 게 더 편하기 때문에 남들과 똑같이 행동한다. 그리고 이 모든 행동을 '늘 해왔으니까'라는 관례, 관습, 관행이라는 이름으로 정당화한다.

현재 대한민국 사회가 예전과 비교했을 때 많이 투명해졌다고 하지만, 20년 전만 하더라도 그렇지 않았다. 예를 들면 1990년대 중반 음주운전은 지금보다는 훨씬 더 일상적이었다. 그때나 지금이나 음주운전은 분명 범법 행위다. 하지만 그 당시에는 음주운전을 하는 사람도, 단속하는 경찰도 음주운전의 위법성에 대해 큰 문제의식을 못 느꼈다. 음주운전을 하는 사람들 대부분은 운이 좋아서 단속되지 않았고, 운이 나빠 단속된 사람도 누군가의 '빽'을 통해, 또는 경찰에게 '읍소'를 통해 잘 넘어갔다. 동승한 사람들도 음주운전을 방조하거나 아니면 부추겼다. 지금이라면 말도 안 되는 일이지만 말이다. 이처럼 당시에는 음주운전뿐만 아니라 분명 문제가 있는 행위라고 하더라도 관례, 관습, 관행이라는 이유로 대체로 조용히 넘어갔다.

백번 양보해서 분명 잘못된 일이라 하더라도 개인적인 차원이라면 그럴 수 있는 일로 넘어갈 수도 있다. 그런데 이게 국가 차원에서 벌어지는 일이라면 심각하다. 특히 처음부터 문제인지 알고 있으면서도 관례 또한 관행이라는 명분으로 그 일을 했다면 더욱 심각하다. 문제가 생겼을 때 '지금까지 그렇게 해왔다'라고 핑계를 대면 잘못된 일에 대해 책임을 묻기가 어렵다. 책임을 물을 수 없다면, 혹은 책임을 묻지 않는다면, 역사가 증명하듯이, 똑 같은 일이 벌어질 수밖에 없다. 왜냐하면 '관행이니까.'

'관행'이라는 말을 국어사전에서 찾아보니 그 뜻이 '오래 전부터 해오던 대로 함'이라고 되어 있다. 관행이라는 단어에는 그 일이 잘한 일인지 그릇된 일인지에 대한 가치 판단이 결여되어 있고, 대신 오랫동안 해 왔던 일이라는 뜻만 담겨 있다. 사실은 관행이라는 단어에는 '지금까지 해왔던 일이니까 별 문제 없겠지'라는 근거 없는 믿음이 자리 잡고 있다.

우석훈의 『국가의 사기』(2018)를 읽으며 문득 관행이라는 말의 무서움을 느꼈다. '국가발 사기 감시 프로젝트'라는 부제처럼, 이 책은 집값부터 주식, 교육, 원전, 자원외교, 도시재생에 이르기까지 관행이라는 이름으로 자행된 국가의 거짓말을 추적한 최초의 사회 경제학 보고서다. 저자는 이 책에서 근본적으로 "국가라는 이름에 가려진 진실은 무엇인가?"라는 질문을 던진다.

우석훈이라는 이름이 세상에 떠들썩하게 알려진 계기는 박권일과 함께 쓴 『88만원 세대』(2007) 라는 한 권의 책이었다. 저자의 의도와 관계없이, 책의 제목이자 키워드인 '88만원 세대'는 사회학적 용어로 자리매김하게 되었고, 이 책은 당시 젊은 세대가 어떻게 살아가야 하는지에 대해 궁극적인 질문을 던졌다. 특히 그가 청년들에게 일갈한 "도서관에 가는 대신 짱돌을 들어라"라는 선언은 당시 너무나 시의적절하고 인상적이었다.

하지만 『88만원 세대』가 처음부터 큰 반향을 일으킨 것은 아니다. 이 책보다 나중에 출간된 『아프니까 청춘이다』(2010)와 그와 비슷한 종류의 책들이 청소년에게 '위로', '격려', '치유'의 메시지를 설파하자, 이에 대한 반작용으로 『88만원 세대』가 소위 '청년들에게 먹혔고', 그 후 사회적으로 큰 반향을 일으켰다. 『88만원 세대』와 『아프니까 청춘이다』 중 어느 책의 주장이 전적으로 옳거나 그르거나 쉽게 단정할 수는 없지만, 『88만원 세대』는 청년들에게 '지금 너희들의 문제는 너희들의 잘못이 아니다'라는 어찌 보면 평범하지만 그들이 하기 어려운 말을 대신해 주었고, 더 나아가 그들이 사회 문제에 대해 보다 관심을 갖도록 했다.

우석훈은 '생태경제학 전공자'라는 특이한 학문적 배경을 갖고 있다. 그는 우리가 흔히 '환경'의 문제라고 생각하는 것들과 '경제'적인 이슈들을 결합해 사람들의 주의를 환기시키고, 궁극적으로는 환경과 경제라는 측면에서 한국 사회의 미래에 대한 의문과 나아가야 할 방향에 대해 치열하게 고민하고 있다. 『국가의 사기』는 그의 고민의 산물이다. 저자 우석훈은 대한민국이 직면한 문제를 분석하고 국가라는 이름에 가려진 진실을 파헤쳐, 건전한 생활경제와 튼튼한 시민 경제를 위한 해법을 제시한다. 돈과 사랑부터 광고, 주식, 다단계, 신용등급까지 실생활에 연관된 사회 문제들을 하나하나 짚어보고,

이념과 클랜, 모피아, 토건족, 물 브라더스, 원전 마피아, 박사들의 클랜, 자원외교, 4대강, 분양제, 버스 준공영제, 도시재생 등 수십조 단위의 국가사업으로 추진되고 있는 거짓말 같은 현실을 샅샅이 추적한다. 그는 이렇게 말한다. "국가가 조직적으로 사기를 치기 시작하면, 그것은 관행이 되고, 한번 그렇게 자리 잡은 것은 고치거나 개선하기가 몹시 어려워진다." 관행이라는 단어의 무서움을 또다시 느끼게 된다.

『국가의 사기』는 총 4장으로 구성되어 있다. 각 장의 제목은 '왜 개인은 맨날 속는가?', '국가는 왜 실패하는가?', '네 돈이라면 이렇게 쓰겠니?', '안녕하세요 감사합니다, 이 두 가지만 잘해도 기본은…'이다. 그리고 각 장은 6개 또는 10개의 꼭지로 구성되어 있다. 책의 거의 모든 꼭지가 인상적이고 내용도 귀담아들을 만하지만, 개인적으로는 마지막 장의 마지막 꼭지 '침묵이 길어지면, 사기꾼들이 돌아온다'가 인상적이고 기억에 오래 남는다. 논란이 있을 수 있으니 사기꾼을 누구로 특정하지는 않겠다. 대신 이 문장을 이렇게 조금 더 보충하고 싶다. '관행이라는 이름으로, 우리의 침묵이 길어지면, 사기꾼들이 돌아온다.'

『국가의 사기』에서 말하는 전문가들, 이른바 사기꾼들이 사기를 치는 것은 그들의 능력이 뛰어나서라기보다도 우리가 관행이라는 이름으로 그들의 행태를 묵인했기 때문이다. 따라서 사기꾼들이 출몰하는 것을 방지하기 위해서 우리는 계속 의심하고 또 의심해야 한다. 일찍이 데카르트가 말한 "나는 생각한다. 고로 존재한다"에서 '생각한다'는 것은 곧 '의심한다'는 것을 의미한다. 그러니 끊임없이 의심해야 한다. 계속 의심하고 또 의심해야 비극을 조금이나마 줄일 수 있다.

또한 전문가들에게 모든 것을 맡겨서는 안 된다. 일반적으로 전문가들은 보통 사람들보다 어떤 전문 분야에 관해서 더 많은 것을 알고 있다. 대신 그들은 전문가의 입장에서 생각하다 보니 보통 사람들은 쉽게 생각할 수 있는 것을 놓칠 수 있다. 그렇기 때문에 전문가들에게 모든 것을 맡겼을 때 종종 가장 큰 비극이 초래된다. 왜냐하면 그들은 자신들이 가장 잘 안다고 확신하기 때문이다. 따라서 지금은 전문가의 의견이 아니라 "곤경에 빠지는 것은 무엇을 몰라서가 아니라, 확실히 알고 있다는 생각에서 비롯된다"라는 마크 트웨인의 경구를 새겨들어야 할 때다. 그러니 '의심하고 또 의심하자.'

좋은 사회는 좋은 개인이 만든다

이반 일리치, 『그림자 노동』(1981), 노승역 옮김, 사월의책, 2015.

요즘 여기저기서 많이 언급되는 칼 폴라니는 인류의 평등과 평화를 화두로 19세기 자본주의의 성장과 고대 원시 사회와의 관계를 밝히는 데 주력하였다. 그는 『거대한 전환』(1944)에서 근대의 산물로 알려진 '경제'와 '시장'을 고대로부터 전승된 보편적인 산물로 규정하고, 오히려 산업혁명이라는 '거대한 전환'으로 인해 인간과 자연이 상품화되고 인간사회의 전통적 기능이 박탈되었다고 파악했다. 따라서 그는 토지, 노동력, 화폐라는 추상에 바탕을 둔 19세기의 시장경제 모델에서 벗어나 고대 경제사회로 되돌아가야 한다고 주장했다. 그에 따르면, 이런 거대한 전환을 통해 사회적인 완결성을 유지하면 생산과 분배가 가능하다. 이처럼 폴라니는 경제, 사회, 과학 전반에 반성적 논쟁을 불러일으켰고, 특히 시장 만능주의를 비판하는 사람들에 의해 높이 평가되고 있다.

폴라니의 자본주의에 대한 비판 또는 반성적 성찰은 이반 일리치에 의해 보다 급진적이고 실천적인 양상을 띤다. 그렇기에 일리치는 가장 "급진적인 사상가", "인간 조건에 대한 깊은 통찰 위에서 현대 사회의 모순을 근본적으로 비판한 사상가", "가장 인간적인 래디컬리스트" 등으로 불린다. 일리치는 원래 가톨릭 사제였으나 교회에 대한 잦은 비판으로 교회와 마찰을 빚었고, 그 때문에 결국 사제직을 버린다. 그 후에는 여러 대학에서 서양 중세사를 가르치며 연구와 저술에 전념한다. 그의 연구와 저술은 역사를 근간으로 하고 있지만, 거기에 머물지 않고 사회, 경제, 철학, 언어, 여성, 의료 등 현대 문명과 자본주의의 병폐를 종횡한다. 최근에 다시 번역되어 출간된 『그림자 노동』(1981)에서도 경제, 노동, 발전, 언어, 교육, 읽기와 쓰기, 과학, 기술, 가족, 서비스, 가난, 제도, 가치 등 광범위한 주제가 논의된다.

전술했듯이, 일리치는 폴라니에게 영향을 받았다. 즉 그는 폴라니와 마찬가지로 서양근대사를 시장경제가 자급자족경제로부터 '뽑혀 나온'(disembedded) 과정으로 파악했다. 바꿔 말하자면 서양근대사에서 전근대 자급자족경제가 붕괴되면서 근대 시장경제가 등장했다. 그리고 시장경제로 전환되면서 노동은 돈으로 환산될 수 있는 임금노동과 비자급자족적 가내 공간에서 주부가 행하는 돈으로 환산되지 않는 '그림자 노동'으로 분화되었다. 일리치가 이 책에서 주요 논제로 삼고 있는 게 바로 '그림자 노동'이다. 그는 노동의 문제를 근대화와 발전과 연동시켜 파악한다.

근대하면 자동으로 전근대를 떠올린다. 통상적으로 근대는 편익과 발전, 전근대는 불편함과 미개의 다른 말이다. 그러나 일리치는 편익과 발전을 환상이라고 간주한다. 그에 따르면, 발전이 겉으로는 전에 없던 새로운 시설과 기관을 가져와 편익을 가져왔지만, 이면에는 예상치 못한 외부효과가 발생하고, 궁극적으로는 역생산성이 초래된다. 예를 들어 많은 사람들에게 혜택을 주기 위해 지은 병원, 학교 및 복지 제도는 그 혜택을 받아야 할 사람은 받지 못하고 오히려 특권층이 수혜자가 된다. 결국 많은 사람들은 공평한 발전이 생태적으로 불가능하다는 사실을 깨닫기에 이른다.

발전 또는 성장을 지향함에 따라 시장 경제하에서 인간의 노동은 유급이건 무급이건 획일화와 관리화로 수렴된다. 반면 자급자족경제에서는 생산자와 소비자가 따로 구분되지 않기 때문에 '공생공락'의 도구를 이용하는 것을 목표로 삼는다. 이런 사회에서는 노동의 산물인 재화와 서비스가 강제적인 소비 대상이 아니라 창의적인 활동의 수단으로서만 가치를 지니기 때문에 임금 노동과 그림자 노동 모두 쇠퇴한다. 아니 그림자 노동과 임금 노동의 경계가 무화된다. 결국 자급자족경제 구조 안에 있는 사람들은 발전을 거부한다. 아니 추구하지 않는다. 엄밀히 말해 그들은 소수의 사람들에게 혜택이 돌아가는 발전이 아닌 모든 사람들이 함께 살아가고 즐기는 삶을 가져올 수 있는 발전을 추구한다.

일리치는 고대와 중세로부터 시작된 발전의 역사적 뿌리를 탐색하면서 발전을 곧 인간이 자연을 통제한다는 기획으로 규정한다. 그러나 그는 이런 계획이 생태적으로 실현 불가능하다고 본다. 대신 자급자족경제, 즉 '토박이 노동'에 바탕을 둔 경제를 회복하는 것이 필요하다고 역설한다. 토박이 노동이란 생계를 꾸리고 그것을 향상시키는 무급 노동을 가리킨다. 그가 지향하는 삶은 토박이 노동을 통해 "빼어난 미적 감각, 기쁨에 대한 각별한 체험, 다른 집단이 이해하기는 해도 반드시 함께할 필요가 없는 특정 집단만의 고유한 인생관"을 추구하는 삶이다. 순환 논리처럼 보이지만 그런 삶을 살기 위해서는 자신의 삶에서 토박이 영역을 확대할 자유를 확보하기 위해 분투해야만 하고, 그럴 때 비로소 자신만의 토박이 삶을 살 수 있다.

일리치는 근대에 이르러 토박이 노동에 바탕을 둔 삶이 붕괴되기 시작했다고 보았다. 그는 경제가 아닌 '일상 언어'로 당시의 역사를 접근한다. 그는 논의를 중세에서 근대로 넘어가는 시점에서 시작한다. 보다 정확히 말하자면 1492년, 즉 콜럼버스가 아메리카 대륙을 발견했다고 역사에서 말하는 바로 그 해에서 시작한다. 주지하듯, 콜럼버스는 신대륙을 발견하기 위해서가 아니라 오로지 인도에 도착하기 위해 항해를 떠났다. 그는 죽을 때까지 자신이 도착한 곳이 인도라고 믿었다. 콜럼버스가 스페인의 이사벨라 여왕의 도움으로 신대륙에 대한 꿈을 실천하려 할 때, 스페인에서는 다른 방식으로 사회를 개혁하고자 하는 인물이 있었다. 그는 다름 아닌 네브리하라는 인물로서 여왕에게 새로운 언어의 문법책을 헌사한다. 그의 목적은 콜럼버스와 마찬가지로 스페인의 근대화에 봉사하기 위함이다.

네브리하는 살아있는 언어를 인쇄되는 책의 형태에 맞게 표준화해야 한다고 주장했다. 언어의 표준화는 오늘날에도 낯설지 않다. 그러나 네브리하가 주장하는 언어의 표준화는 오늘날의 그것과 목적과 방향이 다르다. 그의 주장은 여러 지역에서 사용되는 토박이말을 금지하고 대신 언어를 표준화함으로써, 가르치는 공식 언어를 독점함으로써 통치의 효율성을 높이는 것으로 요약된다. 일리치는 토박이말을 버리고 공식적으로 모어(모국어)를 가르쳐야 한다고 주장한 네브리하의 주장을 근대 자본주의의 도래를 예고하는 중요한 사건으로 보았다. 역사적으로 근대와 전근대를 나누는 기준점이 '왕권의 확립'이라면 왕권을 뒷받침하는 두 가지 요소는 경제와 통치의 효율성이다. 그리고 통치의 효율성은 언어, 즉 공식어의 확립에서 비롯된다. 근대 국가의 형성을 자본주의의 확립과 연동해서 파악하는 것은 공식적인 연구였다면 근대를 모어의 확립으로 본 일리치의 사유는 독창적이면서도 탁월하다.

일리치는 근대를 "자급자족을 상대로 한 전쟁"으로 규정한다. 자급자족이 불가능하거나 아니면 자급자족을 넘어서는 경제력을 확보하기 위해서는 신항로가 필요했다. 먼저 뛰어든 국가는 스페인이었고, 이 임무를 담당한 사람이 바로 콜럼버스다. 그러나 "콜럼버스가 발견한 것이 그저 신항로가 아니라 신대륙임을 깨닫는 데는 10년이 족히 걸렸다. 콜럼버스가 끝까지 존재를 부정한 대륙에 대해 '신세계'라는 개념이 만들어지기까지는 더 오랜 세월이 걸렸다."

이 전쟁의 또 다른 첨병이 바로 네브리하다. 그는 콜럼버스와 달리 토박이말을 모어로 대체하자고 제안했다. 일반적으로 모어 또는 모국어에는 긍정적 의미가 부여되지만 일리치는 다르게 본다. 일리치는 네브리하가 사람들이 의사소통하는데 사용되는 토막이말 대신에 통치의 필요성, 즉 규율과 관리를 위해 모어를 제안했다고 보았다.

오늘날 모어는 아이가 처음 배우는 언어, 즉 국가 당국이 제1언어로 쓰기로 정한 언어를 의미한다. 모어는 학습을 통해 후천적으로 인지되는 언어라기보다는 자연적으로 체득되는 언어다. 그러나 근대의 모어는 가르치는 언어, 또는 배우는 언어를 가리킨다. 가르치는 모어에 사람이 종속된다는 것은 인간의 필요를 상품으로 정의하는 시대에 인간이 처한 모든 종속 가운데 가장 대표적인 본보기라 할 수 있다. 네브리하는 이런 종속의 이데올로기를 처음으로 정식화했다. 근대와 전근대의 가장 큰 차이점은 언어를 가르친다는 점이다. 일상어를 가르친다는 것은 산업화 이전의 문화에서는 전례가 없는 일이었다. 간단히 정리하면 근대의 가르치는 모어가 토박이말을 '구축'(驅逐)하고 말에 대해 근원적 독점을 '구축'(構築)했다.

일리치는 근대의 또 다른 키워드로 '민중'을 꼽았다. 그는 12세기 사상가 생빅토르 위그를 예로 '민중에 의한 연구'와 '민중을 위한 연구'라는 주제에 천착한다. 일리치는 위그를 전통적 사상을 소화해 새롭게 자신의 사상으로 만든 새로운 유형의 천재로 간주한다. 위그는 인간의 "기계과학이 인간의 신체적 약점을 치료해주는 철학의 한 부분"이라고 정의했다. 과학이 모든 것을 해결하고 심지어 인간이 과학 기술에 의존하는 현대의 조류에 비추어보았을 때 위그의 예지력은 놀라울 따름이다. 그는 인간의 나약함을 치료하는 세 가지 수단으로 '테오리카', '프락티카', 그리고 '메카니카'를 꼽았다. 위그는 자신들이 훼손한 세상에서 영원히 살 운명에 처한 인간이 스스로 자초한 부족함을 낫게 할 치료제로 추구하는 것이 바로 과학이라고 정의했다. 일리치가 위그의 예를 통해 역설하고자 하는 점은 '과학기술에 대한 경계'다. 즉 일리치는 인간이 과학에 전적으로 의존하는 것을 경계한다. 대신 과학 기술이 인간의 삶을 보다 좋은 쪽으로 이끄는 데 필요한 도구적 기능을 수행해야 한다고 역설한다. 그는 "'인간이란 노동자이자 소비자이며 이들을 위해 연구하는 것이야말로 전문가의 임무'라는 생각을 뒤집어야만 한다. 이를 깨닫지 않으면 타락을 피할 수 없다"라고 경고한다. 위그의 경고는 자본주의에 대한 경고인 동시에 우리가 따라야 할 자본주의의 대안이기도 하다.

마지막으로 일리치는『그림자 노동』에서 "산업 경제의 가려진 측면"으로서의 '그림자 노동'을 논한다. 그림자 노동이란 저임금 노동이나 실업이 아닌 무급노동을 가리킨다. 이 점은 마르크스주의자, 노동조합주의자, 일부 여성주의자와 차별되는 지점이기도 하다. 노동자가 임금노동을 하려면 발탁되어야 하지만, 그림자 노동은 배정받는 것이다. 그림자 노동에 들어간 시간과 수고에 대해서는 대가가 지급되지 않는다. 그럼에도 그림자 노동은 이런 무보수의 자기 규율성 때문에 경제가 성장하면 성장할수록 임금 노동보다 더 중요성을 띠게 된다.

일리치는 그림자 노동의 중요성을 역설하기 위해 임금 노동의 역사를 고찰한다. 오늘날에는 노동을 말하면 당연히 임금 노동을 떠올리지만 중세에 임금 노동은 비참함을 나타내는 상징이었다. 임금 노동자들은 처음부터 임금 노동자였던 게 아니라, 인클로저 운동(Enclosure Movement)으로 삶의 토대이자 자급자족을 영위할 수 있는 수단인 토지를 빼앗겨 가정이 붕괴되었고, 국가가 배고픈 사람을 도와줄 엄두를 내지 못해 결국 임금노동자로 전락했다. 즉 그들은 비자발적으로 임금노동자가 되었다. 하지만 17세기에서 19세기 산업화를 거치면서 "임금 노동은 그림자 노동에 대해 승리를 거"둔다. 즉 "임금 노동은 궁핍의 증거가 아니라 쓸모의 증거로 여겨지기에 이르렀다." 성별의 경제적 구분, 경제적 개념으로서의 가족, 가정과 공공 영역 간의 대립 같은 전례 없는 현상들로 인해 임금 노동은 삶의 필수 요소가 되었다. 임금 노동의 가치 상승으로 집 밖에서 임금 노동을 하는 남성은 집 안에서 가사 노동, 즉 그림자 노동하는 여성을 관리하고 통제하기에 이른다. 또한 남성은 자신의 임금에 대한 가족의 의존도가 점점 더 커짐에 따라 자신이 사회의 정당한 노동을 모두 책임지고 있으며, 심지어 비생산적인 여성으로부터 끊임없이 착취당하고 있다고 생각하기에 이르렀다. 그러면 그럴수록 가정 내에서 남성의 권위는 막강해진다. 보다 엄밀히 말하면 권위를 키워 나간다. 결국 사회와 남성들은 여성이 하는 일을 "노동이 아닌 것"(non-work)으로 규정함으로써 임금 노동이 그림자 노동에 대해 승리했음을 선언했다. 이 선언으로 예기치 않게 '가부장제'의 기틀이 마련된다.

일리치는 노동의 역사를 통시적으로 고찰한다. 최근 들어 그는 여성의 노동을 새로운 관점에서 보기 시작했다. 즉 전통적인 관점의 남성의 임금 노동과 여성의 그림자 노동의 구도를 넘어서, 여성의 분만, 수유, 청소, 매춘, 강간, 더러운 빨랫감과 욕지거리, 모성애, 아동기, 낙태, 폐경 등 다양한 문제에 관심을 두기 시작했다. 그는 조금의 망설임도 없이 산업사회의 그늘지고 지저분한 밑바닥을 들여다보고 지금까지 감춰져 온 억압을 폭로하고 해부한다.

그림자 노동은 어떻게 인간을 지배하게 되었을까? 일리치는 그림자 노동과 임금 노동이 함께 등장했다고 보았다. 그림자 노동에 굴레가 처음 씌워진 것은 주로 양성 간의 경제적 결합을 통해서였다. 즉 임금 노동자와 그에게 의존하는 식구로 구성된 19세기 부르주아 가족이 자급자족 중심의 가정을 대체하면서부터였다. 경제적 측면에서 가정 내에서 남성과 여성이 대립하고 최초로 여성이 지위가 박탈되는 과정은 가정을 넘어 사회에서 모든 사람의 지위를 다양한 방식으로 박탈했다. 이런 관점에서 보자면 근대화는 한마디로 '차별의 역사'로 규정된다.

일리치는 근대화와 산업화로 인해 자급자족경제가 붕괴되었고, 그에 따라 임금 노동과 그림자 노동으로 분화되었고, 그 과정에서 남성은 주로 임금 노동을 담당하고, 여성은 그림자 노동을 담당하는 서로 대립하는 구도가 형성되었다고 보았다. 즉 남성은 임금 노동에 종속되고 여성은 그런 남성에 종속됨으로써 여성은 큰 상처를 입게 되었다. 따라서 여성은 사회적으로 '감상적인 연민의 대상'이 되었다. 그렇다면 문제의 해결책을 찾기 위해서는 처음으로 돌아가야 한다. 자급자족경제가 붕괴되어 모든 문제가 시작되었다면, 문제의 근본적인 해결책은 자급자족경제를 복원하는 것이다. 그의 말대로 "자급자족에 부여된 가치야말로 성장이 계속 지속되기 위해서라도 지켜야 할 [가장 중요한] 가치"다. 하지만 자급자족에 필요한 환경을 스스로 파괴한 사회에서는 자급자족의 대체물을 찾을 수 없다. 오늘날 현대 사회는 정반대로 가고 있다. 때로는 눈에 보이게 때로는 눈에 보이지 않게 자급자족을 불가능하게 만든다. 이런 사회는 돌봄이 필요한 사람들을 양산한다. 이런 가부장적 속임수는 억압받는 자들의 대표들이 끊임없이 새로운 억압을 위한 권력을 추구하도록 하는 원동력이기도 하다. 일리치의 해결책은 거창하지 않다. 정말 간단하다. 개인이 타인, 사회, 혹은 국가에 의존하지 않고 자급자족이 가능한 삶을 살 수 있는 사회를 만드는 것이다. 결국 좋은 사회란 좋은 개인이 만드는 것이다. 언제나 답은 늘 가까이 있고 쉽다. 역시 문제는 실천이다.

지금 우리에게 필요한 것은

강상중, 『도쿄 산책자』(2013), 송태욱 옮김, 사계절, 2013.

제목만 보았을 때는 도쿄 기행문처럼 보이지만 책 표지에도 나와 있듯이 『도쿄 산책자』(2013)는 강상중의 인문 에세이이다. 즉 저자가 도쿄를 2년 반 동안 돌아다니며 보고 들은 내용에 자신의 인문학적 성찰을 잘 버린 에세이집이다. 저자는 일본의 한인, 즉 '자이니치'[在日]로서 겪은 자신의 '정체성의 혼란'이라는 지극히 개인적인 문제에서 출발해 사고의 지평을 일본과 한국, 더 나아가 세계로 넓힌다. 이 책에서도 여러 차례 언급되지만 그는 세계화와 지방화를 지향한다. 그의 지향점은 전자가 후자를, 혹은 후자가 전자를 배제하고 억압하는 배타적인 구조가 아니라 둘을 동시에 지향하는 열린 구조이다. 한마디로 그의 인문학적 성찰의 지향점은 요즘 많이 사용되는 '세방화'(glocalization)로 규정될 수 있다.

『도쿄 산책자』는 분명히 도쿄의 여러 골목길을 걸으며 보고 들은 내용에 자신의 사유를 직조하고 있음에도 불구하고, 그냥 '도쿄' 또는 '일본'의 이야기가 아니라 지금까지 보고 들었던 혹은 지금 목도하고 있는 '서울' 또는 '대한민국'의 이야기인 것만 같은 느낌을 준다. 이런 것을 사유의 보편성이라 부를 수 있을까? 그의 많은 생각을 여기에 다 풀어 놓을 수는 없고 몇 가지만 간추려 보려 한다.

좀 거칠게 말해서 IMF를 기점으로 우리나라 출판계에 큰 변화가 있었다.

IMF 이전 출판계는 직장인을 염두에 둔 재테크를 비롯한 자기계발서가 붐을 이루었다. 이 시기에는 '부자 되기'와 '출세'는 한마디로 모든 가치를 빨아들이는 블랙홀이었다. 그러나 IMF 이후에는 자기 자신을 돌아보아야 한다는 갑작스러운 깨달음 덕분인지 '느리게 살기', '단순하게 살기'가 화두가 되었고, 미국문학사에서나 잠깐 언급될 뿐 일상사에서는 먼지 속에 묻혀 있던 미국의 사상가 H. D. 소로가 갑자기 선지자가 되었다. 그와 더불어 '자기 성찰', '자아 찾기'라는 단어들이 사람들의 입에 오르내리게 되었다. 그런데 '자아'가 무엇인지, '자아'를 어떻게 찾아야 하는지, 특히 '자아'를 왜 찾아야 하는지에 대한 본질적인 물음은 그 어디에도 없었다. 이에 대한 고민도 없었다. 단지 무조건 자아를 찾아야 한다는 당위성을 누구나 할 것 없이 역설했다.

그로부터 강산이 한 번 바뀌었다. 아니 두 번 바뀌었을 수도 있다. 요즘의 대세는 누가 뭐래도 '힐링'이다. 힐링 푸드, 힐링 콘서트, 힐링 토크, 힐링 독서 등 이루 말할 수 없을 정도다. 그런데 무엇을 힐링한다는 건지 도대체 알 수가 없다. 요즘 힐링은 '핫 트렌드'이자 모든 문제의 '마스터키'다. 개인적인 생각에 힐링은 궁극적으로는 '자아 찾기'의 또 다른 말이 아닐까 싶다. 다시 말하면 힐링은 '자아 찾기'의 21세기의 버전으로 부를 수 있다.

앞에서 언급했듯이 어린 시절 자이니치로서 겪은 정체성의 혼란이 강상중의 인생에서 중요한 변곡점이 되었던 탓인지, 저자는 '자아 찾기', 즉 정체성이라는 주제로 글을 시작한다. 그는 '자아 찾기'에 대해 다음과 같이 말한다.

> 여러분 중에서 아마 '자아 찾기'를 하고 있는 사람이 있을 것입니다. 하지만 '진정한 자기' 같은 건 없습니다. 있는 것은 거기에 있는 자신뿐입니다. 그러므로 중요한 것은 우선 있는 그대로의 자신을 깨닫는 것입니다. 그리고 자기 안의 모순을 그대로 껴안고 모든 것을 받아들이는 것입니다. '자기 찾기'의 여행에 필요한 것은 바로 그 각오와 담력입니다.

마지막 구절 때문에 가슴이 먹먹해진다. 특히 마지막 문장에서의 '각오'와 '담력'이라는 두 단어가 가슴에 깊이 박힌다.

요즘도 여전히 많이 듣는 단어, 혹은 요구되는 단어는 '힐링'(healing)과 더불어 '멘토'(mentor)다. 어디를 가든지, 무엇을 보든지 간에 전부 힐링이고, 멘토가 지천이다. 좀 심하게 말하면 내가 원치 않아도 힐링을 해주겠다고 하고, 멘토가 되어주겠다고 한다. 멘토는 말 그대로 정신적인 스승이다. 호머의 『오디세이아』에서 오디세우스가 트로이 전쟁에 출정을 앞두고 아들 텔레마코스가 걱정이 되어서 멘토에게 아들을 잘 돌봐달라고 부탁한다. 이게 바로 멘토의 기원이다. 고유명사였던 멘토가 보통명사가 된 것이다. 그리고 멘토는 어느새 전지전능한 선지자가 되었다. 멘토라 불리는 사람들은 정말 그런 것처럼 행동하고, 많은 사람들은 멘토가 당연히 그런 사람이어야 한다고 생각한다.

멘토의 업무의 확장이라고 해야 할까. 멘토는 이제 가이드의 역할까지 한다. 언젠가부터 멘토와 가이드의 경계가 없어졌다. 가이드가 자신이 알고 있는 길을 안내해 주는 사람이라면, 멘토는 단지 올바른 길을 갈 수 있도록 조언을 해 주는 사람이다. 그런데 멘토가 가이드의 역할까지 하려 한다. 자기도 모르는 길을 안내한다. 때로는 따라오라고 강요하기도 한다. 요즘같이 한 치 앞도 예측할 수 없는 불확실성의 시대를 살아가는 현대인에게 분명히 멘토는 필요하다. 그러나 보다 선행이 되어야 할 것은 저자의 말대로 자신의 상처를 진단하고 상처를 치유하고자 하는 개인의 '각오'와 '담력'이다.

만일 몸이 아프다면 스스로 '어디가 아픈지', '어떻게 아픈지'를 알아야 한다. 그래야 병원에 가서 의사로부터 어떻게 치료해야 하는지, 즉 수술을 해야 하는지, 아니면 약물치료를 해야 하는지'에 관한 전문적인 조언을 듣고 자신이 결정을 내릴 수 있다. 무조건 힐링이 우선이 될 수 없다. 좀 과격하게 표현하자면 힐링은 상처의 원인을 규명하기보다는 그냥 치료하고, 때로는 치료도 없이 덮고 가는 것이다. 극단적인 예를 하나 들어보자. 팔이 부러진 사람에게 반창고를 붙여 주는 게 제대로 된 치료라고 말 할 수 있는가? 그리고 어떤 멘토는 이렇게 말하기도 한다. "아파? 아플 수도 있어. 그렇지만 [아파도 그냥] 참아, 그러면 나중에는 좋아질 거야."

저자가 우리나라에 불고 있는 '인문학 열풍'을 염두에 두고 한 말은 분명 아닐 것이다. 그럼에도 불구하고 인문학에 대한 그의 진단은 정확하고 설득력이 있다. 그에 따르면, 일본 경제의 고도 성장기에는 경영학, 공학 등 돈을 버는 데 도움이 되는 학문들이 주목을 받았고, 정부 또한 이 학문들을 정책적으로 지원했다. 하지만 거품 시대를 벗어나면서 인문학을 복권시키려는 움직임이 일고 있다. 인문학의 필요성에 대해 그는 다음과 같이 말한다.

> 애초에 무엇 때문에 살아가는지, 어떤 사회를 지향해야 하는지를 알 수 없다면 풍요로운 사회는 구축할 수 없습니다. 그런 의미에서 폭넓은 교양, 인문학의 확고한 토대가 필요한 것입니다. 설령 정답에 이르지 못한다 하더라도 의미나 목적에 대해 생각하는 사고 회로를 배우는 것은 굉장히 중요합니다. 그리고 그것이야말로 지의 공동체인 대학의 본래 목적이라고 생각합니다.

원론적인 이야기이지만, 인문학은 정답을 주는 학문이 아니라, 불온한 생각을 촉발하고, 인생에 대해서 고민하는 힘을 키우고, 살아가야 하는 이유를 스스로 생각하도록 유도하는 것이 학문으로서의 본령이다. 그러나 안타깝게도 현실은 그렇지 않다. 인문학이 특히 경영학의 액세서리가 되어버렸다. 우리가 인문학을 읽는 이유는 지식을 과시하기 위해서가 아니라 '생각하는 힘'을 키우기 위해서라는 저자의 전언이 가슴에 와 박힌다.

저자 강상중은 고전(문학)을 읽는 이유에 대해서도 다음과 같이 말한다.

문학을 읽으면 뭔가 답을 얻을 수 있느냐 하면 딱히 그렇지 않습니다. 문학을 읽는다고 해서 지성이 쌓인다거나 인간성이 좋아지는 것은 아닙니다. 오히려 문학은 읽으면 읽을수록 고민이 더욱 커지는 것 같습니다. 그렇다면 문학을 왜 읽을 필요가 있을까요. 그건 아마 책과 대화를 하면서 비대해진(성숙해진) 자기로부터 또 한 사람의 자기를 발견해 나갈 수 있기 때문일 겁니다. 자신이 안고 있는 양면성에 대해 생각한다거나 자신의 존재 이유에 대해 깊이 사색함으로써 거듭 자신을 발견할 수 있습니다. 문학은 그 계기를 주는 것입니다.

더 이상의 추가적인 설명이 필요 없을 정도로 넓게는 인문학 읽기, 좁게는 문학 작품, 특히 고전을 왜 읽어야 하는지를 명징하게 예거한다. 그렇기 때문에 저자도 문학과 마주해서 고민하고 스스로 답을 끌어내기를 당부한다.

강상중은 전작 『고민하는 힘』(2009)에서 그랬던 것처럼, 『도쿄 산책자』에서 시종일관 '고민하는 힘'을 키우고 인생에 대한 답을 스스로 찾으라고 당부한다. 『도쿄 산책자』뿐만 아니라 그의 저서 그리고 그의 사유의 지평을 관통하는 화두는 '인생의 답을 찾는 게 궁극적인 목적이 아니라 그 과정에서 지치지 않고 끝까지 갈 수 있을 내공을 키우라는 주장'으로 귀결된다. 그렇기 때문에 지금 우리에게 필요한 것은 '스피드'가 아니라 '고민', '각오', 그리고 '담력'이다.

지혜로운 **바보**가 되자

한병철, 『심리정치』(2014), 김태환 옮김, 문학과지성사, 2015.

경제적으로 윤택해지면서 우리는 예전보다 훨씬 더 많은 자유를 얻었다고 생각하지만, 실제로는 알게 모르게 더 많은 자유를 빼앗기고 있다. 오늘날의 정치, 경제를 움직이는 동력은 다름 아닌 '신자유주의'이다. 신자유주의는 근본적으로 자유 자체를 착취하는 매우 효율적이고 영리한 시스템이다. 현대 사회에서 개인은 신자유주의적 주체가 되었다. 신자유주의적 주체는 자기 자신의 경영자로서 목적에서 자유로운 관계를 맺을 능력이 없다. 표면상 신자유주의는 개인에게 더 많은 자유를 주는 것처럼 보이지만 실제로 개인은 그 자유를 향유할 수가 없다. 개인의 자유를 통해 실현되는 것은 궁극적으로는 자본의 자유다. 개인의 자유는 자본에 "자동적인" 주체성을 부여하며 이로써 자본의 능동적 번식을 추동한다. 개인은 자본에 종속되어 있을 뿐 영원한 자유를 누릴 수 없다. 역설적으로 개인은 자유를 누리면 누릴수록 더욱 종속되어 갈 뿐이다. 부정하고 싶지만 부정할 수 없는 현실이다.

신자유주의는 노동자를 경영자로 만든다. 현대 자본주의 사회에서는 공산주의 혁명이 아니라 신자유주의가 타자에 착취당하는 노동 계급을 철폐한다. 오늘날은 모두가 기업에 고용되어 스스로를 착취하는 노동자다. 즉 신자유주의 체제에서는 모두가 주인인 동시에 노예인 셈이다. 계급투쟁 역시 자기 자신과의 내적 투쟁으로 탈바꿈한다. 요컨대 마르크스의 공산주의 혁명이 자본가와 노동자를 구분하고 계급투쟁을 추동했다면, 신자유주의는 그 패러다임을 허물고 있다. 신자유주의적 '성과사회'에서 실패하는 사람은 사회나 시스템에 의문을 제기하기보다는 자기 자신에게 실패의 책임을 돌리고 부끄러움을 느낀다. 바로 여기에 신자유주의적 지배 질서의 특별한 영리함이 있다. 신자유주의 질서는 시스템에 대한 저항 자체가 일어나지 않도록 만든다. 타자 착취의 질서 속에서 착취당하는 자들이 연대하고 함께 착취자에 맞서 봉기할 수도 있지만 그들의 연대는 일시적이고 토대가 약하다. 신자유주의는 각각의 개인을 타자화, 원자화시키면서 그들의 연대를 방해하거나 지연시킨다. 하지만 그 방식이 너무나 정교하기 때문에 쉽게 감지되지 않고, 개인이 체제를 흔들거나 균열을 일으킬 수 없다.

또한 신자유주의는 정치적 개념의 시민을 경제적 개념의 소비자로 만든다. 여기에서 시민의 자유는 소비자의 수동성으로 대체된다. 오늘날 정치의 소비자가 된 유권자는 정치에 대한 진정한 관심이 없다. 즉 적극적으로 공동체를 형성해가고자 하는 의욕을 상실했다. 그들은 공동의 정치적 행동을 할 의지와 능력도 같이 상실했다. 단지 수동적으로 반응할 따름이다. 시민은 마음에 들지 않는 상품이나 서비스에 대해 불만을 늘어놓는 소비자와 똑같다. 때에 따라 소비하거나 소비를 하지 않듯, 정치 참여도 마찬가지다. 따라서 신자유주의 체제에서 정치 참여는 일회적인 수동적 사건으로 그치고 만다. 오늘날의 정치는 한마디로 '디지털 심리정치'로 규정된다. 디지털 심리정치는 수동적 감시의 단계에서 능동적 조종의 단계로 전진하는 중이며, 이로써 우리를 더 깊은 자유의 위기 속으로 빠뜨린다. 자유의지 자체가 위기에 빠진다. 대표적으로 '빅 데이터'는 인간의 자유 의지를 꺾는다. 빅 데이터는 인간 행동에 대한 예측을 가능케 한다. 따라서 신자유주의 체제에서 인간은 자유 의지를 지닌 개별 주체가 아닌 미리 계산하고 조종할 수 있는 대상으로 전락했다. 디지털 심리정치는 자유로운 결정의 부정성을 사실관계의 긍정성으로 변모시킨다. 인간 자체가 긍정화되어 양화하고 측정하고 조종할 수 있는 사물이 된다.

근대의 권력은 한마디로 말해 '규율 권력'이었다. 미셸 푸코가 명징하게 정식화했듯이, 근대의 권력은 허용이 아니라 부정적인 금지의 형태로 구현된다. 반면 오늘날의 권력은 '스마트 권력'이다. 권력은 크면 클수록 더 조용히 작동한다. 그리고 점점 더 허용적인 형식을 취해간다. 신자유주의적 권력의 기술은 섬세하고 유연하며 스마트한 형태를 취하며, 결국 사람들의 시야에서 완전히 사라진다. 따라서 예속된 주체는 자신이 예속되어 있다는 사실조차 의식하지 못한다. 아니 스스로 자유롭다고 착각한다. 스마트 권력은 예속된 주체의 의지에 정면으로 반하기보다는 그들의 의지를 자신에게 유리하게 조종한다. 스마트 권력은 개인을 금지하는 대신 조종한다. 규율 권력이 인간의 몸을 훈육하고 처벌하고 교화하는 데 치중했다면 신자유주의 권력은 심리에 초점을 맞춘다. 신자유주의적 심리정치는 점점 더 세련된 자기 착취의 형식을 고안해내면서 끝없는 자아 최적화와 효율성 향상을 약속한다. 자아를 최적화하라는 신자유주의 명령은 시스템 내에서 완벽하게 기능하라는 명령에 지나지 않는다. 효율성과 성과의 제고를 위해 심리적 억압, 약점, 실수 같은 것은 "치료를 통해 제거"(killing through healing)되어야 한다. 끝없는 최적화의 명령은 고통마저 착취한다.

신자유주의적 권력 기술은 부정적인 규율적 강제를 행사하지 않는다. 억압하기보다는 호감을 사고 욕구를 채워주려고 애쓴다. 신자유주의 체제의 권력 기술은 금지하고 방지하고 억압하기보다 이미 예측하고, 허용하고, 기획한다. 소비는 억제되지 않고 극대화된다. 결핍이 아니라 과잉, 즉 과도한 긍정성이 생성된다. 그래서 개인은 불가능해 보이는 '성과'를 달성하기 위해 '피로'해진다. 예전에는 개인의 욕구가 억압되면 오늘날에는 더욱 장려되고 활성화된다. 규율사회에서는 개인의 감정 혹은 기분을 억제하고 합리성을 추구한다. 반면 신자유주의 체제는 생산성과 성과를 높이기 위해 기분이라는 자원을 동원한다. 기분은 자유로운 주체성의 표현으로 환영받는다. 신자유주의적 권력의 기술은 바로 이러한 자유로운 주체성을 착취한다. 구매를 충동하는 자극을 늘리고 더 많은 욕구를 생성하기 위해서 기분을 동원한다.

예컨대 제러미 벤담이 구상한 원형감옥 '파놉티콘(panopticon)'의 본령은 외부로부터의 물리적 감시와 통제다. 반면 오늘날의 디지털 파놉티콘은 내부의 빅 데이터를 통해 구성원을 효율적으로 통제하고 관리한다. 파놉티콘은 원근법적 시각에 묶여 있기 때문에 수감자들의 모든 행동과 사고를 통제할 수 없다. 하지만 파놉티콘은 시점이 없기 때문에 모든 각도에서 모든 이를 감시할 수 있다. 사각지대가 제거될 뿐만 아니라 인간의 심리까지도 들여다볼 수 있다. 디지털 파놉티콘에서 개인을 조명하고 감시하는 주체는 외부의 빅브라더가 아니라 개인 자신이다. 디지털화된 웹상에서의 주체는 자기 자신의 파놉티콘이다. '모든 클릭은 흔적을 남긴다'는 경구는 불과 몇 년 전까지만 해도 가벼운 농담으로 받아들여졌지만 지금은 무서운 현실이 되었다. 따라서 오늘날 우리가 웹 상에서 하는 모든 행동은 관찰되고 우리가 입력하는 모든 검색어는 저장된다. 웹에서 이루어지는 모든 행보는 관찰되고 기록된다. 우리의 디지털 습관은 우리의 인격, 우리의 영혼을 매우 정확하게 재현한다. 디지털 습관을 통한 재현은 어쩌면 우리가 스스로에 대해 가지고 있는 이미지보다 더 정확하고 완벽할지도 모른다. 궁극적으로 수많은 개인의 디지털 습관의 결정체가 바로 '빅 데이터'다. 빅 데이터를 통해 우리 자신이 의식하지 못한 채 마음속에 품고 있는 소망을 읽어낼 수도 있다. 개인의 행동 더 나아가 집단의 행동 패턴을 드러낼 수도 있다.

신자유주의적 심리정치는 심리학적 프로그래밍과 제어를 통해 지배 시스템을 안정적으로 지속시키는 통치술이다. 따라서 자유의 실천이라고 할 수 있는 삶의 기술은 탈심리학을 추구하지 않을 수 없다. 삶의 기술은 예속화의 매체인 심리정치를 무장해제시킨다. 주체는 탈심리화되고 비워진다. 이로써 아직 이름이 없는 삶의 형식을 위한 자유가 생겨난다. 삶의 자유를 누리기 위해서는 바보가 되어야 한다. 다시 말하면 새로운 표현 방식, 새로운 언어, 새로운 사유를 창조하기 위해서는 '바보'가 되어야 한다. 오직 바보만이 완전히 다른 새로운 것에 접근할 수 있다. 백치 상태 속에서 사유는 모든 예속화와 심리화에서 이탈하는 사건과 유일무이한 것으로 이루어진 내재성의 장으로 들어갈 수 있다.

바보만이 기존의 사유 체제를 거스를 수 있다. 하지만 전면적인 디지털 네트워크화와 총체적 커뮤니케이션은 순응의 압박을 증가시키며 결코 바보가 되어서는 안 된다고 충고한다. 동시에 자유의 실천을 억제한다. 그러나 본질적으로 바보는 묶여있지 않은 자, 네트워크에 낚이지 않는/않은 자, 정보가 없는 자다. 바보는 모든 커뮤니케이션과 네트워크에서 벗어나 어떤 상상을 초월하는 외부 공간에 거주한다. 특히 지혜로운 바보는 완전히 다른 지식에 접근할 수 있다. 그는 수평적인 차원을 넘어, 단순히 정보화되고 네트워크화되어 있는 상태를 넘어, 더 고차원적인 영역으로 상승한다. 더 먼 곳을 바라보기에 그는 사건들, 미래에서 온 신호를 예민하게 수신한다.

지금 우리가 추구해야 할 것은 '지능'이 아니라 '지혜'다. 지능은 어원상 '사이에서의 고르기'를 의미한다. 지능은 시스템에 의해 규정되어 있는 사이에 사로잡혀 있다는 점에 있어서 완전히 자유롭지 않다. 지능은 시스템이 제공하는 선택지들 사이에서의 선택을 강요할 따름이다. 결론적으로 우리에게 지금 필요한 것은 지능이 아니라 '지혜'다. 그것도 다름 아닌 바보 같은 지혜 말이다. 다 같이 외치자! "우리 모두 지혜로운 바보가 되자!"

차별은 늘 있다

나카지마 요시미치, 『차별 감정의 철학』(2015), 김희은 옮김, 바다출판사, 2018.

뇌 과학자 제임스 팔론에 따르면, 인간의 본성은 '유전자의 구성', '뇌의 구조', '환경' 중 한 가지 조건 또는 두 가지 이상의 조건이 결합했을 때 결정된다. 그는 인간의 선 또는 악의 본성이 선천적 요인 또는 후천적 요인, 아니면 두 가지 요인이 결합되어 과학적으로 결정된다고 말한다. 반면 『차별 감정의 철학』(2015)의 저자 나카지마 요시미치는 인간의 본성은 선천적으로 악하면서 동시에 선하다고 주장한다. 오해의 소지가 있을 수 있기 때문에 나카지마의 주장을 조금 더 보충 설명하면, 인간에게는 불쾌, 혐오, 경멸, 공포와 같은 타인에 대한 부정적인 감정이 존재한다. 하지만 자부심, 자존심, 귀속의식, 향상심과 같은 자신에 대한 긍정적인 감정 또한 동시에 존재한다. 그리고 그런 부정적인 감정들의 근원에는 '차별의 감정'이 자리 잡고 있다. 저자는 인간의 마음속에 '타인에 대한 차별이 있느냐, 없느냐'라는 문제에 고민하는 대신, '인간의 마음속에 차별은 분명히 있는데, 인간이 그 차별을 어떻게 마주해야 하느냐'라는 문제가 더 중요하다고 지적한다.

사실 인간은 본성적으로 나와 다른 누군가, 즉 '타인'에 대해 불쾌감 또는 불편함을 느낀다. '틀린 게 아니라 다른 것이다'라는 말은 상식처럼 통용된다. 즉 나와 남이 다르다는 사실을 인정하고 남을 받아들여야 한다는 말을 쉽게 하고 또 많이 듣지만, 막상 자신의 문제일 경우에는 그렇게 간단하지 않다. 취향과 관련된 것이라면 그나마 쉽게 넘어갈 수도 있지만, 만일 성, 인종, 종교, 문화 등 외부적인 조건에서 차이가 발생한다면, 그 차이는 차이에 머물지 않고 차별의 영역으로 넘어간다.

개인, 사회, 국가에서 차별이라는 문제는 중요하고 반드시 해결해야 할 문제다. 그런데 차별 문제를 해결하는 데 있어 가장 큰 걸림돌은 '차별이 없다'는 주장이다. 이미 차별이 존재하고 그 문제가 심각하다는 것을 누구나 알고 있는데도 불구하고 차별이 없다고 주장한다면 차별 문제는 결코 해결될 수 없다. 『차별 감정의 철학』의 저자는 "실제로 가장 악질적인 차별은 '차별은 없다'라는 허울을 방패삼아 자행되는 차별이다."라고 말한다. 저자는 이러한 차별을 "마음 속 차별" 혹은 "차별 감정을 기반으로 하는 차별"이라고 명명한다. 제도적인 차별은 겉으로 드러나는 데 반해 마음 속 차별은 '기만'과 '교활함'이라는 악에 의해 작동되기 때문에 쉽게 드러나지 않는다. 제도적인 차별보다도 이런 제도 밖의 차별 혹은 '부드러운 차별'이 훨씬 더 심각하고 더 많은 문제점을 내포하고 있다. 실제로 제도 밖의 차별은 제도적인 차별보다 훨씬 더 악질적인 결과를 초래한다. 겉으로 이루어지는 왕따보다도 '왕따는 없다'고 단언하며 묵인되며 행해지는 왕따가 피해자에게는 훨씬 심각하다. 요컨대 '차별은 있다'는 것을 인정해야 차별을 없앨 수 있는 방법을 모색할 수 있다.

차별은 있다. 그렇다면 인간은 왜 인간을 차별할까? 차별은 타인에 대한 부정적인 감정을 초래한다. 반대로 타인에 대한 부정적인 감정이 차별을 초래할 수도 있다. 타인에 대한 부정적인 감정은 크게 불쾌, 혐오, 경멸, 공포 등이 있다. 그 시작은 타인에 대한 불쾌감이다. 누구나 언제 어디서나 쾌한 감정을 느낄 수 있는 것처럼 불쾌한 감정을 느낄 수 있다. 불쾌한 감정의 이유 또는 원인은 "비만이라서, 가난해서, 재능이 뛰어나서, 오만해서, 비열해서, 식견이 부족해서, 자기애가 강해서" 등 대부분 비합리적이고 비논리적이다. 그런데 이렇게 비합리적이고 비논리적으로 느끼는 불쾌감에 대한 합리적인 이유를 찾는 데서 문제가 발생한다. 바꿔 말하면 사회가 개인의 쾌감과 불쾌감을 통제하면서 문제가 발생한다. 어떤 현상이나 사물, 혹은 사람에 전혀 불쾌감을 느끼지 않는 사람도 있겠지만 불쾌감을 느끼는 사람도 엄연히 있다. 인간 사회는 불쾌감을 느끼는 사람에게 불쾌감이 없는 것처럼 행동하게끔 요구하고, 사회의 구성원인 개인은 이를 받아들인다. 여기에서 "기만적 태도에서 풍기는 악취가 진동한다. 이 악취를 없애는 것이 과연 가능할까?"

불쾌감은 곧 차별 감정으로 발전한다. 차별에 대한 사회적 규제를 아무리 강화해도 차별 감정은 버젓이 존재한다. 거듭 말하지만 차별이 있음을 인정해야 한다. 대신 한 가지 기준에 의해 모든 가치가 평가되는 사회 구조와 관습, 즉 문화를 바꿀 필요가 있다. 그렇게 되면 궁극적인 해결책이 될 수는 없겠지만, 최소한 불쾌감을 느끼는 집단이나 그들에게 불쾌감을 주는 집단 모두 공존할 수 있다. 어느 한 집단에 대해 "사회적인 규제나 박해가 없다면 그들의 문화를 그대로 간직한 채 그 집단에 속한 구성원들이 행복을 느낄 수 있으며, 자유롭게 자부심을 가지고 살아갈 수 있다." 이 논리는 다른 집단에게도 똑같이 적용될 수 있다.

'노멀라이제이션'(normalization)이라는 단어가 있다. 이 단어의 사전적 의미는 "비장애인이 노멀하다는 점을 인정하고, 장애인이 동등하게 살아갈 수 있는 사회를 실현하자는 운동이다." 용어에서 사뭇 오해가 있을 수 있다. 그런데 노멀라이제이션의 방점은 장애인을 배제하거나 차별하는 게 아니라, 장애인, 더 나아가 장애인뿐만 아니라 여러 가지 이유로 차별을 받는 모든 이들을 비장애인의 경계, 즉 정상의 범주로 포함시키자는 데 찍힌다. 즉 "노멀한 사회에서 장애도 사회의 일부가 되며, 다른 사람들과 동등한 권리, 의무, 가능성을 지닌다는 의미이다." 노멀라이제이션은 어느 한 가지 기준으로 맞추는 것이 아니라 "다양한 인간 군상을 인정하는 운동"이기에 사회가 모든 사람들의 다양한 바람을 품는 게 무엇보다도 중요하다. 그래야 노멀라이제이션이 사회적으로 설득력을 얻을 수 있다.

다음은 혐오다. 혐오는 불쾌와 비슷하면서도 조금 다르다. 쉽게 말해 불쾌가 수동적인 감정이라면 혐오는 능동적인 감정이다. "내가 누군가를 싫어한다는 말은 내가 누군가에게 '싫어할 만한 대상'이라는 의미를 부여한다는 뜻이다." 불쾌감이 없이도, 아무런 이유 없이 누군가를 혐오할 수 있다. 그리고 불쾌감이 생리적 불쾌감이 아닌 윤리적 불쾌감일 때 혐오와 불쾌는 가까워진다. 그렇다고 해서 윤리적 불쾌감이 반드시 혐오로 이어지지 않는다. 그렇기 때문에 혐오를 윤리적 불쾌로 정당화할 수도 없다. 혐오는 불쾌보다 사회적 감정에 가깝고, 그 안에 정상으로 보이고 싶은 욕망이 내재되어 있다. 혐오는 불쾌보다 훨씬 더 관념적이고 불합리한 동기를 기반으로 하기에, 불쾌보다 사람을 공격하는 힘이 훨씬 더 강하다. 그렇다면 혐오라는 감정을 금지하면 과연 모든 문제가 해결될까? 일단 혐오 감정을 금지하는 것 자체가 불가능하다. 또한 혐오의 감정을 금지한다는 것은 인간성, 다시 말하면 개인이 개인에 대해 느끼는 감정을 완전히 없애는 것이기 때문에 더 위험할 수 있다.

혐오는 상대방을 공격하는 감정이며, 혐오를 노골적으로 표출하는 것은 사회적으로 금지되어 있다. 그럼에도 불구하고 어떤 사람이나 집단을 싫어하는 것을 그만두지 못한다. 혐오감이 강한 사람은 근본적으로 사람을 싫어하는 성향이 강하기보다는 사회적 감정에 따라 남을 미워하는 성향이 강한 사람이다. 그들은 감정적인 이유보다는 관념적인 이유로 사람을 싫어하고, 자신의 혐오감에 대한 자기반성이 결여되어 있다. 또한 그들은 타인에게 미움받는 것을 대단히 꺼린다. 타인에게서 미움을 받지 않기 위해서 역설적으로 타인에게 극도의 혐오감을 분출한다. 그들은 타인을 혐오하면 자신들은 미움을 받지 않을 것이라 믿는다. 혐오 문제가 법으로 해결될 수 있다고 주장하는 사람도 있다. 그러나 혐오 규제는 또 다른 혐오를 불러올 수 있다. 따라서 혐오를 법으로 규제하는 것보다는 타인으로부터 부조리하게 미움을 받는 것에 대한 저항력을 키워야 한다. 따라서 혐오에 대한 대항 혐오, 즉 최근 유행하는 '미러링'이 혐오의 근본적인 해결책이 될 수 없다.

경멸은 혐오보다 한층 가치 의식이 높은 감정이다. 혐오는 그나마 상대방을 대등한 눈높이에서 바라보지만, 경멸은 그 시선이 위에서 아래로 향한다. 말 그대로 타인을 내려다보며 내치는 태도다. 경멸하는 대상에 관한 모든 결론은 내려졌으며, 논의의 여지가 없고, 어떤 증거를 들이밀어도 역전이 불가능하다. 한마디로 경멸은 '신념'이자 상대가 열등하다고 믿는 태도다. 대체로 경멸은 비논리적이고 비합리적이고 또한 권위주의적이다. 그렇기 때문에 불쾌나 혐오보다 더 위험하고 저항하기가 어렵다. 혐오는 수평적인 시선에서 이루어지기 때문에 최소한 거두어들일 수 있지만 경멸은 위에서 아래로 향하기 때문에 다시 원래 상태로 되돌릴 수도 없다.

경멸이 불쾌와 혐오와 같은 선상에서 논의될 수 있을까? 앞에서 말했듯이 경멸은 불쾌나 혐오와는 차원이 다른 차별 감정이다. 그렇기 때문에 토머스 홉스는 『리바이어던』(1651)에서 "그 누구도 행동, 말, 표정, 혹은 태도를 통해 타인에 대한 증오나 경멸을 드러내서는 안 된다"라고 말했다. 하지만 현실에서 경멸은 끊임없이 이루어지고 있다. 예컨대 역사적으로 서구 기독교는 경멸을 당했을 때 그에 대해 갖가지 복수를 자행했고 갖가지 형태로 경멸하는 데 여념이 없었다. 인류 역사를 살펴보면 그보다 가혹한 예는 훨씬 더 많다.

경멸은 사회적으로 상위층과 하위층 모두를 향한다. 즉 경멸은 상위층에서뿐만 아니라 하위층에서도 이루어진다. 같은 계층 내에서 이루어지기도 하고 다른 계층으로 향하기도 한다. 일반적으로 통속적인 사회적 가치 면에서 상위층이 하위층을 경멸한다. 하지만 반대로 하위층이 상위층을 경멸하기도 한다. 그럴 경우에 경멸은 반드시 도덕적 혹은 윤리적인 차원의 경멸이어야 한다. 왜냐하면 하위층이 상위층을 경멸하는 것은 용인되지만, 반대로 상위층이 하위층을 경멸하는 것은 윤리적으로 지탄을 받기 때문이다. 현대사회에서 경멸은 도덕적·인간적 차원에서만 허용된다. 그러나 겉으로 표출되지 않는다고 해서 경멸이 없는 것은 아니다. 하위층에 대한 상위층의 경멸은 고상함의 형태를 띤다. 불쾌나 혐오와 마찬가지로 경멸 또한 인간 세계에서 보편적인 감정이다.

마지막으로 공포는 불쾌, 혐오, 그리고 경멸과는 근본적으로 다르다. 공포는 서구형 근대사회에서 발달한 인간의 평등이나 기본적 인권 사상과 부딪히면서도 심층적인 차원에서 인간을 지배해왔고 그 영향력은 여전하다. 차별 감정의 뿌리에는 공포가 있다. 예컨대 마녀사냥, 유대인 혐오의 밑바탕에는 모두 공포가 자리 잡고 있다. 공포는 경외와 짝을 이루어 두려움을 만든다. 성, 인종, 계급 차별도 공포 기제에 의해 작동된다. 공포는 불쾌, 혐오, 경멸과 달리 공포의 대상을 가만히 두지 않고 '절멸'시키려 한다.

정리하면 불쾌, 혐오, 경멸, 공포와 같은 타인에 대한 부정적 감정은 타인에 대한 차별을 가져온다. 동시에 자기 자신에 대한 긍정적인 감정 또한 타인에 대한 차별의 원인을 형성한다. 단순히 타인을 불쾌하게 여기고, 싫어하고, 경멸하고, 두려워하는 것만이 아니다. 그 배경에는 자기 자신을 자랑스럽게 여기고 싶고, 우월감을 느끼고 싶고, 더 좋은 집단에 소속되고 싶다는, 즉 '보다 나은 존재가 되고 싶다'는 바람이 단단하게 결합되어 있다. 그런데 사실 타인에 대한 부정적인 감정과 자기 자신에 대한 긍정적인 감정은 '제로섬 게임'을 하는 게 아니다. 즉 타인에 대한 불쾌와 혐오가 높아져야 나의 자부심과 자존심이 커지는 게 아니다. 때에 따라서 타인에 대한 혐오와 경멸은 종종 자기혐오, 자기비하, 더 나아가 인간 전체에 대한 혐오로 치달을 수도 있다. 그렇기 때문에 타인에 대한 부정적인 감정은 줄이고 자신에 대한 긍정적인 감정은 높여야 한다. 즉 타인을 향한 '따뜻함'과 동시에 자신을 성찰하는 '냉철함'을 갖추는 것이 무엇보다도 필요하다.

중고등학교 윤리 수업에서 맹자의 성선설과 순자의 성악설을 다룬다. 성선설은 인간의 본성은 근본적으로 착하다는 주장이고, 반대로 성악설은 인간의 본성은 근본적으로 악하다는 주장이다. 그런데 성선설과 성악설의 방점은 '인간의 본성이 선하냐 악하냐'에 찍히지 않는다. 실제로 당시 맹자와 순자는 인간을 대상으로 자신들의 주장을 입증할 수 없었을 뿐더러 그것을 입증하는 것이 그들의 학문적 본령도 아니었다. 그들의 철학적 본령이자 핵심은 바로 '교육'이었다. 즉 아무리 선한 본성을 타고났다고 하더라도 교육이 뒷받침되지 않으면 인간의 착한 본성은 발현될 수 없고, 반대로 아무도 악한 본성을 타고났다고 하더라도 교육이 뒷받침된다면 악한 본성은 충분히 교정될 수 있다는 것이 그들 주장의 핵심이다. 요컨대 맹자와 순자는 서로 다른 이야기를 하는 게 아니라 궁극적으로는 '교육이 필요하다'는 같은 이야기를 하고 있다. 그리고 그들이 생각하는 최고의 교육은 끊임없는 '연습'이다. 끊임없는 연습을 통해 습관이 된 개인의 좋은 품성은 주변사람에게도 영향을 끼치고, 궁극적으로는 좋은 사회와 좋은 국가를 만든다.

다시 말하지만 성선설과 성악설은 "좋은 인간이 되기 위해서는 연습이 필요하다"라는 주장으로 요약될 수 있다. 삶은 끊임없는 연습이다. 사람은 누구나 실수하기 마련이다. 살다 보면 실수를 하지 않을 수 없다. 실수를 하지 않기 위해 아무것도 하지 않는 것보다는 실수를 두려워하지 않고 실수를 통해 배우려는 자세가 보다 중요하다. 차별 감정에 대하는 우리의 자세 역시 마찬가지다. 모든 행위에 차별 감정이 숨어 있다는 사실을 인정해야 차별 감정에 마주할 수 있다. 차별 감정과 진지하게 마주한다는 것은 차별하고 싶은 마음에 귀를 기울이고, 그 마음을 열어서 파내기 위해 부단히 노력하는 것이다. 그러기 위해서는 끊임없는 연습이 필요하다.

포스트식민주의 다시 읽기

로버트 J. C. 영, 『아래로부터의 포스트식민주의』(2003), 김용규 옮김, 현암사, 2013.

우리가 다른 나라 문학 작품을 읽거나 연구할 때 그들의 관점과 시각으로 인물과 사물과 현상을 바라보는 태도를 무엇보다도 경계해야 한다. 특히 서양 문학을 읽을 때는 더욱 경계해야 한다. 반대로 우리가 외국 문학을 읽을 때 취해야 할 올바른 태도는 현재 우리의 관점과 시각으로 그 작품을 바라보는 것이다. 하지만 너무나 오랜 시간 동안 그들의 시각과 관점으로 바라보는 것에 익숙하고 길들여져 있기 때문에 그런 태도를 갑자기 바꾸는 게 쉽지 않다. 하물며 그와 전혀 다른 시각과 관점으로 작품을 읽고 독자적으로 해석하는 것은 더욱더 어렵다.

샬럿 브론테의 『제인 에어』(1847)를 예로 들어보자. 이 작품은 최초의 여성 성장 소설로, 19세기 영국의 보수적이고 엄격한 가부장제를 거부하고 당당한 여성으로서 독립적이고 주체적인 삶을 살고자 한 주인공 제인 에어의 시련과 고난, 그리고 사랑의 성취 과정을 담고 있다. 줄거리를 간단히 살펴보면 제인은 부모를 잃고 외삼촌 집에 맡겨졌다가 로우드 기숙학교로 보내지고, 기숙학교를 졸업한 뒤에는 쏜필드에서 가정교사로 일하다가, 저택의 주인인 로체스터와 사랑에 빠진다. 두 사람은 신분과 나이의 차이를 극복하고 결혼을 약속하지만, 결혼 직전 로체스터에게 정신병을 앓고 있는 버사 메이슨이라는 아내가 있다는 사실이 밝혀지면서, 둘의 결혼은 무산된다. 그러나 우여곡절 끝에 제인은 로체스터를 다시 만나 사랑을 확인하고 결혼에 이른다. 버사를 구하려다가 화재로 시력을 잃은 로체스터는 제인의 헌신과 사랑으로 한쪽 눈의 시력을 회복한다. 그리고 두 사람 사이에 아들도 태어나 행복한 가정을 이루는 것으로 소설은 끝난다.

『제인 에어』는 일반적으로 제인과 로체스터의 감동적인 '러브스토리'로 읽힌다. 둘의 사랑에 방점을 찍으면, 로체스터의 '다락방에 갇힌 미친 여성'인 버사 메이슨은 두 사람의 사랑을 방해하는 훼방꾼이다. 사실 지금까지 우리는 『제인 에어』를 그렇게 읽었고 또 그렇게 해석했다. 버사가 누군지, 그녀가 왜 정신병에 걸렸는지 관심을 기울이지 않았다. 그런데 만일 제인과 로체스터의 시각이 아니라 버사의 시각에서 『제인 에어』를 읽는다면 전혀 다른 이야기로 읽혀질 수 있다. 진 리스의 『광막한 사르가소 바다』(1966)는 버사, 즉 앙투아네트의 시각에서 『제인 에어』를 다시 읽는다. 앙투아네트의 시각에서 보자면 그녀는 제인과 로체스터의 사랑의 훼방꾼이 아니라 재산을 빼앗기고 따뜻한 고향을 떠나 타향의 춥고 차가운 다락방에 갇힌 피해자다. 그녀는 『제인 에어』에서 제인이 떠난 뒤 저택에 화재를 일으키고 지붕에서 투신 자살한다. 그 화재 사건은 제인과 로체스터의 입장에서는 사랑의 파국의 절정이지만, 앙투아네트의 입장에서는 자신이 받은 고통과 슬픔, 그리고 억울함을 토로하는 '최후의 절규'다. 즉 이처럼 똑같은 사건도 시각과 관점을 다르게 하면 전혀 다르게 읽힐 수 있다. 문학 이론에서 『제인 에어』를 비롯해 서양 고전의 다시 읽기/쓰기는 '탈식민주의' 혹은 '포스트식민주의', '포스트콜로니얼리즘' 등으로 명명된다. 편의상 이 글에서는 용어를 포스트 식민주의로 통일한다.

'포스트'(post)라는 접두사에서 알 수 있듯이, 포스트식민주의는 식민주의 이후의 식민주의를 가리킨다. 표면적으로는 예전 서구의 식민지에서는 식민주의가 끝났음에도 불구하고 그 실체는 여전히 이어지고 있다는 것이 포스트식민주의 이론의 핵심이다. 로버트 영은 『아래로부터의 포스트식민주의』

(2003)에서 "포스트식민이론은 사람들로 하여금 세계에 대한 자기 자신의 시각과 미래를 형성하기 위한 행동을 취할 수 있는 독자적인 방식을 표현할 의지체가 된다는 데 목적이 있다"라고 말한다. 한마디로 포스트식민이론은 지금까지와는 다른 관점으로 세계를 뒤집어서 보는 이론과 실제다. 그렇다고 해서 포스트식민주의가 식민주의에 대한 대항폭력은 절대 아니다. 단지 태도를 바꿔서 혹은 다른 관점에서 세계를 읽어보려는 시도일 뿐이다.

일단 포스트식민주의는 다른 문학 이론과 달리 서로 병치되어 있고 간혹 모순적이기도 한 일련의 시각들로 이루어져 있다. 지리적으로 포스트식민주의는 비서양 세 대륙, 즉 아프리카, 아시아, 남아메리카의 국가들이 대부분 유럽과 북아메리카에 종속된 상황에 처해 있고, 경제적으로 불평등한 지위에 있다는 인식에 근거한다. 포스트식민주의는 이러한 불균형을 반박하는 행동적 실천의 정치학과 철학을 명명하고, 과거의 반식민적 투쟁을 새로운 방식으로 계승한다. 포스트식민주의는 자원과 물질적 복지에 대한 아프리카, 아시아, 남아메리카 민중들의 권리를 주장할 뿐만 아니라, 그들 자신의 문제, 그들 자신의 문화, 즉 현재 서양 사회에 개입하여 그것을 변화시키고 있는 문화들의 역동적 힘을 주장하기도 한다.

포스트식민적 문화 분석은 사물을 바라보는 서양적 방식을 반박한다는 점에 있어 페미니즘과 비교된다. 페미니즘에서 논의의 핵심은 '성'(gender)이다. 페미니즘이 제기하는 성의 문제는 대체로 '여성에 대한 남성의 성차별'이다. 페미니즘은 다양한 여성들이 서로 상이한 방향으로 발전시켜나간 집단적 활동이다. 페미니즘은 다양한 삶의 분야에서 활동하는 여성들이 공동목표, 즉 여성해방과 여권신장, 자신의 삶에 영향을 주는 결정을 여성 자신이 내릴 수 있는 권리, 그리고 법, 교육, 의료, 작업 현장에 동등하게 접근할 수 있는 권리를 지향하여 활동하고, 그러한 과정에서 여성들이 더 이상 남성의 이익과 시각만을 대변하지 못하도록 제도들을 바꿔 가는 집단적 활동이다. 반면 포스트식민주의에서 중요한 개념은 '인종'(race)이다. 그러나 페미니즘에서 말하는 여성과 남성을 비백인과 백인으로 바꾸면 포스트식민주의에 대한 설명과 크게 다르지 않다.

사실 영이 포스트식민주의를 주창한 선구자는 아니다. 영 이전에도 서양의 동양에 대한 착취, 그에 따른 동양의 빈곤을 지적하는 연구자들도 꽤 많았다. 그런데 그런 작업들 중 대부분은 모호하고 이해하기 어려운 복잡한 사상이라는 비판으로 수렴되었다. 그렇기 때문에 영은 "포스트식민주의를 위에서부터 아래로가 아니라 아래로부터 위로 설명"한다. 그는 '서발턴 지식', '역사와 권력', '공간과 토지', '혼종성', '포스트식민 페미니즘', '포스트식민적 시각으로 본 지구화', '번역'의 차원에서 아래로부터의 포스트식민주의를 논한다. 그의 주장에 따르면, 식민자는 자신들의 기준과 가치로 피식민자를 자의적으로 평가하고 판단했다. 그는 무슬림 여성이 쓰는 베일을 단적인 예로 든다. 베일은 중층적이면서도 양가적인 속성을 갖고 있다. "유럽인들에게 베일은 동양의 에로틱한 신비를 상징하곤 했다. [반면] 무슬림에게 베일은 사회적 지위를 나타냈다." 누군가는 베일은 여성을 통제하고 억압하고 가부장적 가치를 상징한다고 생각했다. 즉 베일을 쓰지 않는 것은 가부장제에 대한 도전이다. 그러나 반대로 그것은 자율과 공동체적 가치를 구현하는 행위이기도 하다. 하지만 영은 베일을 쓰고 안 쓰고는 여성의 자유로운 선택이기에 베일을 쓰는 여성의 관점에서 베일의 문제를 바라보아야 한다고 주장한다. 그는 "모든 종류의 발전은 위로부터 부과되기보다는 아래로부터 올 때가 가장 좋다"고 주장한다.

영의 포스트식민주의는 형식면에서는 위에서 아래로 내려오는 것이 아니라 아래로부터 위를 향하고, 내용면에서는 '트리컨티넨탈'적이고 '서발턴'적이다. 즉 그의 트리컨티넨탈 포스트식민주의는 풍요로운 북반구의 시각이 아니라 남반구의 세 대륙, 즉 아시아, 아프리카, 남아메리카의 억압받는 서발턴 민중의 시각에서 마르크스주의를 비롯한 서양의 역사이론들을 비판하는 한편, 그 이론들의 진보적 유산과 계기를 트리컨티넨탈의 시각과 현실에 맞게 전유하고 번역하는 이론으로 요약된다.

기존의 포스트식민주의는 식민주의와 식민성의 담론적·문화적 차원에만 주안점을 두고 주로 서양 학계 내부의 목소리만 대변했다. 따라서 제3세계의 민중투쟁과 민족 해방에 근원을 두고 있는 포스트식민의 풍부한 역사적 기원들과 프란츠 파농, 아밀카 카브랄, 호세 카를로스 마리아떼기 등과 같은 반식민 투쟁가들의 유산을 간과했다. 반면 영의 트리컨티넨탈 포스트식민주의는 바로 그들의 투쟁에 근거한 이론적·정치적 유산을 발굴하고 복원하는 한편, "과거에 역사적 객체들이었던 이들을 역사의 새로운 주체들로 전환하는" 문화정치와 문화혁명을 강조한다. 바로 이 점에서 트리컨티넨탈 포스트식민주의는 기존의 포스트식민주의와 차별된다.

영은 특히 파농의 피식민자 연구에 대해 깊은 관심을 보였다. 파농은 역작 『검은 피부, 하얀 가면』(1952)에서 식민 지배 속에 내재한 인종주의와 인간성 탈피에 대한 심리학을 연구했다. 그는 자신의 문화를 잃어버리고 본국의 문화를 받아들인 흑인의 자아 인식의 분열이 식민지 개척자, 즉 백인의 문화를 받아들이고 모방하려고 하는 흑인들에게 열등 콤플렉스를 심어준다고 했다. 그러한 행동들은 신분이 상승하고 교육받은 흑인들에게 더 잘 나타난다. 왜냐하면 그들은 식민지 개척자의 언어와 서구의 교육과 같은 지위의 상징들을 습득할 기회가 있기 때문이다. 그에 따르면, "흑인은 백인이 되고자 한다." "검은 외양이 모든 행동을 제약하고 악화시킨다." 아니면 "어떤 대가를 치르더라도 그들 사상사의 풍요로움과 그들 지성사의 뒤떨어지는 가치를 백인에게 증명하려고 애쓴다." 즉 피식민자는 자신이 흑인이라는 것에 대한 열등 콤플렉스를 안고 있거나, 아니면 그 열등 콤플렉스를 극복하기 위해 자신을 부정하고 끊임없이 괴롭히기 때문에 심리적인 트라우마를 갖게 된다. 파농은 모든 인간관계 속에서 인간관계를 구성하는 기본적인 가치를 존중하도록 가르치는 것, 그리고 인간을 반작용의 존재가 아닌 작용의 존재가 되도록 교육하는 것, 그것이 사유하고 행동하는 인간이 취해야 할 일차적인 의무라고 말한다. 영은 식민주의와 식민주의자를 단순히 비판에 머물지 않고 피식민자의 병리적 징후와 그에 대한 대안을 제시하는 파농의 주장에 깊이 공감한다.

영이 아프리카, 아시아, 남아메리카 세 대륙을 망라하는 포스트식민의 풍부한 전통을 소개하는 것은 기존의 포스트식민주의를 둘러싼 논쟁에서 상당히 유의미하다. 포스트식민주의를 트리컨티넨탈의 정치적·현실적 상황 속에 필연적으로 둘 수밖에 없기 때문에, 기존의 포스트식민주의의 지나친 문화주의적 경향을 유지 불가능하게 만든다. 결과적으로 영미권 학계 내에 갇혀 있는 포스트식민주의에 맞서 트리컨티넨탈 포스트식민주의의 풍부한 계보학을 복원해주는 의미를 갖는다. 즉 영은 제3세계 민족주의를 단지 옹호하는 데 그치지 않고, 포스트식민주의와 제3세계 민족주의를 뛰어넘는 초민족적 문화 횡단의 역사적 경험을 내재화한 마르크스주의를 결합하려고 한다는 점에서 특별하다.

기존의 포스트식민주의가 주로 트리컨티넨탈 현실을 도외시했고 대학 강단 내부의 이론적 연구를 크게 벗어나지 않는 경향이 있었다면, 영의 포스트식민주의는 이런 이론적 연구의 한계를 두 가지 점에서 뛰어넘고자 했다. 첫째, 그는 기존의 포스트식민주의를 트리컨티넨탈 현실에 개방하고 그 내부에서 전개된 풍부한 탈식민의 전통과 대면시킴으로써, 그동안 서양 학계에 알려지지 않았던 포스트식민주의의 풍부한 역사적 전통을 복원하고자 한다. 둘째, 이런 개방과 복원이 자칫 포스트식민주의를 지나치게 확장하거나 초점을 흐리는 경향을 차단하기 위해 서발턴 하위주체의 급진적 시각을 통해 그 확장을 묶어주고자 한다. 영의 이런 인식을 실천적이고 가장 명확하게 보여주는 사례가 바로 『아래로부터의 포스트식민주의』다.

폭력도 때로는 학습된다

르네 지라르, 『폭력과 성스러움』(1972), 김진식·박무호 옮김, 민음사, 2000.

세상을 떠들썩하게 하는 엽기적인 살인 사건이 한 번씩 벌어질 때마다 살인범을 두고 '인간은 원래부터 폭력적이다', 아니면 '인간은 후천적인 환경에 의해 폭력적으로 변한다'는 주장과 같은 인간 본성에 대한 논쟁이 벌어진다. 대체로 뇌 과학자들은 과학 기술의 도움을 받아 살인범의 뇌 구조 분석을 통해 살인범의 본질적으로 뇌가 보통 사람의 뇌와 다르다고 주장한다. 즉 그들은 인간의 본성은 대체로 유전적 요인에 의해 결정된다고 본다. 반면 사회학자들은 동물과 인간의 변별적인 특징인 인간의 '적응성'에 방점을 둔다. 즉 그들의 주장에 따르면, 인간은 특별한 본능이나 자질을 갖고 태어나기보다 성숙해가면서 이를 계발하거나 환경에 적응해간다. 즉 인간의 행동과 사고는 주로 '문화'와 '사회화' 과정에 의해 영향을 받는다. 그 외에도 인간의 본성에 대해서는 많은 주장과 설명이 있지만 그 어떤 것도 인간의 본성을 완전하고 충분하게 설명하지는 못한다.

프랑스의 문예비평가 르네 지라르는 『낭만적 거짓과 소설적 진실』(1961)에서 인간의 '욕망'에 천착해 자신의 욕망의 비자발성 또는 모방성을 인정하기를 거부하면서 자신의 독창성을 주장하는 태도를 '낭만적 거짓'으로 규정했다. 반대로 자신의 욕망의 비자발성을 인정하고 그 실상을 보여주는 태도를 '소설적 진실'로 규정했다. 그에 따르면, 인간의 욕망은 기본적으로 끊임없는

'거짓 욕망'이다. 주체와 욕망 사이에는 중개자가 존재하고, 실제로는 자신의 욕망을 욕망하는 것이 아니라 중개자의 욕망을 욕망한다. 그렇기 때문에 주체와 중개자 사이에는 질투, 원한, 시기, 선망과 같은 복잡하고 미묘한 감정도 생겨난다. 현대사회처럼 개인 사이의 차이가 점점 더 없어져 가는 상황에서 주체와 중개자 사이 욕망의 갈등은 심화되고, 그렇게 심화된 욕망의 갈등은 결국 '잠재된 폭력' 혹은 '폭력의 잠재태'가 될 수 있다. 간단하게 말해서 지라르는 인간의 욕망을 폭력과 상동 관계로 파악했다.

지라르는 『폭력과 성스러움』(1972)에서 주체와 중개자, 혹은 주체와 '짝패' 사이의 갈등에 주목했다. 그는 이런 갈등을 가장 본질적이면서도 근본적인 기초가 된다는 점에서 '초석적 폭력' 또는 '본질적 폭력', 상대방의 보복을 수반하면서 끝없이 계속 모방되면서 반복된다는 점에서 '상호적 폭력'으로 규정한다. 지라르가 보기에 인간의 욕망도 모방되고 인간의 폭력도 모방된다. 인류의 역사를 조금만 살펴보아도 그런 예는 너무나 쉽게 찾아볼 수 있다.

지라르는 인류가 이렇듯 짝패 갈등에서 빚어진 폭력 모방 또는 모방 폭력을 방지 또는 감소시키기 위해 '희생제의'라는 문화적 장치를 발견 또는 고안했다고 파악한다. 일반적으로 희생제의란 "한 사회가 동물이나 인간 등 희생물을 바쳐서 신의 노여움을 풀고 신의 은혜를 기대하는 의식"을 의미한다. 그러나 지라르는 여기에서 더 나아가, 희생제의를 그 사회 내부에 실제로 존재하는 폭력을 실제로 행한 것으로 파악한다. 물론 이때 폭력은 최소화되어 있고 또한 폭력의 대상도 보복의 두려움이 전혀 없거나 거의 없는 대상을 사회 안 또는 밖에서 찾는다.

희생제의를 행하는 집단의 구성원과 희생물에게 폭력을 폭력이 아닌 것으로 '속여야' 할 필요가 생겼고, 그래서 나온 것이 바로 "이 폭력은 이로운 폭력이며 이 제의는 성스럽다"라는 차별화된 생각이다. 폭력의 희생물은 '희생양'이라는 단어에서 연상되듯이 인간과 가장 흡사하거나 아니면 아주 밀접한 관계에 있다. 만일 인간 희생물이라면 그가 폭력을 당하더라도 보복의 위험성이 없는 연고자가 거의 없는 자이거나 외국인이다. 즉 내재된 폭력성을 폭력의 외재화를 통해 제어한다. 그리고 그 폭력을 '성스러운 폭력'이라고 포장한다.

사회 문화 체계의 위기는 결국 짝패의 위기인데, 그것은 모든 개체들 사이의 차이가 소멸되면서 개체 사이에 짝패 갈등이 심화되어 본질적인 폭력으로 폭발하는 위기다. 그대로 내버려 두면 복수에 복수를 거듭해 끝없는 폭력이 연속될 것이다. 그러한 폭력의 악순환 속에서는 어떠한 폭력도 그 정당성 여부를 판단할 근거가 없어진다. 사회질서와 체계가 유지되려면 부당한 폭력과 정당한 폭력의 구별이 있어야 하는데, 지라르는 전자를 '불순한 폭력'으로 후자를 '순수한 폭력'으로 규정한다.

결국 사회를 제대로 유지하기 위해서는 폭력을 폭력이 아닌 것처럼 속여 그 폭력에 대한 보복이라는 또 다른 폭력을 유발하지 않으면서 '불순한 폭력'을 응징하는 '순수한 폭력'이 반드시 필요하다. 폭력에도 이로운 폭력과 해로운 폭력이 있는 것으로 만인이 여기도록 함으로써, 즉 무차별화된 폭력을 차별화된 폭력으로 만듦으로써 폭력의 악순환을 중단시킬 수 있다.

지라르에게 '차이'와 '무차별', 혹은 무차별의 '차별화'는 중요하다. 무한히 증폭되는 폭력, 그래서 구별이 되지 않는 무차별적 폭력을 벗어나기 위해 폭력을 선한 폭력과 악한 폭력으로 '차별화'하는 것도 중요하지만 그보다도 이런 폭력을 생겨나게 한 근본적인 원인인 짝패의 갈등이 발생하지 않도록 서로 유사하거나 같다는 인식을 없애야 한다. 그것이 바로 '차별화' 과정이다. 타인의 소유물이나 상태에 대한 시기나 질투도 사실 '나도 저 사람과 같이 저런 것을 가질 수 있다'라든가 '나도 저 사람처럼 될 수 있다'라는 동일화 욕망에서 비롯한다. 여기에서 생겨나는 것이 바로 짝패 갈등이며 거기에서 모든 폭력이 연원한다. 그러므로 사회를 평정과 질서 상태로 유지하기 위해서는 항상 개인과 개인 혹은 계층과 계층 사이의 단절을 당연한 것으로 여기도록 인위적으로 '조작'할 필요가 있다. 그것이 바로 '차별화'의 본질이다. 이렇게 볼 때 '희생양 메커니즘'이 바로 이런 차별화의 대표적인 장치다. '폭력을 속이는 폭력', 이것이 바로 희생제의에 나타나는 폭력이다. 그런 점에서 인간 사회의 문화적인 질서 체계는 모두 희생제의적인 것이다.

다시 말하지만 지라르가 말하는 희생양은 공동체 내부에서 생성되는 폭력을 외부로 돌리는 일종의 대체 폭력의 기능을 한다. 대체 폭력의 과정은 철저히 희생양에 대한 차별화 과정이다. 즉 사회는 어떤 대가를 치르고서라도 보호하려고 애쓰는 자신의 구성원을 해칠지도 모르는 폭력의 방향을 비교적 그 사회와 무관한, 즉 희생할 만한 희생물에게로 향하게 한다.

그런데 조르지오 아감벤의 호모 사케르에서는 지라르의 희생양 개념과 달리 대체 폭력의 성격이 강조되지 않는다. 대신 사회적으로 무화된 존재가 겪을 수 있는 폭력에의 노출이라는 성격이 강조된다. 호모 사케르는 법 혹은 어떤 사회적 책임의 테두리 바깥으로 밀려나 그 보호를 받지 못하는 대상들로서 그들에 대한 폭력은 일종의 비선택의 선택의 결과로 간주된다. 호모 사케르는 희생양이 아니기에 신의 세계에도 속하지 않으며, 누구나 처벌받지 않고 죽일 수 있기에 인간의 세계에도 속하지 않는다. 아감벤은 이를 일러 '이중적 배제', 즉 '예외상태'에 처한 존재라고 칭한다. 호모 사케르의 지위를 규정하는 것은 신성함의 본래적 양가성이 아니라 그가 처한 이중적 배제, 그리고 그가 노출된 폭력의 특수한 성격이다. 호모 사케르는 "법의 영역과 희생 제의의 영역 모두의 바깥에 있는 어떤 폭력의 대상"인데 이것이 의미하는 바는 바로 "절대적인 살해 가능성에 노출된 생명"이다. 호모 사케르는 말하자면 법과 법 사이의, 혹은 너머의 존재들을 일컫는다.

지라르의 희생양과 아감벤의 호모 사케르가 함의하는 폭력의 특성의 차이는 호모 사케르의 광범위한 잠재성이다. 오늘날 우리가 직면하고 있는 것은 가장 세속적이고도 진부한 방식으로 선례가 없는 폭력에 그 자체로 노출되어 있는 삶이다. 다시 말하면 일상적인 법의 테두리 속에서 살아가는 평범한 시민이라고 하더라도 누구든지 언제든지 한순간에 호모 사케르가 될 수 있다. 즉 어떤 경계선을 넘어서는 순간 혹은 훼손하는 행위를 하거나 그런 사건을 겪을 때, 한 시민 또는 국민은 호모 사케르가 될 수 있다. 그리고 호모 사케르가 되면 폭력에 그대로 노출된다. 아감벤이 주목하는 것은 단지 위기의 순간이 아니라 그러한 위기가 상례화된 사회에서 '벌거벗은' 개인의 삶이다. 위기가 상례화된 사회는 필요에 따라 언제라도 위기가 조장되고 과장되는 사회다.

지금까지 신화나 종교제의, 더 나아가 모든 희생양 메커니즘에 대한 해석은 지금까지 거의 항상 지배자의 시각에서 이루어졌다. 다시 말하면 지금까지 희생양 메커니즘에 대한 통설은 '희생시키는 다수의 집단'의 시각에서 나온 해석이었지, '희생당하는 소수'의 입장을 대변하는 해석은 결코 아니었다. 희생시키는 집단 전체나 그 제의로 인해 커다란 이익을 보는 집단의 논리로 보면, 희생제의는 집단을 위해서 '해로운' 부분을 도려내고 다시 평화와 질서를 그 집단에 가져다주는 문자 그대로 '이로운' 제의다. 하지만 희생당하는 희생물(자)의 입장에서 보면 그것은 아무리 좋게 포장해도 폭력일 뿐이다. 희생제의가 폭력을 폭력으로 보지 못하던 다수인 집단의 논리만을 고수한 것이라면, 그것의 폭력성을 발견한 지라르의 관점은 다수 집단의 논리뿐 아니라 소수인 희생물의 입장도 살피는 포괄적인 관점이다.

'대의를 위하여 소가 희생해야 한다'는 말을 영화나 드라마에서 물릴 정도로 많이 보고 들었다. 그 말은 영화나 드라마뿐만 아니라 일상생활에서도 종종 적용되고 작동된다. 그런데 이런 논리의 적용과 작동이 당연시되면 자칫 전체주의로 흐를 수 있다. 전체 또는 집단이 하나가 되어 한 개인을 처벌하거나 폭력을 행사하면 전체 또는 집단의 구성원들은 도덕적 책임을 크게 느끼지 않는다. 더 나아가 자신들의 행동을 정당화한다.

역사적으로 소는 주로 '힘없는 사람들'이었다. 하지만 소는 항상 정해져 있는 게 아니다. 오늘 소가 아니라고 해도 내일이면 소가 될 수 있다. 집단으로 폭력을 같이 행사하면 언젠가는 자신이 폭력의 희생자가 될 수 있다. 무서운 것은 자신이 폭력의 희생자가 되었을 때 아무도 도와주지 않는다는 것이다. 그리고 더욱 무서운 것은 폭력이 학습된다는 사실이다. 학습된 폭력은 쉽게 허물어지지 않는다. 오히려 폭력의 내면화를 통해 더 깊고 단단해진다.

‘혐오발언’에 저항하라

주디스 버틀러, 『혐오 발언』(1997), 유민석 옮김, 알렙, 2016.

한 조사에 따르면 2016년 사회과학 연구자들이 가장 많이 검색한 논문 키워드는 ‘여혐’이었다. 그 가운데 「온라인상의 여성 혐오 표현」, 「왜 한국 남성은 한국 여성들에게 분노하는가」, 「일베와 여성 혐오」는 연구자들 사이에 가장 많이 인용된 논문들이다. 그 외에도 다수의 여혐 논문들이 연구자들 사이에서 많이 언급되었고 주목을 받았다. 여혐은 연구자들의 관심사로만 그치지 않고 사회 문제로 종종 비화되어 언론과 대중 또한 주목했다. 여혐, 더 넓게 혐오, 혐오발언은 2016년 한국 사회의 아주 특별한 순간을 예거한 키워드다. 혐오발언은 보통 특정 개인 또는 집단에 대한 혐오의 언어적 인상을 포함한다. 하지만 혐오발언은 매우 다층적이고 다양한 형태로 나타나기 때문에 무엇이 혐오발언이고, 어디까지가 혐오 발언인지 판별하기가 쉽지 않다. 특히 혐오발언 당사자들이 은폐와 위장의 전략을 취하면 혐오발언을 판별하는 일은 더욱더 어렵다.

지금까지 혐오와 혐오발언은 주로 온라인상에서 행해졌지만 최근 들어서는 오프라인으로까지 확대되고 있다. 혐오 대상도 여성에만 그치지 않고 경제적 빈곤층, 성소수자, 장애인 등 사회적 약자들에게까지 무차별적으로 확대되고 있다. 혐오발언의 수위 또한 이제는 소수의 일탈로 치부할 수 없을 정도로 심각한 상황이다. 요컨대 혐오와 혐오발언은 장소, 공간, 그리고 대상을 가리지 않고 무차별적으로 확산되고 그 정도는 점점 심화되고 있다. 이런 문제의식 때문인지 최근 국내외적으로 혐오 또는 혐오발언과 관련된 책이 많이 출간되고 있고, 혐오발언과 관련해 활발한 토론이 전개되고 있다.

혐오발언 관련 토론에서는 주로 혐오 발언의 규제를 둘러싸고 찬성과 반대 양측 주장이 개진되고 있다. 다시 말하면 혐오표현 규제찬성론과 혐오표현 규제반대론이다. 간단하게 두 주장을 정리하면, 혐오표현 규제찬성론은 형법 등 강제 수단을 동원해서라도 혐오표현을 금지해야 한다는 의견이고, 혐오표현 규제반대론은 혐오표현을 국가에서 금지하고 처벌해서는 안 된다는 입장이다. 혐오표현의 문제성 자체를 부인하는 견해도 여기 포함되겠지만, 주로 미국에서 혐오표현 규제 반대론은 혐오표현의 문제를 금지하고 처벌이 아닌 다른 방식, 예컨대 사상의 자유 시장에서의 토론, 차별금지 교육, 기관별 자율적 조치 등으로 해결해야 한다는 '자유주의' 입장을 취하고 있다.

대표적인 혐오표현 규제찬성론자인 제러미 월드론은 『혐오표현, 자유는 어떻게 해악이 되는가?』(2012)에서 혐오표현 규제반대론의 입장을 비판하면서 규제옹호론에 힘을 싣는다. 사실 이 책은 혐오표현 규제의 이정표와 같은 역할을 하는 책이다. 그는 이 책에서 혐오표현이 소수자가 정상적인 사회적 지위를 갖고 살아갈 수 있는 사회적 환경을 파괴한다고 지적한다. 그는 혐오표현 규제 찬성론의 논거를 알기 쉬운 예화를 통해 설명하기도 하고, 때로는 기존의 이론적 논의를 인용하거나 논박해가며 설명한다. 월드론 자신도 이 책을 "혐오표현 규제를 반대하는 최선의 논거가 무엇인지를 수용하고 응답하기 위한 노력의 결실"이라고 밝히고 있다.

반면 낸시 프레이저와 더불어 미국에서 가장 널리 읽히며 토론되는 철학자 중 한 명인 주디스 버틀러는 『혐오 발언』(1997)에서 혐오발언에 대한 국가 규제의 문제점, 혐오발언에 대한 수신자들의 저항을 비롯해서 침묵이나 전유, 언어와 권력의 문제, 검열과 표현의 문제, 언어적인 상처, 타인의 호명으로 탄생하는 주체의 문제, 언어적 생존이나 화자의 책임 등과 같은 언어와 권력, 저항에 관한 심층적이고 본질적인 철학적 질문들을 다룬다. 버틀러는 『혐오 발언』에서 무엇보다도 혐오감과 이에 근간한 혐오발언에 대한 대중의 각성을 촉구한다. 그녀는 '언어가 우리에게 상처를 입힐 수 있는가?', '혐오발언이 곧 혐오 폭력인가?, '인종차별, 여성차별, 동성애 차별은 곧 차별 행동인가?' 등과 같은 근원적인 질문을 통해 혐오발언을 학술의 장에서 대중적인 논쟁의 장으로 끌어들인다. 버틀러는 혐오권력에 대한 해결책으로서 국가의 규제보다는 개별 주체의 저항에 방점을 두고 있다. 즉 그녀는 혐오발언이 피해자들을 침묵시키고 불구로 만든다는 '발언내행위론'에 반대하고, 대신 저항과 반항의 가능성을 놓지 않는 '발언효과행위론'을 제시한다. 즉 『혐오 발언』에서 그녀의 주장은 한마디로 '혐오발언에 저항하라'는 주장으로 귀결된다.

혐오발언은 이제는 몇몇 극소수의 일탈 행위로 치부할 수 없을 정도로 심각한 사회적 갈등과 상당한 사회적 비용을 초래한다. 그렇다면 혐오발언이 어떻게 그런 강력한 힘을 갖게 되었을까? 여러 이유가 있겠지만 무엇보다도 혐오발언 행위의 주요 효과가 개인적인 피해자나 피해자 집단 측의 잠재적인 대응을 침묵시키는 것, 즉 혐오발언에 대한 대항 발언을 불가능하게 만든다는 점을 꼽지 않을 수 없다. 그렇기 때문에 혐오발언 규제 옹호론자들은 침묵할 수밖에 없는 혐오발언 피해자를 위해 국가가 직접 혐오발언을 규제해야 한다고 강력하게 주장한다. 그들의 주장에 따르면, 혐오발언자들은 국가 권위의 든든한 후원을 받고, 그들이 내뱉는 "혐오발언은 국가 개입에 의해 방해받지 않는 공적 영역 내에서의 자신의 자유로운 작동을 통해 묘사하거나 촉진하는 종속을 야기할 수 있는 권력"을 갖기 때문에, 혐오발언은 국가적으로 규제되어야 한다. 즉 혐오 발언자는 힘없는 시민이 아니라 국가 권력이라는 주권 권력을 휘두르고 있는 자이고, 혐오발언의 피해자는 국가 권력으로부터 배제되고 주변화된 이들이다. 예컨대 백인, 남성, 이성애자, 비장애인은 주로 혐오발언의 가해자들이고, 흑인, 여성, 동성애자, 장애인은 주로 피해자들이다.

하지만 버틀러는 『혐오 발언』에서 혐오발언을 강력하게 규제해야 한다는 혐오발언 규제옹호론자들의 주장에 대해 '혐오발언자들은 과연 주권 권력을 가진 자들인가', 라고 의문을 제기한다. 그녀가 생각하기에 혐오발언자들이 갖는 상상의 권력은 절대적이고 독립적이지 않다. 그들은 혐오발언을 창시한 기원적 혹은 주권적 저자가 아니라, 기존의 이미 생산된 혐오발언을 자신의 담론 속에서 인용하고 있는 파생적인 2차 저자에 불과할 뿐이다. 버틀러는 "권력은 더 이상 주권적이지 않으며 도처에 있다"는 푸코의 견해를 원용해, "권력은 주체나 주체의 의도, 혹은 국가 권력과 같은 주권에 속해 있는 것이 아니라 다양한 중심들로 분산되어 있다"고 주장한다. 즉 "권력은 더 이상 주권 국가의 형태로 제약되지 않는다." 그렇기 때문에 버틀러는 혐오발언을 국가가 강력하게 규제해야 한다는 혐오발언 규제옹호론자들의 주장을 반대한다.

버틀러는 포르노그래피와 인종차별주의가 어떤 형태의 법적 규제에 종속되어야 한다고 주장하는 몇몇 페미니스트들과 반인종차별주의 이론가들도 비판한다. 그들은 혐오발언이 혐오발언 화자의 '간접적 의도'를 '직접적 행동'으로 실천하고 억압당하는 집단 구성원들을 종속하거나 주변화시키기 때문에 마땅히 규제되어야 한다고 주장한다. 그러나 버틀러는 "언어가 의도한 대로 행위가 되고, 혐오 발언이나 포르노그래피가 주체를 열등한 지위로 재종속시킨다"라는 그들의 견해를 '발언내행위론'으로 규정하며 그들의 주장을 반박한다. 그녀의 주장에 따르면, "혐오발언은 자신이 발언하는 순간에 말을 전달받은 자를 구성한다. 혐오발언은 어떤 상처를 묘사하거나 상처를 결과로 생산하지 않는다. 혐오발언은 그런 발언의 말하기에 있어서 상처 그 자체의 수행이며, 여기에서 상처는 사회적인 종속으로 이해된다." 버틀러는 "만일 우리가 혐오발언은 발언내행위라는 것을 받아들인다면, 우리는 또한 말은 직접적으로 그리고 자동적으로 상처를 수행한다는 것을, 그리고 권력의 사회적 지형이 그것을 그렇게 만든다는 것을 또한 받아들이는 것"이라고 주장하며 그들의 주장을 반박한다. 한마디로 버틀러는 혐오발언에 절대적인 권력을 부여하는 모든 견해에 반대한다. 그녀가 『혐오 발언』에서 주장하는 핵심은 "언어가 상처를 주게끔 행위한다는 것을 긍정하면서도, 동시에 혐오발언 규제 지지자들이 기술하는 꼭 그런 방식으로 언어가 말을 건네받은 자에게 직접적이거나 인과적으로 '영향을 주는 것'은 아니라고 주장할 수 있는지에 대한 대안적인 견해를 제공"하는 것이다.

혐오발언 규제 옹호론자들은 혐오발언에 대한 해결책으로 국가가 적극적으로 개입해서 혐오발언의 범위를 규정하고 혐오 발언자를 강력하게 처벌해야 한다고 주장한다. 그들이 보기에 국가가 혐오발언을 규제하지 않고 방치하는 것은 혐오발언을 지지하는 것과 다름없다. 그러나 버틀러는 국가에 혐오 발언 규제를 맡겨도 되는지에 대해 의문을 제기한다. 왜냐하면 국가는 혐오발언을 해석하는데 있어 일관성이 없을 뿐만 아니라, 때로는 소수자 집단에 불리하게 혐오발언 규제를 적용해 왔기 때문이다. 이런 상황에서, 국가가 무엇이 혐오발언인지 아닌지를 결정할 수 있는 절대적인 권한을 갖는다면, 국가의 혐오발언에 대한 자의적이고 편파적인 해석으로 혐오 발언을 둘러싸고 벌어지는 논란은 더욱 커질 것이다. "만일 [어떤] 혐오 발언이 차별 행위로 간주된다면, [그] 혐오 발언은 법원이 결정해야 하는 문제가 되며, 따라서 [그] '혐오 발언'은 법원이 그렇다고 하기 전까지는 혐오스럽거나 차별적이라고 간주되지 않는다. 혐오 발언이 있다고 판결하는 법원이 있기 전까지는, 그리고 그런 법원이 없다면, 그 용어에 대한 완전한 의미에서의 혐오 발언이란 없는 것이다." 이처럼 혐오발언을 국가와 법에 맡기려는 "규제 노력들은 공적으로 보호를 받는 표현과 보호를 받지 못하는 표현 간의 구분을 강제하는 국가의 권력에 의해 불가피하게 강화"된다. 간명하게 요약하면, 버틀러는 의도치 않게 "국가는 혐오 발언을 생산"하고 또한 이를 편파적이고 때로는 자의적으로 해석할 위험이 뒤따르기 때문에 혐오발언을 국가가 규제하는 것에 대해 반대하는 것이다.

버틀러는 이처럼 국가가 혐오발언을 규제하고 법으로 개별 혐오 발언자를 처벌하는 것으로 혐오발언으로 비롯되는 모든 문제가 궁극적으로 해결된다고 생각하지 않는다. 물론 그녀가 혐오발언을 한 개별 화자가 책임이 없다고 주장하는 것은 아니다. 그녀 역시 "말이 상처를 준다는 것은 논란의 여지가 없이 참이며, 증오로 가득 찬 발언, 인종차별 발언, 여성혐오발언, 동성애 혐오발언에 격렬히 저항해야 한다는 것은 논쟁할 여지가 없"다는 사실에 동의한다. 그러나 혐오발언의 책임은 역사적이고 관습적이기 때문에 개별 혐오발언자만의 문제가 아니다. 그것을 처벌하는 것으로 모든 문제가 해결되는 것도 아니다. 대신 그녀는 혐오발언의 권력을 분석하는 일보다 혐오발언의 권력에 '저항'하는 일이 더 중요하다고 역설한다. 그리고 그 저항을 개별 주체의 몫으로 남겨둔다. 혹자는 혐오가 만연한 시대에 혐오발언을 단지 개별주체들의 대처에 맡겨두어야 한다는 그녀의 주장을 신자유주의 시대의 자유방임 전략과 흡사해 보인다고 지적도 하지만, 버틀러는 혐오 권력에 대한 해결책으로서 국가의 규제보다는 개별 주체의 저항에 방점을 두고 있다.

그런데 혐오발언에 저항하는 게 과연 가능할까? 버틀러는 혐오발언의 청자, 즉 혐오발언의 피해자가 기존 권력 관계를 인정하지 않고 혐오발언의 언어와 효과 사이의 간격을 활용해 발언자가 예상치 못한 방식으로 '되받아쳐 말하거나'(speaking back), 수행문이 도용과 기생에 취약하다는 점을 활용해서 반박할 수 있다면 저항이 가능하다고 본다. '발언효과행위', 즉 언어 행위가 의도치 않은 효과를 낳을 수 있는 언어 행위로서의 언어 행위는 기존의 사회적 권력 관계를 전복시키고 새로운 권력을 획득할 수 있다. 혐오발언에 대한 이러한 반란적인 되받아쳐 말하기, 또는 기생적인 말하기는 역설적으로 혐오발언이나 포르노그래피를 침묵시킬 수 있다.

언어 행위가 반드시 의도한 목표를 달성하는 것은 아니라는 사실은 혐오발언의 효력이 절대적이지 않고 전유와 전복에도 취약하다는 것을 보여준다. 버틀러에 따르면, "원칙적으로 혐오 발언의 권력은 겉보기보다 덜 일방적인 것이며 불확실"하고 "발언이 항상 같은 방식으로 의미할 수 없다는 것을, 그것의 의미는 어떤 의미심장한 방식으로 변화되거나 탈선될 수 있다는 것을, 그리고 가장 중요하게는 상처를 주고자 하는 그 말들이 자신들의 기호를 상실하며 의도된 것과 반대되는 어떤 효과를 낳을 수 있다." 요컨대 혐오발언은 혐오발언 수신자를 구타하고 열등하게 규정하고 그들을 침묵시키기도 하지만, 때로는 '저항의 도구'로 기능할 수 있고 전복적인 재인용도 가능하다.

다시 말하지만 발언내행위론자들은 혐오발언이 피해자들에게 모욕감과 상처를 주기 때문에 국가가 나서서 강력하게 처벌하고 규제해야 한다고 주장한다. 반면 버틀러는 언어적인 상처는 누군가에게 전달되는 발언뿐만 아니라 전달되는 방식, 즉 주체를 호명하고 주체를 구성하는 방식의 효과에서 기인한다고 주장하며 혐오발언의 국가적 규제를 반대한다. 즉 버틀러는 혐오발언이 피해자들을 침묵시키고 불구로 만든다는 '발언내행위론'에 반대하고 대신 저항과 반항의 가능성을 놓지 않는 '발언효과행위론'을 제시한다.

혐오발언은 양가성을 갖는다. 혐오발언은 "우리를 종속시키기도 하지만 행위능력의 장면을 양가성으로부터 생산함으로써 그 부름이 발생한 의도를 넘어서는 일련의 효과들"을 내기도 한다. 우리가 어떤 이름으로 불리는 것은 그 이름에 단순히 종속하는 게 아니다. 왜냐하면 "이미 과거의 맥락에서 이탈해 자기 정의의 노력으로 진입했기" 때문이다. 상처를 주는 말에 상처를 받지 않기 위해서는 알려지지 않은 맥락을 개방하는 방식으로 그 말을 재전유해야 한다. 그럴 때 비로소 우리는 침묵 속에서도 말할 수 있고, 혐오발언에 대해 저항할 수 있다.

환한 세상에 **어둠**을 드리우다

고지현 외, 『포스트모던 테제들』, 사월의책, 2012.

한때는 너무나 유행했지만 지금은 철이 지나 낡아버린 느낌의 '포스트모던'이라는 단어가 있다. 사전적으로 접두사 '포스트'가 '~이후' 또는 '~에서 벗어난'을 뜻한다는 점을 고려했을 때, 포스트모던은 우리말로 '근대 이후' 또는 '탈근대' 정도로 번역된다. 오늘날에는 근대보다는 현대라는 단어가 더 많이 쓰이고 일상적으로 현대가 더 익숙하다. 근대라는 단어는 왠지 '촌스럽고' 지금과 시간상으로 '너무 떨어진' 것 같은 느낌을 주기 때문인지 모른다. 현대와 의미가 비슷한 '동시대'(contemporary)라는 단어도 많이 사용된다. 그런데 현대나 동시대라는 단어는 왠지 과거와 단절되거나 고립된 '지금 이 순간'만을 의미하는 것 같은 느낌을 준다. 그렇기 때문에 개인적인 생각에 과거와 연장선상에서 현재를 파악할 때는 현대보다도 근대와 그 이후를 의미하는 탈근대가 더 적절해 보인다. 사실 철학에서 근대와 탈근대라는 개념은 지금도 유효하다. 편의상 이 글에서는 근대와 탈근대라는 용어를 모던과 포스트모던으로 통일한다.

철학적 의미에서 '모던'은 사실 '이성'과 '계몽'의 또 다른 말이다. 18세기 중반에 시작해 19세기를 거쳐 20세기에 이르기까지 유럽에서는 "인간은 이성을 통해 허위, 부도덕, 불의에서 벗어나 진리를 인식하고, 도덕을 행하고, 정의를 실현하는 계몽된 사회를 열어야 한다"는 계몽주의가 시대정신이었다.

다시 말하지만 계몽주의의 핵심은 인간의 '이성'과 '계몽'이다. 그리고 이성에 근간을 둔 모던적 사고는 한 시대를 풍미했다. 즉 근대적 인간은 자연을 지배하면서 자신의 인식이 진리라고 확신했고, 자신의 삶의 방식을 보편타당한 것이라고 주장하며 세계를 선와 악, 문명과 야만 등 이분법적으로 파악했고, 시민 혁명을 통해 구악을 일소하며 자신들이 만든 새로운 사회를 정의로운 사회로 간주했다. 즉 근대적 인간에게 모던은 이성, 진리, 질서, 균형, 조화, 정의 등을 아우르는 시쳇말로 '복음'이었다.

하지만 얼마 지나지 않아 모던적 사고가 만들어낸 계몽의 시대에 어둠이 깃들었다. 계몽주의에서 말하는 인간은 모든 인간이 아니라 주로 백인 남성이었고, 자연의 지배는 곧 회복 불가능한 자연 파괴로 이어졌고, 이성에 의해 구현된 사회는 평등하고, 정의롭고, 조화롭고, 균형 잡힌 질서 있는 사회가 아니라, 억압과 차별, 그리고 착취가 난무하는 '야만'과 '무질서'의 사회였다. 포스트모던은 모던적 이성이 이루어 놓은 해방과 진보가 사실은 억압과 퇴행이고, 폭력과 권력이 바로 그 주범이라고 진단했다. 즉 모던적 사고에 반하여 등장한 포스트모던은 모던의 규범적 이상인 이성, 진보, 주체 개념에 근본적 의문을 제기했다.

『포스트모던 테제들』(2012)은 국내 서양철학 전공 학자들이 포스트모더니즘 주요 철학자들의 주저를 중심으로 그들의 철학을 개관한 서양철학 입문서다. 이 책에서는 다소 생소한 그리스의 철학자 코르넬리우스 카스토리아디스를 비롯해서, 조금 더 익숙한 질 들뢰즈, 미셸 푸코, 자크 데리다, 안토니오 네그리, 알랭 바디우, 조르조 아감벤, 슬라보예 지젝의 철학이 펼쳐지고 다시 합쳐진다. 『포스트모던 테제들』은 모든 포스트모더니즘 철학자의 주장을 망라하고 있지는 않지만, 그래도 복잡다단한 포스트모던 철학으로 가는 길을 비교적 알기 쉽게 안내한다.

카스토리아디스에서 시작하자. 그의 문제의식은 '신자유주의와 좌파 이론의 몰락'과 그런 상황에서 어떤 태도를 취해야 하는지에 대한 고민에서 출발한다. 그가 최종적으로 꿈꾸는 유토피아는 "자율적인 개인들의 자율적인 사회"다. 그는 진리를 담보한 이론을 통해 현실을 바꾸어나갈 수 있다는 전통적인 이론과 실천의 관계를 부정하고 대신 참된 실천을 강조한다. 그가 말하는 참된 실천이란 "죽은 이론을 적용하는 문제가 아니라 실천의 주체가 실천의 과정에서 자율적인 인간으로 바뀌어가면서 스스로의 제도를 만들어가는 과정"으로 요약된다. 요컨대 그의 철학적 방점은 '자율적인 실천'에 찍힌다.

카스토리아디스는 마르크스주의에 대한 새로운 해석과 진단을 내린다. 그는 마르크스주의 자체가 모순된 것이 아니라 마르크스주의가 절대 선이고 자본주의의 불합리한 요소를 교정시킬 수 있는 객관적인 진리를 소유하고 있다고 믿는 그 자체가 환상이라고 지적한다. 그렇다고 해서 그가 자본주의를 옹호하는 것도 아니다. 그는 자본주의에서 금과옥조로 여겨지는 시장의 합리성에서 깨어나야 한다고 역설한다. 그는 마르크스주의나 자본주의가 절대 선도 절대 악도 아니고 상보적인 관계에 있다고 파악한다. 그는 "사회의 제도는 개인의 상상적인 것에 의해 창조된다"라고 말하는데, 이는 그의 낙관적인 역사관을 단적으로 보여준다. 위험을 무릅쓰고 그의 사상을 단순화하면 이렇다. 사회 제도는 만들어지는 순간 자율성을 갖게 되고 궁극적으로는 개인의 자율적인 실천에 의해 사회는 좋은 쪽으로 변화한다. 따라서 좋은 사회를 위해서 무엇보다 중요한 것은 자율적인 개인의 실천이다. 그리고 자율적인 개인을 만들어내는 토양은 좋은 사회이다. 개인과 사회는 분리되어 있으면서도 상보적이고 상호 의존적이다.

조금 과격하게 말하면, '지금은 들뢰즈 시대'다. 아니 조금 더 정확히 말해서 '지금도 들뢰즈 시대'다. 어찌 보면 뒤에서 논의할 지젝과 함께 들뢰즈는 우리나라 학계에서 가장 '핫'한 철학자다. 그의 영향력은 철학에만 국한되지 않는다. 그는 형이상학의 종말을 맞이하는 포스트모던 시대 흐름과는 사뭇 다르게 자신의 존재론을 치밀하게 구축함으로써 고전적 형이상학을 부활시켰다. 들뢰즈의 존재론은 '일의적 존재론'이라 불린다. 그는 일의적 존재론을 무기로 정치, 경제, 정신분석, 예술, 과학 등 현대 사회와 문화 전 영역에 대하여 뛰어난 비판과 새로운 전망을 제시했다. 그는 펠릭스 가타리와의 공동 작업을 통해 마르크스주의와 자본주의에 대하여 새로운 해석과 비판을 보여줌으로써 후대 사람들이 현대 사회를 비판하고 새로운 대안을 모색하는 일에 큰 영향을 주었다.

들뢰즈는 자본주의의 문제점을 정확하게 파악하기 위해 욕망의 개념을 끌어들인다. 욕망은 중심으로부터 벗어나려 하는 '탈영토화'와 중심으로 향하려는 '영토화'를 거듭한다. 각각 '원심적 운동'(분열증적 운동)과 '구심적 운동'(편집증적 운동)으로 환원된다. 그에 따르면 "자본주의는 욕망의 평면 위에서 분열증과 편집증 사이를 진동하는 체제"다. 그는 자본주의를 결코 마르크스 시각으로 보지 않는다. 그는 욕망의 평면을 지평으로 삼아 자본주의를 본다. 즉 자본주의는 욕망의 제한 없는 분출을 가능케 하며, 결과적으로 사회를 지배해왔던 이전의 모든 체계와 가치를 이 제한 없는 분출을 통해 무너뜨린다. 돈은 이전의 모든 제한을 무너뜨림으로써 사회 구성원 모두를 공평하게 만드는 강력한 분열적 힘을 가진다. 하지만 돈은 자신의 분열적 힘으로 무너뜨린 모든 장벽과 공동체를 새롭게 재편하되 궁극적으로 이 모든 것을 돈 자기 자신에게 쏠리게끔 재편해나가는 강력한 편집적 힘을 지닌다.

욕망의 평면 위에서 분열증과 편집증 사이를 진동하는 자본주의는 사회 구성원들에게서 계속해서 결핍을 만들어내고, 그렇게 만들어진 결핍은 다시 획일화된 욕망을 추동한다. 그리고 욕망을 조종하면서 이윤을 극대화해나간다. 자본주의는 결핍으로 인해 정신적으로 황폐해진 사회 구성원들과 그들의 획일화되고 억압된 욕망 위에서 이윤을 극대화하며 번창한다. 들뢰즈는 자본주의의 바로 이런 점을 비판한다.

그렇다면 파시즘적인 자본주의에 대한 들뢰즈의 대안은 무엇일까? 안타깝게도 명시적으로 그가 제시한 자본주의에 대한 대안은 그 어디에서도 찾아볼 수 없다. 자칫 들뢰즈의 침묵을 자본주의의 파시즘적 욕망 현상을 불가피한 것으로 여기는 게 아닌가, 라는 오해를 불러올 수도 있다. 하지만 들뢰즈가 자본주의에 대해 침묵하는 이유는 인간의 욕망은 결코 어느 하나의 체계로 포획될 수 없는 분열적 흐름을 갖고 있기 때문이다. 들뢰즈로부터 얻는 교훈은 자본주의에 대한 대안이 아니다. 그보다는 자본주의 체제 속에서 자본주의의 폭력으로부터 해방되고 본래의 욕망을 회복하는 것이다. 획일화된 욕망이 아닌 다양한 욕망을 인정하고 서로 연대할 때 신자유주의 또는 자본주의를 넘어설 수 있다.

푸코는 비철학적 주제를 다루고 있고 방법론에 있어서도 개념적이라기보다는 역사적 방법을 따르고 있지만, 근대 철학적 주체관의 토대인 자기반성적 인간 개념을 해체하고 있기 때문에 포스트모던 철학자로 분류된다. 푸코는 근대적 이성을 비판하고 역사주의 방식, 다시 말하면 고고학적 방법을 통해 '권력'이라는 문제에 접근했다. 흔히 권력은 국가 기구에 집중되어 있고, 법과 제도적 폭력을 통해 현존하는 사회 질서를 해치는 행동을 금지한다는 점에서 강압적이며, 이를 통해 인간의 본성을 억압함으로써 사회적 지배 관계를 형성하는 것으로 이해된다. 하지만 푸코의 권력은 이와 정반대다. 즉 그가 생각하는 권력은 탈중심적이고, 생산적이고, 인간에게 진리로 참칭된 현실태를 부과한다. 권력은 종교의 영역을 넘어서 점차 다양한 사회 영역으로 확산되었으며, 근대에 이르러 일종의 통치 기술 형태로 첨예화되었다. 그리고 권력은 어느 한 곳에 집중되지 않고 사회 도처에 편재되고 확산된다.

푸코는 특히 권력 문제에 천착했다. 권력은 지식과 결합하여 진리를 규정하고, 진리는 정상과 비정상을 규정한다. 그리고 비정상은 근대에 이르러 교정의 대상이 된다. 즉 고전 시대에는 비정상으로 규정되는 존재를 사회적으로 배제해 질서를 유지하는 게 본령이었다면, 근대는 비정상으로 규정되는 존재를 교육하고 교정하는 것이 목표다. 학교, 병원, 교도소 등과 같은 훈육기관은 대표적인 근대의 산물이다. 그곳에서 지식과 인간의 몸과 성이 관리된다. 근대의 권력 전략은 사회 질서를 훼손하는 사람들을 배제 또는 격리하거나, 사회질서에 어긋나는 행동을 금지하는 것으로 축소되지 않는다. 근대의 권력은 사회질서를 훼손하는 인간을 정상인으로 복구하는 것을 목적으로 한다.

푸코는 진리게임식으로 구조화된 사회적 인정 질서를 사회적 지배 체제라고 비판하면서 이에 대한 해방의 가능성을 존재의 미학에서 찾는다. 그는 사회적 지배를 비판하지만 단지 자아 형성의 차원에서만 주제화한다. 그는 어떤 사회가 바람직한 사회인지에 대해서는 말하지 않는다. 당연히 그는 문제에 대한 해결책도 제시하지 않는다. 단지 그는 끊임없이 문제를 제기하고 질문할 뿐이다. 어느 책에서 읽은 구절인지 기억은 안 나지만 "철학자는 질문하는 사람인지 대답하는 사람이 아니다"라고 했다. 그 정의에 비추어 보았을 때 푸코는 그 누구보다도 진정한 철학자다.

데리다 하면 가장 먼저 떠오르는 단어는 '해체'(deconstruction)다. 해체라는 단어에서는 종종 '파괴'와 같은 부정적 함의가 연상되지만, 데리다의 해체는 그냥 모든 것을 파괴하는 것이 아니라 숨겨진 허상을 들춰내고 그 개념을 한갓 유희물로 전락시키는 행위다. 즉 그의 해체는 한마디로 파괴가 아니라 '제대로 된 자리 찾아 주기'다. 그의 해체 작업은 주로 언어의 유희에 의해서 이루어진다. 하이데거는 언어를 '존재의 집'으로 간주하며 존재를 드러내기 위한 기교로 보았다. 반면 데리다는 언어 철학자들의 주요 개념의 허상을 밝혔다. 그는 언어 철학의 음성 중심주의를 비판하며 그들의 철학적 틀을 해체했다. 언어철학자들에 따르면, 음성 중심주의는 소리는 현전성이 있기 때문에 '참'으로 규정된다. 그에 반해 문자 중심주의는 현전성이 없기 때문에 '거짓'으로 규정된다. 그러나 데리다에 따르면, 우리가 현전하는 것의 음성이라고 믿는 어떠한 것도 발화된 것, 즉 인위적인 것에 불과하다. 따라서 현전성을 담고 있는 것으로 여겨지는 초월적이고 보편적인 목소리는 자연스럽게 해체된다.

일견 데리다의 해체 철학은 헤겔의 변증법과 유사해 보이지만 본질적으로 완전히 다르다. 헤겔의 변증법은 '정-반-합'의 기본 도식을 따른다. 여기에서 '반'은 '정'을 절대적으로 부정하거나 해체하는 것이 아니라 단지 '정'을 돋보이게 하는 장치다. 그렇기 때문에 '반'은 독립적으로는 존재 의미가 없고, '정'은 '반'을 배척하지는 않지만 자신 속으로 '반'을 삼킨다. 반면 데리다의 해체 철학은 매장당한 '반'을 끄집어내는 과정이다. 요컨대 헤겔의 변증법이 타자라는 불순물을 인정하고 포섭한다면, 데리다의 해체는 순수한 존재 자체 혹은 아름다운 것 자체가 이미 불순한 것에 지나지 않음을 드러내고 강조한다.

헤겔의 현재성은 시대정신 또는 역사철학적 의미를 가진 절대적인 것으로 간주되는데 데리다는 이 또한 비판한다. 헤겔의 역사철학에서 어떤 사건은 사후적으로 어떤 사건에 의해서 의미가 결정되고, 연대기적인 거대한 서사에 통합됨으로써 다른 사건과 동일한 철학적 맥락에 위치한다. 헤겔에게 있어 개별 사건은 그 자체로서는 무의미하고 오직 전체적인 맥락 속에 존재하고 존재 의의가 있다. 요컨대 헤겔 철학은 보편성을 지향하고, 데리다는 그런 헤겔 철학을 해체한다. 그렇다고 해서 데리다가 보편성 자체를 거부하는 것은 아니다. 간단하게 말해서 데리다는 무조건 해체하는 게 아니라 단지 보편성이 획득되는 방식을 거부하고 정의를 추구할 뿐이다.

네그리의 '다중 이론'은 현재의 지구화의 과정을 새로운 형태의 지배와 착취 질서가 등장하는 과정으로 규정한다. 또한 다중의 역량에 기초하여 전지구적 차원에서 이러한 질서의 전복을 도모하는 일종의 새로운 좌파적 사회 비판 이론으로 궁극적으로는 종합적인 사회 비판과 실천적인 대안을 모색한다. 네그리의 다중 이론이 제시하는 시대 진단은 '제국'이라는 개념으로 압축될 수 있다. 그는 '제국'이라는 개념을 통해서 현대 세계에 대한 일종의 종합적 지도를 제시한다. 제국은 "혼합 정체, 중심 없음, 외부를 가지지 않는 무제한적 지배"를 특징으로 한다. 과거 제국주의가 몇몇 강력한 국민국가들의 영토 확장 과정이었다면, 네그리가 말하는 제국은 특정 국민 국가를 그 중심으로 갖지 않고 탈중심화·탈영토화하는 지배 장치다.

네그리의 시대 진단은 정치적 변화에 대한 분석을 넘어서 그러한 변화의 물질적이고 경제적인 기초에 대한 분석에까지 이른다. 예컨대 그는 제국 형성의 결정적인 요인으로 정보통신 기술과 같은 특정 생산 기술의 발전보다도 사회적 공장이라는 훈육 체제를 거부하려 했던 '문화적 투쟁'을 꼽았다. 훈육 체제의 거부는 단지 문화적 투쟁에 국한되지 않고 심오한 정치적·경제적 효과를 발휘했다. 따라서 오늘날 근대 시대처럼 노동 시간과 여가를 엄격히 구별하는 것은 이제 무의미해졌다. 생산과 소비, 노동과 여가, 생산과 재생산 사이의 구별은 이제 사라진다. 삶은 생산을 위해 기능하게 되고, 생산은 삶을 위해 기능한다. 물론 경계가 소멸하면서 지배와 착취가 생활의 전 영역으로 더욱 조밀하게 침투한다. 경제의 정보화는 중앙집권적인 명령과 통제 체제를 동반하며 이를 통한 통제는 일종의 가상적 원형 감옥을 만들어 내고 있다. 생산 네트워크의 중심에는 노동자의 작업 성과와 작업 진행을 언제나 직접적으로 감시하고 통제한다.

네그리는 제국의 시대의 도래를 인정해야 하며 이러한 새로운 조건을 과거 회귀적으로 되돌리려는 것은 반동적 태도에 불과하다고 말한다. 그에 따르면, 오늘날 다중의 정치적 과제는 제국적 전 지구화 과정에 대한 저항을 넘어서서 그러한 과정을 재조직하여 새로운 세계, 즉 '다중에 의한 대항 제국'을 건설하는 것이다. 그런데 제국의 시대 지배는 특정 장소에 국한되지 않기 때문에 오늘날 우리는 적을 명확히 규정할 수 없는 상태이고 따라서 모두 억압을 경험할 수 있고 저항할 수 없는 상태에 처할 수도 있지만, 역으로 모든 상황에서 저항할 수 있다. 네그리는 도주, 탈출, 그리고 유목주의를 저항의 원칙으로 삼는다.

하지만 다중 이론은 분명히 몇 가지 문제점과 오류를 갖고 있다. 예컨대 특정 존재론적 입장에 근거하고 있고, 그가 전제하는 존재론은 보편적 규범의 정초 가능성을 불가능하게 만들 수 있고, 존재론적 전제는 경험적 분석과 뒤섞이면서 여러 문제를 야기한다. 또한 다중의 존재론적 역능에 대한 추상적 확신은 결국 구체적인 연대와 변혁 전략의 부재로 귀결될 수 있다. 그럼에도 불구하고 다중 이론은 지구화 과정에 대한 현실적이고 구체적인 분석을 시도하고, 이에 기초하여 급진적인 실천적 대안을 제시하기에, 비판적 사회 인식을 지향하는 많은 사람들의 관심의 대상으로 부각하고 있다. 지구화 과정이 야기하는 새로운 부조리와 모순을 면밀하게 분석하고 대응 방안을 모색하는 것이 가장 시급한 일이라는 점을 고려할 때 지금이야말로 네그리의 철학에 더욱 관심을 기울일 때다.

철학에 포스트모던 바람이 불자 철학자들에게는 두 가지 선택지가 주어졌다. 전통을 옹호하거나 아니면 그 비판을 수용하고 그것을 사유의 바탕으로 삼아 철학을 새롭게 하거나. 바디우는 후자를 택한다. 1970년대 내내 마오주의 운동에 매진했던 바디우는 마르크스주의가 쇠락하고 중국의 문화대혁명이 실패로 끝나자 마르크스주의에서 벗어나 다른 철학적 대안을 모색하는데, 그 결과물이 바로 『존재와 사건』(1988)이다. 그는 현대 집합론에 근거하여 독창적인 수학적 존재론을 정립하고 그것을 바탕으로 근대를 새롭게 사유할 것을 제안한다. 그렇기 때문에 현재 그는 네그리, 지젝, 아감벤과 더불어 오늘날의 세계 자본주의 체제에 대한 가장 근본적인 비판을 하는 철학자로 간주된다.

바디우는 전통을 옹호하고 포스트모던의 비판을 철학사의 주변부로 밀어넣기보다는 그 비판을 수용하는 동시에 그것을 사유의 계기로 삼아 철학을 인식하려 한다. 그렇기 때문에 그는 근대적 합리성을 옹호한 보수주의 철학자에 가깝다. 그는 철학이 더 이상 진리를 욕망해서는 안 된다는 포스트모던의 비판에 직면했지만 오히려 진리를 복권하면서 철학의 존재 근거를 방어한다.

바디우는 존재의 다수성을 인정하면서 그것을 합리적 수학의 영역 내에 배치하고, 진리를 다수로 파악하면서 그 과정을 정식화하며, 실체로서의 주체를 자각하면서 주체화의 과정을 정립해나간다. 그는 철학적 방법론으로서 수학의 집합 개념을 차용하고 있다. 그에 따르면, 진리는 새로운 다수를 끊임없이 자신의 곁으로 가져옴으로써 무한히 지속된다. 진리 그 자체는 결코 완전히 드러나지 않으며 계속되는 탐색을 통해 지속된다. 즉 진리는 무한하고 주체는 유한하다. 무한한 부분으로서의 진리의 구성은 그것을 근시안적으로 상황에 부과하는 '충실성'의 무한한 '실천'을 통해서만 가능하다. 결론적으로 말하면, 바디우는 진리를 옹호한다. 단 끊임없이 새롭게 전유되고 사유되는 한에서만 말이다. 한마디로 바디우는 식어버린 근대의 열망을 포스트모던적인 방식을 통해 되살리고자 분투하는 비판 철학자다.

아감벤은 이탈리아의 대표적인 정치 철학자다. 사실 그는 법학을 전공했지만 문학을 비롯해 예술의 여러 영역에서 비평 활동을 활발히 하고 있다. 초기에 그는 하이데거로부터 막대한 영향을 받았고, 벤야민 이탈리아어판 편집자로 일하면서, 문학비평가로서의 입지를 확고히 굳혔다. 그 외에 그는 푸코, 데리다, 네그리 등과 교류하면서 자신의 독창적 사유를 키워왔다. 아감벤을 세계적인 정치철학자의 반열에 올려놓은 저작은 단연 『호모 사케르』(1995)다. 현재 아감벤은 '예외상태'와 '벌거벗은 생명'이라는 키워드로 철학 작업을 이어나가면서 현재 유럽을 대표하는 정치철학자로 인정받고 있다.

'예외가 규칙으로 바뀌고 상시적인 예외상태가 실현된 시대!' 이 표현은 아감벤이 4부작으로 계획된 『호모 사케르』를 통해 내린 시대진단이다. 아감벤의 정치철학은 고대 그리스어 및 로마법에 대한 주도면밀한 어원학적 분석에 입각해 있을 뿐 아니라, 장 보댕, 토머스 홉스의 근대 고전 정치사상을 독창적으로 재해석하고, 더 나아가 칼 슈미트, 한나 아렌트, 푸코, 데리다, 벤야민, 하이데거 등 걸출한 철학자들의 다양한 사상을 가로지르고 있다. 그는 특정 분과 학문에 국한되지 않고 장르의 경계를 넘나드는 횡단 성찰을 보여준다.

아감벤은 사유의 어떤 보호망도 벗어던지고 공론장의 공격과 비난을 기꺼이 감내하려는 태세로 모험을 강행한다. 그의 핵심 주제인 호모 사케르는 대부분의 사람들이 외면하고 침묵하려 하는 음울한 형상이다. 호모 사케르는 현재 우리가 처해 있는 시대적 맥락에 맞닿아 있고, 서양 정치 개념의 산물이면서도 오히려 극복했다고 오해하는 난제다. 아감벤의 철학적 논의의 출발점은 다음과 같은 질문들이다. 적법한 폭력과 비합법적 폭력의 구별이 왜 존재하며, 그것은 어디에서 유래하는 것일까? 또 그러한 구별은 어떤 방식으로 이루어지며, 구별할 때는 무엇과 관련을 맺는가?

아감벤은 칼 슈미트의 주권 개념을 원용한다. 슈미트에 따르면, 주권자는 비상사태, 즉 예외상태를 결정하는 자다. 아감벤은 슈미트의 예외 개념에서 주권의 본질이 확연하게 드러난다고 보는데, 이러한 시각은 예외 상태를 통해 정상적 질서의 조건이 창출되고 또 보장된다는 의미에서 주권 권력의 정초 또는 근원에 대해 물음을 제기하는 것이다. 하지만 아감벤은 슈미트의 주장을 그대로 받아들이지 않는다. 즉 그는 슈미트와 달리 예외상태 자체가 규칙과 규범이 되며 통치의 패러다임으로 전환한다고 주장한다. 슈미트가 정치 개념을 예외상태로 소급하는 가운데 모든 정치를 적과 동지로 구분하고 있다면, 아감벤은 이러한 '정치적인 것'의 구분을 더욱 일반적인 차원에서 삶과 법의 구별로 대체한다. 아감벤은 슈미트의 주권적 결정을 '주권적 추방령'으로 대체하고 있다. 이로써 주권의 권력 문제는 권한을 쥔 인물에서 기능과 구조로 이어진다. 추방령이란 예외상태에 의해 끄집어내어진 것이 버림받는 방식으로 배제되는 것을 뜻한다.

배제는 '경계 짓기'에서 출발한다. 경계 짓기란 특정 영역의 질서, 규칙, 규범을 확보하기 위한 구별의 논리다. 법의 영역과 관련해서는 법질서의 안과 밖을 가르는 정당성과 부당성, 합법성과 비합법성, 또 승인된 폭력과 승인되지 않은 폭력이 구별된다. 그런데 아감벤은 법질서의 외부와 내부가 식별 불가능하기 때문에 이러한 구별이 궁극에는 좌초할 수밖에 없다고 본다. "경계에 의해 구별된 예외상태는 한편으로는 효력을 갖지만 적용되지 않고, 다른 한편으로는 법률적 가치를 갖지 않는 결의가 법률의 힘을 획득하는 하나의 법률 상태를 규정하고 있다."

경계 짓기에 의해 예외상태에 놓여 있는 벌거벗은 생명은 아감벤에 의해 호모 사케르로 명명된다. 사케르는 '신성한'이라는 뜻과 함께 '저주받은'이라는 뜻을 동시에 갖고 있다. 호모 사케르는 이중적으로 배제된 존재다. 즉 제물로 바쳐져서는 안 된다는 점에서 신적 질서로부터 배제되며, 살해되어도 어떤 법적 제재가 가해지지 않는다는 점에서 세속적인 법질서로부터도 배제된다. 호모 사케르의 모호성은 결국 내버림의 추방령 관계로 바라볼 수밖에 없다는 것이다.

아감벤의 호모 사케르 프로젝트는 서양 정치의 전통을 문제 삼고 있다. 고대 로마 시대의 호모 사케르, 생사가 불분명한 나치 강제수용소의 수감자 무젤만, 이탈리아 해안에서 억류된 선박 안의 난민, 관타나모 수용소의 수감자들은 전적으로 권리를 박탈당한 자라는 점에서 모두 '벌거벗은 생명'이다. 그들은 모두 경계에 있고, 그 경계는 '비식별'이라는 맹점을 갖고 있다. 경계를 식별할 수 없기 때문에 그들은 자신들이 경계에 있다는 것을 알지 못한다. 하지만 그 경계에서 벗어나면 누구나 순식간에 벌거벗은 생명이 될 수 있다.

20세기 중반까지 정신분석은 마르크스주의와 더불어 사회비판과 사회변혁을 위한 중요한 이론적·실천적 통찰을 제공해왔다. 엄밀히 말하면 정신분석이 이론적 토대를 제공했고, 마르크스주의는 정신분석의 이론적 토대를 바탕으로 실천을 담당했다. 대표적인 예로 프랑크푸르트학파를 들 수 있다. 마르크스주의에 깊게 침윤되어 있는 프랑크푸르트학파는 당대 사회비판과 사회변혁 운동에 많은 영향을 끼쳤다. 상대적으로 정신분석은 사회비판과 사회변혁의 무대에서 한발 뒤로 물러난다. 그때 지젝이 갑자기 등장한다. 그는 대중문화를 소재와 무대로 삼아서 독일 고전철학으로 라캉주의 정신분석을 해명하고, 또 후자를 통해 전자를 해명하는 상호 해명과 상호 참조의 방식으로 마르크스주의 사회 비판을 재구성하는 작업을 진행하고 있다. 다시 말하면 지젝은 정신분석과 마르크스주의에 입각해 사회비판과 사회변혁 운동에 힘을 쏟고 있다.

포스트모던 논쟁은 한마디로 근대적 비판 문법의 위기와 앞으로 그것의 구조와 방향이 무엇인가를 놓고 벌어진 논쟁이다. 논쟁의 초점은 비판의 규범적 토대와 이성의 운명에 관한 문제였다. 현실 사회주의가 붕괴된 상황에서 포스트모더니스트들은 비판의 위기는 억압적 이성에서 비롯된 것이므로 합리적 "정당화 없는 비판"을 주장했지만, 하버마스는 근대의 주체 중심적 이성을 소통적 이성으로 대체하여 비판의 새로운 규범적 토대를 제공하는 방식으로 마르크스주의의 위기를 극복할 수 있다고 보았다.

반면 지젝은 규범적 토대와 이성의 운명보다도 앎과 행위의 내적 관계가 무너졌다는 점에 주목했다. 그릇된 행위는 잘못 알고 있는 것에서 비롯되기 때문에 잘못 알고 있는 것을 바로잡으면 우리의 행위도 달라지리라는 것이 근대적 비판의 전제인데, 지젝은 이 전제가 무너졌다고 보았다. 그 단적인 예가 자유주의적 냉소주의와 종교적 근본주의다. 냉소주의와 근본주의에서는 어떤 합리적이며 논쟁적인 비판이 통하지 않는다. 지젝은 이에 대한 해결책으로 이성과 대척점에 있는 '주이상스'를 꼽았다.

라캉 정신분석에서 중심적 위치를 차지하는 개념인 주이상스는 고통스러울 만큼 매혹적이고 강도 높은 '희열' 또는 합리적이고 유용한 것을 넘어서는 과도한 '향락'을 가리킨다. 쾌락이 균형을 통해 주어지는 것과는 달리 주이상스는 균형을 파괴하는 과잉을 통해 주어진다. 다시 말하면 주이상스는 우리의 실존의 한계 너머와 조우하거나 사회화된 우리들에게 금지된 사물이나 경험들과 접촉할 때 생기는 고통을 수반하는 충격적인 희열이다. 지젝은 바로 이 주이상스를 우리 시대의 정치와 이데올로기를 이해하는 핵심적인 개념으로 파악한다.

지젝은 이데올로기 비판이라는 과제는 여전히 절실하게 요구되지만 이데올로기의 개념과 비판의 문법은 달라져야 한다고 주장한다. 그에 따르면 이데올로기는 추상적인 지식의 영역이 아니라 구체적이고 일상적인 실천의 영역이다. 지젝의 이데올로기의 출발은 "근거가 무엇이냐"가 아니라 "원하는 것이 무엇이냐"다. 그의 이데올로기는 의식적 차원에서 작동하는 진리와의 연관 속에서 설명되고 비판되는 것이 아니라, 무의식적 믿음의 차원에서 작동하는 주이상스와의 연관 속에서 해명되고 비판된다.

지젝 철학의 가장 큰 특징은 끊임없는 이론적 변화와 수정이다. 그는 자신의 이론적 틀에 맞추어 현실을 설명하기보다는 현실을 설명하기 위해 자신의 이론적 틀을 바꿔 나간다. 즉 그가 생각하기에, 이데올로기는 고정불변의 절대 진리라기보다는 언제 어디서나 바뀔 수 있는 인식의 틀이다. 그렇기 때문에 그는 사람들이 이데올로기에 맞춰 사고하는 것을 경계한다. 다른 것은 차치하고 그것 하나만으로도 지젝의 주장은 충분히 곱씹어 보기에 충분하다.

『포스트모던 테제들』은 여러 명의 국내 철학자들이 철학자 카스토리아디스, 들뢰즈, 푸코, 데리다, 네그리, 바디우, 아감벤, 지젝의 철학을 그들의 주저를 중심으로 비교적 간결하게 정리한 책이다. 특정 키워드를 중심으로 한 명의 연구자가 여덟 명의 철학자를 심층적으로 연구한 책이 아니라, 각각 한 명의 연구자가 한 명의 철학자의 철학을 개괄하고 있는 일종의 서양철학 개론서이다. 이 글에서 필자는 그 책의 내용을 다시 요약하고 거기에 개인적인 생각을 조금 더 붙였다. 그렇기 때문에 이 글을 통해 『포스트모던 테제들』에서 다루는 철학자들의 사상을 정확하게 파악하기는 어렵다. 그럼에도 불구하고 이 글을 쓰는 이유는 앞에서도 말한 것처럼 철학을 공부하는 궁극적인 이유는 '정답을 찾기 위해서가 아니라 질문을 하기 위해서'라는 것을 상기하기 위해서다. 각각의 철학자는 세상에 대해 질문을 던졌고, 그들의 철학을 연구하는 연구자들은 그들의 철학을 공부하며 질문을 던졌고, 필자는 그 책을 읽으며 질문을 던졌다. 그렇다면 이 글을 읽는 독자가 있다면 독자 역시 질문을 던져야 할 것이다. 그것이야말로 '진짜 공부'다.

무한독서

2019년 11월 20일 초판 1쇄 발행

지은이 윤정용
펴낸이 유정환
펴낸곳 도서출판 고두미
등록 2001년 5월 22일(제2001-000011호)
충북 청주시 상당구 꽃산서로8번길 90
Tel. 043-257-2224 / Fax. 070-7016-0823
E-mail. godumi@naver.com

ISBN 979-11-86060-79-7 03810

이 도서의 국립중앙도서관 출판예정도서목록(CIP)은
서지정보유통지원시스템 홈페이지(http://seoji.nl.go.kr)와
국가자료공동목록시스템(http://www.nl.go.kr/kolisnet)에서 이용하실 수 있습니다.
(CIP제어번호: CIP2019045722)